人力资源管理
高端视野丛书

黄治民
………… 著

股权激励
STOCK-BASED INCENTIVE
操盘手册

**国内知名 企业高管 十六年
股权激励实践总结**

清华大学出版社
北京

内容简介

本书以让读者真正实现股权激励DIY(自己动手做)为目标，通过8大视角详述、7大模式解析，结合16个真实案例及方案、5套程序及模板来展开写作。首先从一个真实的、惊心动魄的、跌宕起伏的案例说起，提出股权激励操盘的9大要点；然后从股权激励的前世今生、驱动机制详述股权激励的历史、背景和外驱力、内驱力；再从模式选择、技术、艺术、流程等方面阐述如何设计、实施股权激励方案。其中，包含大量的真实案例、模板、工具和方法。

本书主要的亮点：基于读者的需求，源于一线实践，接地气；案例真实、方案全面、模板完整。内容上的独创性：一是深入分析了股权激励背后"那只看不见的手"；二是基于企业实施股权激励的实践，总结出股权激励方案设计的技术——九定模型，并多次验证；三是根植于实践土壤总结出股权激励方案设计的5大艺术性——认知度、获得感、刚中柔、实在性、个人梦；四是提出了只有技术与艺术共舞，才能获得股权激励成功的重要结论！

本书封面贴有清华大学出版社防伪标签，无标签者不得销售。

版权所有，侵权必究。举报：010-62782989，beiqinquan@tup.tsinghua.edu.cn。

图书在版编目(CIP)数据

股权激励操盘手册：国内知名企业高管十六年股权激励实践总结 / 黄治民 著. —北京：清华大学出版社，2017（2021.6重印）
（人力资源管理高端视野丛书）
ISBN 978-7-302-47988-8

Ⅰ.①股… Ⅱ.①黄… Ⅲ.①公司—股权激励—中国—手册 Ⅳ.①F279.246-62

中国版本图书馆CIP数据核字(2017)第196145号

责任编辑：施 猛 马遥遥
封面设计：熊仁丹
版式设计：方加青
责任校对：牛艳敏
责任印制：刘海龙

出版发行：清华大学出版社
网　　址：http://www.tup.com.cn，http://www.wqbook.com
地　　址：北京清华大学学研大厦A座　　邮　编：100084
社 总 机：010-62770175　　邮　购：010-62786544
投稿与读者服务：010-62776969，c-service@tup.tsinghua.edu.cn
质 量 反 馈：010-62772015，zhiliang@tup.tsinghua.edu.cn

印 装 者：三河市金元印装有限公司
经　　销：全国新华书店
开　　本：170mm×240mm　　印　张：19.75　　字　数：295千字
版　　次：2017年8月第1版　　印　次：2021年6月第7次印刷
定　　价：68.00元

———————————————————————————————————

产品编号：075029-02

序一

接地气，才能更有价值

岁月磨练人，岁月也成就人。

黄治民先生自从中国人民大学在职研究生毕业，不觉已经15年。近日他捧来自己多年实践与研究的心血结晶——《股权激励操盘手册：知名企业高管十六年股权激励实践总结》，请我为其作序，使我欢喜不已、感慨良多。

股权激励属于薪酬激励的一种，而且是一个听着就让人激动的事情，但是真要做起来并不是那么容易。自20世纪90年代开始，号称"金手铐"的现代股权激励机制从欧美引入我国，逐渐在各大企业尤其是高新技术企业中推行开来，一时成为"盛事"，众多企业趋之若鹜，从此中国和世界范围内的股权激励一起，开启了一个又一个职场人士的"财富神话"。目前，随着"双创政策"的推进以及相关股权激励政策的完善，特别是沪深两市和新三板的发展，我国股权激励发展的基础进一步扩大，梦想照进现实，持有股票能创造的财富神话让很多员工看到了股权激励诱人的红利。

现代意义上的股权激励，源于20世纪50年代的美国。当时，由于企业物质资本的提供者与人力资本及经营管理职能的分离导致了委托代理问题，双方利益的不一致催生了代理成本和道德风险，使得企业的内部消耗增加、效率降低，制约了公司的良性发展。1952年，美国辉瑞公司为了避免公司高管的现金薪酬所需缴纳的高额所得税，第一次推出了股权激励计划，拉开了美国乃至世界范围内推行股权激励的序幕。而作为当今世界高新技术开发区代名词的硅谷，则把股权激励制度与风险投资(VC)一起作为促使高科技企业在管理模式上取得成功的秘密武器，从而为世人所熟悉和景仰。

中国商业史上关于股权激励的应用可以追溯到明清之际。比如晋商的成功，就在于他们在一定的历史条件下自觉或不自觉地运用了"股权激励"机制。晋商为了解决交通通讯不便所造成的管理上的难题，特别是为了调动优秀员工的工作积极性，设计出相对于东家所获"银股"的"身股"制度，即通过授予掌柜和优秀伙计以身股，让他们参与分红。电视剧《乔家大院》中拿到身股的马荀说："我现在不仅是为您干，也是为我自家干。"古语云"薪金百两是外人，身股一厘自己人"，正所谓"有钱出钱，有力出力，出钱者为东家，出力者为伙计，东、伙共而商之"。"身股"激励制度类似现在股权激励中的分红模式，两者非常接近，说明晋商的"身股"激励已经初步具备现代股权激励的特征，就是强调人尤其是核心员工的价值，通过股权激励制度让个体与整体的命运紧紧地联系在一起，从而促进企业与员工的共同发展，实现东家、掌柜、获"身股"伙计和商号的共赢局面。

目前，股权激励相关的培训和咨询业务"很火"，越来越多的企业热衷于实施股权激励。但是要成功实施股权激励计划并非易事，这是一把双刃剑，一方面，可能给公司的发展注入强劲的动力，有助于吸引人才、留住人才、激发人才的积极性；另一方面，如果实施不当，也可能刺痛很多员工的心，给企业带来莫大的伤害。

真正在企业内实施一套有效的股权激励计划，是一项十分复杂而又专业的系统工程。本书作者黄治民先生在二十多年的职业生涯中，特别是在近十年担任知名企业高管的过程中，参与并具体实施了数十例股权激励方案，包括创业企业、上市前夕企业、上市后企业、上市企业子公司等。他具有扎实的专业功底、丰富的职业经历，尤其擅长从企业的实际需求出发，制定股权激励培训及咨询方案，深受客户好评。作为企业的高层管理者和股权激励操盘手，其书稿内容接地气、实操性强，提出了股权激励操盘的9个要点，从模式选择、技术、艺术、流程等方面阐述了如何设计、实施股权激励方案，其中包含大量的真实案例、模板，不仅能让读者从中学到系统实用的股权激励知识和经验，而且能够让读者DIY(自己做)，这是其他类似书籍所不具备的。此外，本书还能让你不仅知其然，而且知其所以然，在穿插一个个真实的、惊心动魄的、跌宕起伏的案例的同时，将股权激励的前世今生、历史背景、驱动机制等详述无遗，清晰地探索了股权激励机制背后"那只看不见的手"。

难得治民一直对股权激励这个问题感兴趣，当年他写硕士学位毕业论文用的就是这个题目，后来在用友软件工程公司、北斗星通导航技术股份有限公司工作的十几年中，又经历了很多次股权激励计划的设计、实施，其中绝大多数项目都是在公司领导层的全力支持下由他亲自设计并指导实施的。因此，本书与一般的培训教材或理论书籍不同，具有很接地气的特点。比如，作者在书中提出，股权激励的设计、实施一定要从"心"出发，密切关注激励对象的心理感受，为此提出了股权激励方案设计的5大艺术性——认知度、获得感、刚中柔、实在性、个人梦。这是独创，只有根植于中国企业实践的土壤才可能"生长"出来。

管理中所有与人相关的东西都是复杂的，股权激励更是如此。与现有的股权激励相关书籍相比，我认为本书的突出特点具体表现在以下几个方面。

1. 基于读者的需求。作者多年来经常与有实施股权激励需求的专业人士、企业主交流，能够深入了解他们的需求、困惑，并从全面满足他们的需求、解决他们的困惑出发来组织内容。比如如何动手，相关模板，如何考虑激励对象的心理等。

2. 全面而不遗漏。作者并非一般的培训师或咨询师，没有任何"留一手"的心态和需求，所以在组织内容时，和盘托出，全面不遗漏，从8大视角详述，解析7大模式，包含16个案例与方案、5套程序及模板。

3. 源于一线实践。作者来自企业一线，本书内容是其作为企业高管16年股权激励实践的总结，所以其中的案例、方案、模板全部源于一线，是作者亲自操盘的真实案例。

4. 提出"九定模型"。书中提出了设计股权激励方案的"九定模型"，它把一套股权激励计划包含的9个核心因素直观地展现出来。

5. 提出股权激励方案设计的5大艺术性。这是国内独创的，作者指出设计股权激励方案时一定要从"心"出发，密切关注激励对象的心理感受，并且通过案例描述了这些心理感受对股权激励成败的关键影响。

6. 研究了股权激励的驱动机制。本书深入研究了人力资源资本化、人力资本股权化，提出了股权激励的内驱力、外驱力，清晰说明了股权激励背后"那只看不见的手"。

7. 核心法规规章汇编。本书最后还整理出实施股权激励涉及的11个核心法规和规章，便于读者了解国家的强制性规定，做到"红线不能碰"。

总之，本书是迄今为止难得一见的一本有关股权激励的、接地气的好书。作为本书的第一位读者，同时基于我数十年来从事战略管理、人力资源管理，特别是绩效考核、薪酬激励、股权激励的企业调查研究、咨询培训与实际操作的经验体会，写下以上一些读后感，隆重推荐给广大读者，同时也推荐给正在大踏步走向现代化和国际化的中国企业！

是为序。

中国人民大学劳动人事学院教授、博士生导师

林新奇

2017年4月18日于北京

序二

我们公司的股权激励自己干(DIY)

收到治民寄来的个人专著《股权激励操盘手册：国内知名企业高管十六年股权激励实践总结》，我感到非常意外，没有想到治民能够在繁忙的工作之余写出如此细致具体、可操作性强的专业书籍。读后我更是感到很欣慰、很骄傲，同时很期待该书尽快上市，为众多企业创始人和专业人士提供一手的股权激励操盘方法和工具。股权激励是目前非常热门的内容，治民担任知名企业高管超过十几年，并且一直在亲手操盘所在企业全生命周期的股权激励计划，还帮助、指导很多企业设计、实施股权激励计划。我相信，正是基于这种丰富的实践经验加上勤于思考、总结，才能写出如此务实的、接地气的专业著作！

我与治民结缘始于2008年！

当时，我在北京北斗星通导航技术股份有限公司(以下简称"北斗星通")任常务顾问，协助公司董事长周儒欣先生以及经营层工作，同时分管公司人力资源和行政。北斗星通成立于2000年9月25日，是我国最早从事导航定位业务的专业化公司之一，也是目前国内导航定位行业的领先企业。北斗星通于2007年8月登陆中小板，成为国内本行业第一家上市公司。公司上市后，为了摆脱对国外产品的过度依赖，进入转型升级阶段，大力开发具有自主知识产权的产品和服务，同时在管理、基础设施方面加大投入。此时，公司需要物色一位人力资源负责人，并作为我的接班人。在这种背景下，我与治民认识，他当时正服务于用友软件工程公司，也是这家公司的7名经营层高管之一。为了吸引治民加入北斗星通，我们之间自2008年3

月起，进行了长达8个月的交流沟通，待双方有了足够的了解和建立信任之后，治民于2008年11月加入北斗星通。

治民于中国人民大学劳动人事学院硕士毕业前选择毕业论文题目时，鉴于他拥有法学、教育学和人力资源相结合的背景，他选择了"股权激励内驱力研究"这一课题，从此与股权激励结缘。在当时，实施股权激励的国内企业还比较少。治民工作之后，在从事人力资源管理工作的同时一直没有间断股权激励相关的实践工作。

用友软件工程公司于2003年成立时治民加入，该公司作为用友系第一家实施股权激励的企业，治民作为人力资源负责人全程主导整个设计、实施过程，后来为了促进用友软件工程公司单独上市，用友软件(现更名为"用友网络"，股权代码：600588)大幅度进行减持直至最后不再持股，同时2008年用友软件工程公司进行股份制改造，股权激励加速行权。后来很可惜，由于意外事件导致没能登陆创业板。但是，治民因此段经历，在创业企业股权激励设计、实施、行权和上市前夕股权激励计划的调整、加速行权等方面积累了宝贵的经验。

治民于2008年11月加盟北斗星通，作为人力资源负责人，2009年被任命为副总裁，先后分管人力资源、信息技术、基建、行政、公司运营等工作，其中人力资源一直是其主要职责。在此期间，北斗星通经历了多次形式多样的股权激励，治民一直参与其中，其中股权模式的激励案例就有如下几个。

1. 2008年11月，北斗星通上市后实行第一次股权激励，激励模式是股票期权，激励股份占当时总股本9 095万股的5.472%。该激励股份分两期授予，首次授予的自2009年始分3年行权，有效期为8年。

治民是本计划的具体执行人。

2. 2012年6月，北斗星通的芯片子公司实施期权(股权认购权)计划，800万份激励股份，占芯片公司注册资本的10%，激励对象为40人。

治民是本计划的设计人、文件执笔人、宣讲人、实施指导人。

3. 2014年10月，北斗星通汽车电子公司实施期权(股权认购权)计划，激励股份占汽车电子公司注册资本的10%，激励对象为现任5名高管以及未来引进的高管。

2015年8月，经营业绩目标调整，汽车电子公司进行了股权激励计划的相应调整。

治民是本计划的设计人、文件执笔人、宣讲人、实施指导人。

4. 2015年10月，芯片公司股权认购权计划再次实施。

5. 2016年3月，北斗星通信息装备子公司实施现股计划和期权计划，1 180万份激励股份，占注册资本的10%。这是北斗星通第一次实施双模式结合的股权激励计划。

因外部咨询公司设计失败，后治民接手，他是本计划的设计人、文件执笔人、宣讲人、实施指导人。

6. 2016年10月，北斗星通国际代理子公司实施股权激励计划，通过共同投资设立子公司的方式实施，激励股份占子公司注册资本的20%。

治民是本计划的设计参与人、文件执笔参与人、宣讲参与人。

7. 2016年10月，北斗星通上市公司平台实施限制性股票及股票期权计划，激励股票1 500万份，涉及来自总部平台和7家子公司的287位激励对象。本计划的复杂点在于：一是双模式结合；二是涉及相关多元化子公司激励对象的选择。

治民是本计划的组织者、设计参与人、宣讲人、实施指导人。

8. 2015—2016年，治民为两家海外拟合作公司设计股权激励方案。

以上股权激励计划形式各样，同时与相应业务关系紧密，外部知名的咨询师也不一定能够胜任，并且每一个方案都是一个很有借鉴意义的案例。

与此同时，治民作为中关村人才协会的常务理事，是协会股权激励培训和方案设计的志愿者，为协会会员单位进行了数十次股权激励义务培训，并为多家理事单位的股权激励计划进行义务指导。

股权激励还是要从需求出发，这里既要考虑员工的需求，也要考虑企业的需求，以需求推动激励计划的实施。如果没有需求，企业股东也不会或也没有必要付出更多现金或稀释自己的股份去实施股权激励计划。来自一线的作者之所以受到大家的重视，关键就在于他们对企业的需求和员工的需求更敏感、更重视，也更理解！

本书由来自企业一线的高管撰写，内容来自作者本人亲自操作的案例、模板、技术和经验，案例真实、方案全面、模板完整，既有理论又有实践，既有操作技术又有操作艺术，既有方法工具又有完整模板，贴近实践，可操作性强，相信能为准备实施股权激励的企业和已经实施股权激励的企业提供很好的参考。

原国防科学技术工业委员会 企业管理局局长
北斗星通党委副书记、常务顾问

赵庆瑞

2017年4月20日于北京

股权激励,有需求也通透

股权激励所能产生的重要作用,是我们企业创始人所认同的;但是股权激励如何实施,也是我们企业创始人所困惑的。

看过许多专业书,也上过不少培训课,知道了基本概念,也理解了股权激励的意义,但对于如何动手?如何实施?还是一头雾水!请人提供咨询吧,一则价格奇高;二则担心对方不了解企业情况,设计出的方案不能切合企业实际,反而事与愿违。

正当迷惑之时,听说治民正在写一本有关股权激励的书,并且是依据自己多年的企业股权激励实践而写。治民与我们一见如故,非常投缘。他担任知名企业高管十几年,乐于琢磨,善于总结,故此书让我们很期待。希望各位读者阅读书稿之后,我们共切磋。

父亲生前曾是晋商群中的一个掌柜,他和我讲过,当时商铺中东家出银子,占"银股";掌柜和出色的伙计分得的是"身股",也能参与商铺分红,这事让我印象深刻。父亲也是从"身股"开始积累,一步步做到了掌柜。即使后来晋商不复存在,但是每年给父亲过生日时,父亲当年手下的伙计们还是会来到家里恭恭敬敬地给父亲磕头祝寿。从这种几十年不变的感情中可以看出,伙计们对父亲心怀一辈子的感恩之情。我常常想,现如今为什么员工对老板的感情和之前的境况相差那么大呢?而晋商在当年就能做到的,我们为什么做不好呢?读了治民写的书,我才明白原因在于我们需要传承的是晋商的精髓所在,即共享、共荣,而怎样才能真正做到,是现如今我们这些老板最想了解的。本书从操作层面展开论述,丝丝入扣,简单易懂，切中要害，详述了股权激励的理论知识和操作方法。

对很多创业企业而言，当企业解决了生存问题，需要进一步上台阶时，不可避免需要大力吸引人才、保留人才、激励人才。而针对人才问题，真正好用的手段不多，就中小企业而言，向人才支付有市场竞争力的工资、福利或奖金并不现实，而股权激励是其中被证明行之有效的办法之一。我所理解的股权激励就是以提前约定的价格、业绩目标或服务期间为条件，通过授予核心骨干员工一定的股份权益，将企业、股东和员工的利益捆绑起来，以实现三方利益共赢的激励手段。

作为企业创始人，如果要实施股权激励，我至少要对如下问题做到心中有数，凡涉及企业股份的重大事情，都不能随意操作。

1. 股权激励方案到底包括哪些内容？

如果方案内容不全面、有遗漏，肯定就会有缺陷。如内容有缺陷，则不可能达成预想的效果。作者在本书中，用"九定模型"系统地介绍了股权激励方案的9个关键内容，非常直观，一目了然，并辅以大量的真实案例加以阐述，容易理解，便于操作。

2. 如何让员工因实施股权激励而真正受到激励？

我担心的就是我们费心费力想为员工办件好事，结果却是员工不当回事。员工如果不当回事，就一定达不到预想的效果，最终的结果就不会是一件好事，更别提实现多赢。本书中，作者基于实践经验总结出5大艺术性，从员工感受的角度深入阐述了如何让员工有认识度、获得感并产生个人梦。这项内容是独特的，如果作者没有16年的企业股权激励操盘经验，是不能品味到并总结出这5大艺术性的。如果我们把握住这5大艺术性，就不愁员工认识不到激励效果、感受不到激励。

3. 实施股权激励需要准备哪些主要的文案？

这也是许多像我一样的企业创始人关心的问题，因为文案确定了，实施股权激励时就有章可循了。本书对实施股权激励的管理办法、授予协议、绩效管理办法进行了详细的说明，而且给出了非常规范、完整的模板，让我们心里基本有底了。

4. 企业该如何一步一步地推进股权激励？

这是一个更具体的问题。企业毕竟是一个法人组织，虽然我是大股东，但是实施股权激励也要依据治理规则来办，那么企业审批流程是怎样的呢？本书以一章的篇幅详尽地介绍了规范的企业审批股权激励计划的程序、流程。

以上4个问题解决后，企业便能够走向规范，走出困境，规避风险，快速发展。

希望我们这些企业创始人都能好好看看这本"操盘手册"，做到心中有数后再实施股权激励，真正让股权激励起到我们预想的作用，让激励对象变"老板要我干"为"我要干，我为自己干"，真正发挥主人翁的责任感，拿出约定的业绩，收获预想的收益，最终实现企业、股东、员工的三赢！愿老板们早日实现心中的梦想！

北京北奥特道路交通设施有限公司创始人

安泽燕

2017年4月15日于北京

目录

第1章 操盘故事分享：股权激励在散伙时力挽狂澜

1.1 携手——缘起北斗 / 2
    1.1.1 梦想——北斗梦，芯片梦 / 2
    1.1.2 机会——金融危机带来的从海外引进尖端人才的机会 / 4
    1.1.3 合伙——冷静与魄力 / 5
    1.1.4 突破——世界首款 / 7

1.2 隐患——已经萌芽 / 7
    1.2.1 分歧——企业发展方向及经营层新诉求 / 7
    1.2.2 散伙——诉求破灭与强行换届 / 9

1.3 出路——激励措施力挽狂澜 / 10
    1.3.1 策略——先稳定局面再求长治久安 / 10
    1.3.2 方法——股权激励方案设计的"九定模型" / 11
    1.3.3 手记——"九定模型"操作过程 / 12
    1.3.4 分享——本案例的股权激励方案 / 16
    1.3.5 结果——人才保留，公司重回发展快车道 / 19

1.4 总结——股权激励操盘要点 / 22
    1.4.1 个人感受及3点经验 / 22
    1.4.2 股权激励操盘的9大要点 / 23

第2章 股权激励的前世今生：读历史，知兴衰；明背景，观发展

2.1 股权激励的诞生记 / 28

2.1.1　300年前的晋商智慧　/　28
　　　2.1.2　20世纪50年代美国企业家的智慧　/　31
　2.2　硅谷发展的两件"秘密武器"　/　34
　2.3　从国内经济社会背景看股权激励的发展　/　36
　　　2.3.1　股权激励造就了一个又一个财富神话　/　36
　　　2.3.2　股权激励发展的政策基础：双创政策与股权激励政策　/　37
　　　2.3.3　股权激励发展的市场基础：沪深两市与新三板的发展　/　42
　　　2.3.4　劳动用工机制聚变前夜　/　43

第3章　股权激励的驱动机制：背后那只看不见的手

　3.1　股权激励外驱力：从委托代理制到共享制　/　48
　　　3.1.1　委托代理制产生的背景　/　48
　　　3.1.2　委托代理制的主要内容　/　49
　　　3.1.3　委托代理制的改造　/　50
　3.2　股权激励内驱力：人力资本股权化　/　51
　　　3.2.1　人力资源价值创造性　/　52
　　　3.2.2　人力资本的产生及特性　/　54
　　　3.2.3　人力资本股权化　/　54
　3.3　股权激励为企业经营机制注入活力　/　58
　　　3.3.1　为企业发展提供人才动力　/　58
　　　3.3.2　为企业人才附加约束压力　/　59
　　　3.3.3　股权激励是一种分配机制　/　59

第4章　股权激励典型模式：三分法与七模式

　4.1　股权激励模式的"三分法"　/　63
　　　4.1.1　现金模式(虚股)　/　64
　　　4.1.2　股权模式(实股)　/　64
　　　4.1.3　先分钱再分股模式(虚股转实股)　/　64
　4.2　股权激励的现金模式　/　65

        4.2.1 分红权 / 65
        4.2.2 增值权 / 79
        4.2.3 分红权+增值权 / 83
    4.3 股权激励的股权模式 / 84
        4.3.1 现股模式 / 84
        4.3.2 股票期权模式 / 91
        4.3.3 限制性股票模式 / 96
        4.3.4 股权模式实施关注点 / 106
    4.4 股权激励的虚股转实股模式 / 107
    4.5 通过共同设立基金实施的股权激励 / 110
        4.5.1 投资架构 / 110
        4.5.2 交易结构 / 113
        4.5.3 退出模式 / 114

第5章 股权激励方案设计的技术："九定模型"

    5.1 定激励模式 / 118
        5.1.1 各种激励模式的比较 / 118
        5.1.2 两步确定模式 / 119
    5.2 定激励对象 / 123
        5.2.1 明确激励对象的资格 / 123
        5.2.2 定人三原则 / 124
        5.2.3 岗位评估排序法 / 126
        5.2.4 岗位评估因素评分法 / 128
    5.3 定授予额度 / 142
        5.3.1 上市公司的总量和个量 / 142
        5.3.2 多元化业务公司的总量确定 / 143
        5.3.3 定量的两条红线 / 147
        5.3.4 授予个量的常见四因素 / 150
        5.3.5 "五步"搞定创始人股权分配 / 151

5.3.6 保障"老大"控制权的4个方法 / 154

5.4 定授予价格 / 157
5.4.1 上市公司激励股票的定价 / 157
5.4.2 非上市公司激励股权的定价"六法" / 158

5.5 定时期安排 / 161
5.5.1 实施股权激励计划的决策 / 161
5.5.2 实施股权激励计划的时间 / 162
5.5.3 授予、锁定与限售、行权与解除限售、禁售期的选择 / 165
5.5.4 授予时机的选择 / 167

5.6 定股份来源 / 168
5.6.1 上市公司激励股份来源 / 168
5.6.2 非上市公司激励股份来源 / 169

5.7 定约束条件 / 170
5.7.1 对禁止行为的规定 / 170
5.7.2 对业绩条件的规定 / 172

5.8 定持有方式 / 176
5.8.1 非上市公司的持有方式 / 176
5.8.2 上市公司的持有方式 / 178

5.9 定退出机制 / 179
5.9.1 上市后通过二级市场退出 / 180
5.9.2 被并购或融资时以收购或融资价格退出 / 181
5.9.3 通过上市母公司平台退出 / 182
5.9.4 非正常退出 / 185

5.10 股权激励的财税问题 / 186
5.10.1 股权激励的成本费用：会计准则中的股份支付 / 186
5.10.2 认购股权/股份的税收政策 / 189
5.10.3 转让股权/股份的税收政策 / 189

第6章 股权激励方案设计的艺术：从"心"开始

6.1 激励对象的"认知度"决定他是否把股权激励当回事 / 192
- 6.1.1 神奇的认知——认知不是事实 / 192
- 6.1.2 "认知为王"的管理智慧 / 194
- 6.1.3 股权激励案例分析：如何提高激励对象的认知度 / 195

6.2 激励对象的"获得感"决定他能否感受到激励 / 198
- 6.2.1 缺乏获得感，把"金块"当"泥巴" / 198
- 6.2.2 股权激励案例分析：如何提升获得感 / 200

6.3 激励方案的"刚柔并济"避免产生特权阶层 / 202
- 6.3.1 股权激励方案的"刚" / 202
- 6.3.2 股权激励方案的"柔" / 204
- 6.3.3 股权激励案例分析：如何将激励股变成业绩股 / 206

6.4 激励方案的"实在性"赢得员工的信任 / 208
- 6.4.1 一诺千金，拒绝反悔 / 208
- 6.4.2 规则实实在在，拒绝朦朦胧胧 / 210
- 6.4.3 利益预测靠谱，拒绝画饼 / 211

6.5 激励对象的"个人梦"是激励作用的源泉 / 212
- 6.5.1 共同的梦想平台 / 212
- 6.5.2 股权激励案例分析：总经理3000万的财富梦想 / 213

第7章 股权激励方案的审批程序及文书模板：这样动手

7.1 股权激励计划的实施程序 / 217
7.2 股权激励计划的授予程序 / 218
7.3 股权激励计划解除限售或行权程序 / 218
7.4 股权激励计划的变更和终止程序 / 219
7.5 股权激励计划的相关议案及文件模板 / 220
- 7.5.1 关于股权激励计划及其摘要的议案及模板 / 220
- 7.5.2 关于股权激励计划实施考核管理办法的议案及模板 / 226
- 7.5.3 关于提请股东大会授权董事会办理相关事宜的议案及模板 / 231

7.5.4 股权激励计划法律意见书、激励对象承诺函 / 233

7.5.5 董事会授予议案及《授予协议书》的模板 / 235

附录 股权激励法规规章：红线不可碰

附录A 《上市公司股权激励管理办法》(证监会令〔2016〕126号) / 244

附录B 《证监会关于上市公司实施员工持股计划试点的指导意见》(证监会公告〔2014〕33号) / 259

附录C 《关于国有控股混合所有制企业开展员工持股试点的意见》(国资发改革〔2016〕133号) / 262

附录D 《财政部 国家税务总局关于完善股权激励和技术入股有关所得税政策的通知》(财税〔2016〕101号) / 267

附录E 《国家税务总局关于股权激励和技术入股所得税征管问题的公告》(国税公告〔2016〕62号) / 271

附录F 企业会计准则第11号——股份支付 / 273

附录G 《股权转让所得个人所得税管理办法(试行)》(国税〔2014〕67号) / 276

附录H 《国家税务总局关于股权激励有关个人所得税问题的通知》(国税函〔2009〕461号) / 281

附录I 《财政部 国家税务总局关于股票增值权所得和限制性股票所得征收个人所得税有关问题的通知》(财税〔2009〕5号) / 284

附录J 《关于个人股票期权所得缴纳个人所得税有关问题的补充通知》(国税函〔2006〕902号) / 285

附录K 《财政部、国家税务总局关于个人股票期权所得征收个人所得税问题的通知》(财税〔2005〕35号) / 288

后记 / 291

第1章　操盘故事分享：股权激励在散伙时力挽狂澜

> 能用众力，则无敌于天下矣；能用众智，则无畏于圣人矣。
>
> ——三国·孙权

这是一个真实的代表中国导航芯片最高水准的企业发展故事，也是一个合伙人通过股权激励在合伙时冷静理智、在即将散伙时力挽狂澜的真实故事，还是一个通过"变幻"的股权架构调整来助推中国导航芯片研发突破瓶颈的真实故事。

故事发生在北京某导航技术股份有限公司(以下简称BDS公司)，该公司是我国最早从事导航定位业务的专业化公司之一，目前，在企业美誉度、经营业绩、技术实力等多方面均处于行业领先地位。我于2008年起在这家公司工作，任副总裁一职，在面临散伙危机时，作为上市公司"五人小组"之一，全程深入参与，重点负责稳定核心骨干人员的工作，并负责本案例股权激励方案设计和实施操作，我为亲身经历了这一惊心动魄、跌宕起伏的事件而自豪！

1.1 携手——缘起北斗

1.1.1 梦想——北斗梦，芯片梦

说到卫星定位系统，相信大家都会说GPS(Global Positioning System，全球定位系统)。其实，目前该领域有四大卫星定位系统，除了美国的GPS之外，还有俄罗斯的格洛纳斯、中国的北斗、欧盟的伽利略，如图1-1所示。

美国 GPS

俄罗斯 格洛纳斯

中国 北斗

欧盟 伽利略

图1-1 全球四大卫星定位系统

GPS是最早的卫星定位系统，也是目前建设最为完善、应用最为广泛的卫星定位系统。20世纪70年代，美国陆海空三军联合研制了新一代卫星定位系统GPS，主要目的是为陆海空三大领域提供实时、全天候和全球性的导航服务，到1994年，全球覆盖率高达98%的24颗GPS卫星星座已布设完成。

建设GPS的初衷是为了达到军事目的，但建成之后逐步向民用领域开放。

20世纪80年代，中国开始研制自己的卫星导航系统，并以一个中国传统文化中寓意光明和方向的星座——"北斗"命名。北斗是由天枢、天璇、天玑、天权、玉衡、开阳、摇光七星组成的。古代的中国人民把这七星联系起来想象成为古代舀酒的斗形工具。中国拥有丰富的古典方位文化，其中用于确定方位的有指南车、司南、北斗星及青龙(东)、白虎(西)、朱雀(南)、玄武(北)。我国著名电子学专家、"863计划"倡导者之一陈芳允院士最先提出了"双星定位"理论，即利用地球同步卫星进行定位和通信的设想，解决快速定位与通信问题。这一理论成为日后北斗计划的奠基理论。1994年，北斗正式立项，并提出了"三步走"的战略目标：第一步，建设覆盖我国周边区域的北斗卫星导航试验系统(北斗一号)；第二步，建设北斗卫星导航系统(北斗二号)，2012年左右形成覆盖亚太大部分地区的服务能力；第三步，2020年左右，建成由35颗星组成的北斗卫星导航系统，形成全球覆盖能力。

国际上卫星导航产业发展迅猛，对经济社会发展产生深刻影响。目前，国际卫星导航产业已形成较为完备的产业体系，导航服务性能不断提升，应用范围不断扩大，市场规模快速增长。卫星导航技术应用已成为发达国家经济社会发展必不可少的重要手段，对资源利用、环境保护、公共服务等方面的科学发展产生了深刻影响。2013年，国务院办公厅发布的《国家卫星导航产业中长期发展规划》提出，我国卫星导航产业的发展目标为：

到2020年，我国卫星导航产业创新发展格局基本形成，产业应用规模和国际化水平大幅提升，产业规模超过4 000亿元，北斗卫星导航系统及其兼容产品在国民经济重要行业和关键领域得到广泛应用，在大众消费市场逐步推广普及，对国内卫星导航应用市场的贡献率达到60%，重要应用领域达到80%以上，在全球市场具有较强的国际竞争力。

——产业体系优化升级。国家卫星导航产业基础设施建设进一步完善，形成竞争力较强的导航与位置、时间服务产业链，形成一批卫星导航产业聚集区，培育一批行业骨干企业和创新型中小企业，建设一批覆盖面广、支撑力强的公共服务平台，初步形成门类齐全、布局合理、结构优化的产业体系。

——创新能力明显增强。研究与开发经费投入逐步提升，在统筹考虑科研布局的基础上，充分整合利用现有科技资源，推动卫星导航应用技术重点实验室、工程(技术)研究中心、企业技术中心等创新平台建设，增强持续创新能力。突破芯片、嵌入式软件等领域的一批关键核心技术，形成一批具有知识产权的专利和技术标准，支撑行业技术进步和应用模式创新。

——应用规模和水平明显提升。卫星导航技术在经济和社会各领域广泛应用，基本满足经济社会发展需求。在能源(电力)、金融、通信等重要领域，全面应用北斗等卫星导航系统；在重点行业和个人消费市场以及社会公共服务领域，实现北斗等卫星导航系统规模化应用。

——基本具备开放兼容的全球服务能力。北斗卫星导航系统服务性能进一步提升，实现与其他卫星导航系统的兼容与互操作，北斗应用的国际竞争力显著提升，应用范围更加广泛。

BDS公司作为卫星导航产业化的领先者，为了实现导航芯片的突破，在2008年组建了由20多人组成的研发中心，其中不乏知名院校的高才生和海外留学回国的博士生。在2008年年度规划评审中，担负导航芯片研发的团队负责人承认，以他们目前的实力，只能研发出一款二流芯片。这使公司决策层产生了很强烈的紧迫感，他们清楚，做二流芯片是没有任何前途的，基于芯片研发的特殊性，要做就要做国际一流的芯片，但是要做国际一流的芯片，必须要有国际一流的领军人才，从何处寻找国际一流的领军人才呢？

1.1.2 机会——金融危机带来的从海外引进尖端人才的机会

国际金融危机为中国企业从海外引进人才带来了机会！

2007年4月，美国第二大次级房贷公司——新世纪金融公司破产；2008年8月，美国房贷两大巨头——房利美和房地美股价暴跌，持有"两房"债券的金融机构大面积亏损；雷曼兄弟申请破产保护；美林"委身"美银。这一系列"突如其来"的"变故"使得世界各国都为之震惊。华尔街对金融衍生产品的"滥用"和对次贷危机的估计不足终酿苦果。随后全球金融形势持续恶化，世界经济加速衰退，国际贸易与投资双双萎缩，世界陷入第二次世界大战后最严重的危机，影响深远，不确定性极大。房地产、信贷、股市、期货市场等资产泡沫以空前规模破灭，使全球财富全面缩水，惜贷惜购盛行，冲击各行各业，严重影响了实体经济的发展，最终形成了影响深远的经济危机。

受金融危机冲击，各类公司纷纷裁员。暂时保住饭碗的幸运儿也不得不为充满变数的前景忧心忡忡。受经济危机影响，大量高科技人才离开美国。2008年12月，为抢抓国际金融危机带来的引才机遇，中央人才工作协调小组实施了引进海外高层次人才的"千人计划"，掀起海外人才回国热潮。

在2008年全球华人定位导航协会(CPGPS)年会上，时任美国Sirf(瑟夫)公司全球研发副总裁的SW博士(注：Sirf公司是全球导航芯片领域的领军企业)说，2007年华人导航圈出了两件大事：一是他自己创办的美国Centrality被Sirf公司收购；二是中国BDS公司上市。SW博士对BDS董事长说，如果你们经营得好，短则3年、长则5年，便可成为一家国际一流的公司。

不知SW博士是有心还是无意，反正这句话对BDS公司董事长产生了极大的震动，成为国际一流公司不正是我们一直以来的梦想吗？但是一直觉得还差得远呢，怎么样才能"短则3年，长则5年"达成目标呢？为了求证，董事长专程从北京去上海或去美国找SW博士彻夜长谈，终于知道了答案，就是请SW博士一起合作。"那好呀SW，回国吧，咱们一起干！你还有什么要求，你尽管提。"董事长真切地说。

1.1.3　合伙——冷静与魄力

双方又经过多次坦诚、深入地沟通，记得BDS公司董事长在写给SW博士的信中有这样一句话："要不是当年钱学森等老一辈科学家回国效力，中国的'两弹一星'的成功也许要推迟很多年。今天，如果你SW博士回国效力，一定会推进中国的北斗产业化步伐。"后来回想时，总开玩笑说这是忽悠，但当时确确实实是情真意切。SW博士作为卫星导航领域的资深专家，他也清楚中国建设北斗是他们这些人一辈子难得的机遇，况且BDS公司及其当家人也是难得的合作伙伴，经过反复掂量后他决定回国，与BDS公司合作研发中国的导航芯片，并提出了以下几个期望：

(1) 单独设立一家芯片公司，该公司不在上市公司BDS母体中。

(2) SW博士本人持股40%，他带来的另外4位核心层共持10%的股份，即BDS公司和SW博士团队各持股50%。

(3) SW博士本人任芯片公司CEO，经营相对独立，董事会由3人组成，SW博士为董事，BDS公司派遣2名董事和财务负责人。

笔者多次在不同场合询问听众，上述条件如何、是否应答应并尽快合作时，听众于不同场合都异口同声地给予肯定的回答。但是BDS公司董事长表现出合伙时的冷静和睿智，他尊重SW博士提出的条件，但希望从SW博士团队手中购买这一未成立公司的20%的股份，使得双方的持股比例变成70%∶0%。这20%的股份，用当时BDS公司3 000万市值的股票交换，并且由BDS董事长个人承担。到今天，当时这3 000万股票的市值已经超过1个亿。从这里，也充分反映出公司董事长合伙时的冷静和做大事的魄力！这是一个难以抗拒的"天价"，SW博士答应了。筹办芯片公司的股权架构调整如图1-2所示。

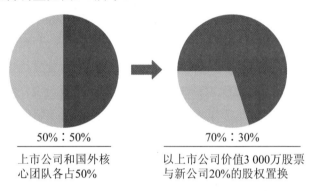

50%∶50%　　　　　　　70%∶30%
上市公司和国外核　　　以上市公司价值3 000万股票
心团队各占50%　　　　与新公司20%的股权置换

图1-2　筹办芯片公司的股权架构调整

各占50%的股权架构，是一个两位股东平起平坐的设计，看起来是公平的，但是一旦出现意见不一致的情况，必然会导致股东之间的矛盾不可调和、企业决策停滞。因此，此类股权架构设计，必然为企业的发展埋下重大隐患。而70%∶30%就意味着控股股东拥有绝对的控股权，按照《中华人民共和国公司法》(以下简称《公司法》)第一百零四条的规定："**股东出席股东大会会议，所持每一股份有一表决权。但是，公司持有的本公司股份没有表决权。股东大会作出决议，必须经出席会议的股东所持表决权过半数通过。但是，股东大会作出修改公司章程、增加或者减少注册资本的决**

议，以及公司合并、分立、解散或者变更公司形式的决议，必须经出席会议的股东所持表决权的三分之二以上通过。"在这种股权架构下，其实公司既能够控制芯片公司董事会，也能够控制芯片公司股东会，尽管向SW博士及其经营团队授予很高的经营权限，但是掌控权仍然在公司手中。

1.1.4 突破——世界首款

芯片公司于2009年3月8日正式设立。SW博士及其经营团队确实了得，一边打造团队，一边攻坚克难，仅仅用一年半的时间，不仅打造出一支国内一流的团队，而且做出了实际成果——世界首款真正意义上的支持多模多频架构的Nebulas芯片。该芯片在BDS公司成立十周年庆典上正式发布。这款芯片的发布也是十周年庆典上最大的亮点，我作为公司十周年庆典的负责人，为了让这个环节产生更好的效果，设计了多种道具进行试验。最后选中了一个类似方桌的道具，桌上正面是倾斜的，上方雕刻了一个司南的道具，发布时嘉宾们一起按道具上方的按钮，一款模拟的芯片从道具上方的司南中缓缓升起。在这一过程中，同时配合音乐和星空背景画面，视觉效果极其震撼。时至今日，当初发布会的环节仍旧历历在目！"两弹一星"功勋科学家孙家栋院士亲自出席了发布会，并对这款芯片给予高度评价。SW博士也因为这一突破性的成果入选第五批国家"千人计划"。也正是在十周年庆典上，BDS公司提出了"共同的北斗，共同的梦想"的口号，正式扛上北斗产业化领军者的大旗！

正当业内对芯片公司寄予无限的憧憬和期望之际，芯片公司发展的隐患已经埋下，危机即将爆发……

1.2 隐患——已经萌芽

1.2.1 分歧——企业发展方向及经营层新诉求

这一危机主要源于三个层面，如图1-3所示。

图1-3　芯片公司的危机源于三个层面

1. 企业发展方向

经营团队认为芯片公司发展的重点方向是消费市场和行业市场，因为消费市场空间大，并且经营团队原来所在公司研发的芯片也以面向消费市场为主，他们有开发这个市场的丰富经验，大家轻车熟路；行业市场则是国家大力扶持的北斗产业化发展方向，有利于公司获得政府的资助。而BDS公司认为，重点是特种市场和行业市场，因为北斗系统的最大用户就是特种行业用户，特种行业有刚性需求，而消费市场经营难度很大，因为北斗系统还处于建设中，GPS在消费市场的地位一时难以撼动，并且老百姓的消费观念是"物美价廉"，无法要求普通老百姓发扬"爱国主义"精神花更高的价格去买带有北斗导航定位芯片/模块/板卡的终端设备。另外，消费市场是完全市场化领域，今后的竞争必将白热化，可谓"一片红海"。芯片公司今后进入消费市场的方式是以资本手段去收购在红海中的幸存者。稍微了解北斗产业化的人士基本上会认同BDS公司的观点，目前的事实也证明了控股股东当年的看法是正确的。

2. 芯片公司的经营业绩

芯片公司设立时，规划在前期投入3年后于2011年实现盈亏平衡。然而实际情况是，芯片公司的亏损远远超出预期，并由此给作为上市公司的控股股东带来了极大的业绩压力和现金压力。危机发生的2012年，亏损进一步扩大，甚至一度出现发不出工资的危机状况，并且经营团队不同意使用BDS公司为"高性能SoC芯片及应用解决方案研发与产业化项目"募集的资金。BDS公司被迫调整该项目的募集资金用途，并于2012年1月16日第三届董事会第一次会议审议通过了《关于变更"高性能SoC芯片及应用解决方案研发与产业化项目"剩余募集资金为永久补充流动资金的议案》。一方面企业资金极其短缺，另一方面坚决不用上市公司为芯片研发募集的大笔资金，表明双方股东之间的矛盾已经到了很高的程度。

3. 管理层的新诉求

芯片公司经营层提出了三个新诉求：一是芯片公司要单独上市，不能永远作为控股股东的控股子公司；二是控股股东减持股份，引进外部投资，并使经营层成为大股东；三是外部投资注入前，控股股东要保障芯片公司的资金需求。这三点诉求体现了芯片公司已经处于经营层控制状态。当时，证监会已允许境内上市公司分拆子公司上市，但需满足以下6个条件。

(1) 上市公司公开募集资金未投向发行人(注：拟上市子公司)业务；

(2) 上市公司最近三年盈利，业务经营正常；

(3) 上市公司与发行人不存在同业竞争且出具未来不竞争承诺，上市公司及发行人的股东或实际控制人与发行人之间不存在严重关联交易；

(4) 发行人净利润占上市公司净利润不超过50%；

(5) 发行人净资产占上市公司净资产不超过30%；

(6) 上市公司及下属企业董事、监事、高级管理人员及亲属持有发行人发行前股份不超过10%。

很显然，这与控股股东设立芯片公司的初衷是背道而驰的，控股股东已经是上市公司，具备资本平台，也没有必要分拆芯片公司上市。这三个新诉求完全是经营团队为了满足一己私利并且损害大股东的单方面强求。尽管大股东完全有权力进行阻止，但由于受内外部因素的影响，控股股东最终被迫答应了芯片公司经营层的新诉求。

1.2.2 散伙——诉求破灭与强行换届

自此，芯片公司SW博士和另外一位副总想尽各种办法寻找外部投资人，应该说芯片公司已经有了很好的技术和声誉的积累，不乏有意投资的机构。但是国内投资人投资后常常会要求对赌，与经营层对赌，与原有股东对赌。可能是顾虑于控股股东的实力以及导航芯片对于导航产业化的影响，投资人担心入资芯片公司后BDS公司会另起炉灶，所以投资人要求当经营层没有达成入资承诺时，BDS公司要承担70%的连带责任，并且提出未经投资人书面同意，BDS公司不得从事民用领域导航定位芯片的开发。不难理解，BDS公司本来是被迫接受减持而为芯片公司创造上市的机会，怎么会再接受投资人这么苛刻的条件呢？引资最终以失败告终！

此时，刚好芯片公司第一届董事会和经营层的三年任期届满，BDS公司不得不采取早有预案的强制措施，即强行接收芯片公司的经营管理权，不再续聘SW博士为芯片公司CEO。

2012年5月26日—30日，芯片公司进行了董事、监事、高级管理人员换届工作，BDS公司凭借在股东会的绝对控制权和在董事会超过半数的席位通过了聘任SW博士为首席科学家、聘任控股股东推荐的人选为总经理的方案。

至此，双方的矛盾进一步激化，双方致芯片公司全体员工的公开信也被曝光于网络。经营层采取一系列将事件扩大化的反制措施，比如给北斗主管单位领导、中关村领导打电话，收藏公司印章等。更为严重的是，经营层印制了格式化的"辞职申请书"，让芯片公司的核心骨干员工签字，并准备带领他们集体辞职，另起炉灶。

1.3 出路——激励措施力挽狂澜

1.3.1 策略——先稳定局面再求长治久安

芯片公司多年的积累、1个多亿的支出、优秀的团队有可能"鸡飞蛋打"，情况非常严重和紧急，BDS公司领导层非常果断，迅速采取行动，立即成立了处理芯片公司事件的5人小组，夜以继日地研讨应采取的措施，提出了先稳定局面再求长治久安的策略，制定了稳定团队的"个别沟通、逐一突破"的方案，快速约谈了几乎所有的核心骨干员工，向他们讲解芯片公司未来的发展规划，并承诺以下3项政策。

1. 短期调整

市场定位要调整；管理方式可以不变；经营仍然相对独立；大股东增资，保障现金需求。

2. 中期激励(Retention Plan，留任计划)：稳定局面

(1) 设立3年服务期特别奖励(依据级别分别为每年10万元、30万元、50万元)。

(2) 员工承诺服务期3年，公司于期初支付奖励，体现信任。

(3) 在约200字的"服务承诺书"上签字即付第一笔奖励。

3. 长期激励(Incentive Plan)：长治久安

(1) 激励模式：股权激励。

(2) 激励目标：获得与芯片公司单独上市类似的收益。

上述三项政策的颁布，我们迅速与几乎所有核心骨干员工签订了3年期的"服务承诺书"，并且立即支付了第一笔中期激励的留任奖金。团队流失的风险暂时得以解除！

让团队长期留任的关键是长期激励，长期激励计划设计的难点是当时控股股东层面实施股权激励计划的条件不成熟，只能在芯片公司层面设计，而芯片公司是没有上市规划的，并且是上市公司的子公司，那么如何能让激励对象获得与芯片公司单独上市类似的收益呢？

这是一道没有借鉴对象的、考验我们智慧和魄力的难题！

1.3.2 方法——股权激励方案设计的"九定模型"

"九定模型"是一套制定股权激励方案的方法，掌握这个方法，就能够设计出一套股权激励方案。笔者认为，一套完整的股权激励方案主要包含九大部分，分别是定类(激励模式)、定人(激励对象)、定量(授予额度)、定价(授予价格)、定时(时期安排)、定源(股份来源)、定规(约束条件)、定式(持有方式)、定退(退出机制)，笔者称之为"九定模型"，如图1-4所示。笔者将在第5章详述"九定模型"的具体操作办法、技巧和案例。

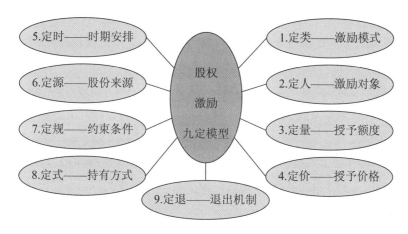

图1-4 股权激励"九定模型"

1.3.3 手记——"九定模型"操作过程

下面，我们依据"九定模型"来探索其操作过程。

第一步，定类，即采用什么样的激励模式。第4章会提到，选择模式的重要方法就是分析企业的特点。芯片公司的特点是什么呢？一是资金紧张，不可能采用分红权、增值权模式，那就只能采用"分股模式"；二是那些潜在激励对象这两年来被灌输了不少BDS公司的负面传闻，双方的信任感还需要时间来建立、巩固，因此不能让他们现在就拿出现金进行认购，也就是说"现股模式"不可取；三是芯片公司不仅资金紧张还处于亏损状态，但是有很好的发展前景。具备这些特点的企业与适合采用"期权模式"的企业相近。

第二步，定人，即确定哪些人为激励对象。这个比较简单，依据芯片公司的职位系列和职位级别，可确定这三类人员为激励对象：一是经理(Manager)及以上级别的管理人员；二是高级工程师(Staff Engineer)及以上级别的技术骨干；三是董事会认为有必要参加的其他员工。

第三步，定量。芯片公司在设立时已经确定今后要实施股权激励，激励股份数量为公司注册资本8 000万元的10%，即相当于800万份。对于分配给每一位激励对象的股份数量，依据"重点人员重点激励"原则拉开差距。

第四步，定价。这是一个难点，因为公司一直处于亏损状态，公司又属于轻资产公司，公司净资产总额肯定远低于1元/每股。我们确定的定价方案是不能小于1元/股。如果就这样实施，激励对象肯定不会产生较高的认知度，股权激励计划的激励效果可能不理想，更别提实现我们的第三项政策承诺(激励目标：获得与芯片公司单独上市类似的收益)了。我们将在第6章第1节"激励对象的"认知度"决定他是否把股权激励当回事"中提到一个案例。案例中的公司通过引入外部投资形成一个"公允价值"从而改变激励对象的认知度。芯片公司也采用了类似的办法，就是通过BDS公司增资来确立公允价值，并且是大于1元/股的公允价值。为了体现诚信并让激励对象产生较高的认知度，BDS公司提出以1.8元/股来增资4 000万元，这样既满足了芯片公司的资金需求又形成一个相对高的公允价值，为股权激励的定价奠定了基础。这时，激励对象会感受到以1元/股获授期权，就相当于每一股有0.8元的潜在收益，总监级将被授予40万股，就相当于有32万元的可能收益，他们能没有兴趣吗？激励对象的"获得感"决定了他能否感受到激励！芯片公司增资和设置股权激励过程如图1-5所示。

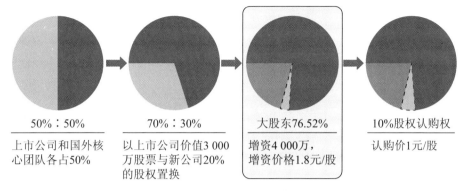

图1-5 芯片公司增资和设置股权激励过程

第五步,定时。具体方案是期权授予后锁定1年半至2013年12月31日,2014年起分3年行权,每年行权1/3。当年可行权而未行权的期权取消。芯片公司股权激励计划的时期安排如图1-6所示。

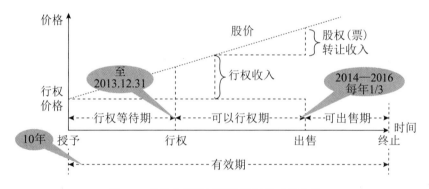

图1-6 芯片公司股权激励计划的时期安排

第六步,定源,即定股份来源。通过增资扩股方式来获得激励股份,办理增资手续的时间是每次行权后的当年12月份,并随后进行工商变更。

第七步,定规。这一步很重要,有激励就有约束,定规就是要明确约束条件,设计好"手铐"。这里主要规定了出现损害公司利益行为和离职后的处理办法。一般情况下,在规定的约束条件中还会涉及业绩考核问题。此案例中公司考虑到两个因素而没有专门设计业绩考核:一是当时面临散伙危机的特殊情况;二是在退出机制中,退出价格与每股净利润有关,相当于将芯片公司的净利润当作重要因素纳入考虑范围。

第八步,定式。股份持有方式涉及股权架构,也涉及公司控制权,是一个重大的问题。

第九步,定退出机制。这是除了定价之外的第二个核心环节,让激励对象"获得与芯片公司单独上市类似的收益"的关键是退出机制。如果要与上市的收益比较,那必须设置一个市场杠杆,这个杠杆不可能去外部找。因为BDS公司就是上市公司,我们就借用自己的杠杆。鉴于导航芯片在国内是核心且涉及国家重大专项的技术和产品,完全可以有比较可观的市场杠杆。最终,我们提出的退出机制的主要内容包括以下几点。

(1) 针对本计划参与人已行权股份,如果没有其他更优的退出方式,BDS公司承诺按持股比例同比例进行购买;如果其他股东没有意愿按持股比例同比例进行购买,BDS公司全部回购。

(2) 每股的购买价格为计划参与人向BDS公司提出出售申请的上一年度公司每股净利润的PE倍(即相当于激励对象获得公司以PE倍市盈率上市的同等收益)。

(3) PE等于计划参与人向BDS公司提出出售申请的上一年度以下三者中孰低者的70%:

① 控股股东上一年度的平均市盈率;
② 深沪两市信息技术行业上一年度的平均市盈率;
③ 深沪两市电子行业上一年度的平均市盈率。

(4) 如果BDS公司以上述价格回购有失公允,控股股东实际控制人承诺个人回购。

经过查询深沪两市上述两行业上市公司2009年12月31日、2010年12月31日和2011年12月31日的市盈率数据,发现平均数值为44.32,70%是31.024,也是很高的,如图1-7所示。

时间	证监会行业分类标准		沪深两市		年度两行业市盈率平均数	2009—2011年平均数	70%
	行业编码	行业名称	公司数量	市盈率加权平均			
2011/12/30	G	信息技术业	180	36.32	31.935	44.32（2012年47.02；2013年53.46）	31.024
	G81	通信及相关设备制造业	59	28.91			
	G83	计算机及相关设备制造业	15	28.97			
	C5	电子	138	27.55			
	C51	电子元器件制造业	95	29.17			
2010/12/31	G	信息技术业	149	58.24	56.63		
	G81	通信及相关设备制造业	52	47.73			
	G83	计算机及相关设备制造业	11	40.13			
	C5	电子	120	55.02			
	C51	电子元器件制造业	80	59.28			
2009/12/31	G	信息技术业	111	22.79	44.395		
	G81	通信及相关设备制造业	41	47.84			
	G83	计算机及相关设备制造业	9	45.26			
	C5	电子	78	66.00			
	C51	电子元器件制造业	57	62.86			

图1-7 深沪两市信息技术和电子行业上市公司市盈率数据

后来，证监会对上市公司行业分类进行了调整，在股权激励文件中，将信息技术行业和电子行业相应调整为"C39计算机、通信和其他电子设备制造业"和"I65软件和信息技术服务业"。

那么，中国深沪两市市盈率是高还是低呢？激励对象将信将疑。后来，我们又搜集了美国纳斯达克半导体及类似行业上市公司的市盈率数据，两者一比较，发现深沪两市中C39和I65上市公司市盈率远高于纳斯达克市场的相关行业市盈率，如图1-8所示。

Symbol	Company Name	P/E Ratio	Forward P/E(1y)
BRCM	Broadcom Corp.	24.01	16.82
PMCS	Pmc - Sierra	NE	18.89
MRVL	Marvell Technol	13.7	13.29
ASMI	Asm International	9.71	-
DSPG	Dsp Group	NE	NE
WILN	Wi-Lan Inc	NE	10.78
CY	Cypress Semicon	25.34	53.72
NPTN	Neophotonics Co	NE	NE
TQNT	Triquint Semico	21.7	NE
		18.89	22.70
INTC	Intel Corp.	11.54	10.9
TXN	Texas Instrumen	19.99	17.29
LLTC	Linear Technolo	15.77	17.58
ISIL	Intersil Corp.	27.26	81.77
NVDA	Nvidia Corp.	13.07	18.26
STM	Stmicroelectron	16.12	NE
ASYS	Amtech Systems	3.93	NE
		15.38	29.16
BCDS	Bcd Semiconduct	10.75	12.15
MX	Magnachip Semic	31.67	6.4
MCHP	Microchip Techn	19.23	16.81
MXIM	Maxim Integrate	20.35	17.79
		20.50	13.29

图1-8 美国纳斯达克相关上市公司市盈率数据

至此，BDS公司提出了要让激励对象获得与芯片公司上市类似收益的政策，也与激励对象签订了书面的授予协议书，并将有关股权激励文件进行了公告。芯片公司核心骨干员工为BDS公司的诚意和魄力所感动，他们对这一激励方案产生了很高的认知度和获得感！

上述9个要素确定后，股权激励方案也就形成了。整体激励方案制定后，BDS公司再次和核心团队成员深入沟通。每谈妥一位成员，公司便与其签订协议，确定各项激励的具体条款以及员工的服务期限。随着沟通的进行，该方案得到了越来越多核心团队成员的认可。

1.3.4 分享——本案例的股权激励方案

以下是芯片公司核心员工股权认购权计划管理办法(摘选)，并由上市公司进行了公告。

第一章 总则

第二章 管理机构

第三章 激励对象和执行价格

第四章 股权认购权计划的实施

4.1 本计划的执行股权认购权所需股权为800万份，每份股权认购权享有公司1元注册资本所享有的公司权益。

4.2 预留一部分本计划拟定的股权认购权额度。向已确定的激励对象拟授予的全部股权认购权于2012年内授予完毕。

4.3 计划参与人因为不胜任工作而降级，导致岗位责任降低并且不再在本计划参与人范围之内的，自不胜任工作认定之日起退出本计划，已经授予且并未行权的股权认购权不予以保留，自动放弃。

4.4 因不胜任工作而降级后，如果仍然在本计划参与人范围之内，则依据其较低职级重新调整其授予额度(行权的起始时间点不变)。

4.5 授予股权认购权时，公司与被授予人签署《股权认购权授予协议》，作为授予股权认购权的证明文件。

4.6 计划参与人的股权认购权发生调整时，公司股权激励管理机构应当向该计划参与人发出《股权认购权调整通知书》。《股权认购权调整通知书》为《股权认购权协议》的附件，与《股权认购权协议》具有同等效力。

4.7 计划参与人被授予的股权认购权在行权之前，不享有针对该笔股权认购权所指向股权的相应的股东权利。

4.8 根据本计划授予的股权认购权在2014年可行权一次，数量为被授予总额的1/3；2015年可行权一次，数量为被授予总额的1/3；2016年可行权一次，数量为被授予总额的1/3。每年可行权而未行权部分，自动失效。

4.9 根据本计划授予的股权认购权,自该笔股权认购权授予之日起的有效期为10年。

4.10 本计划指向的股权认购权只接受现金行权;本计划执行过程中如果出现特别情况需要本计划加速执行时,经股东会审批后,本计划加速执行。

4.11 公司股权激励管理机构应组织于本计划第一个行权期年份的12月1日开始根据本计划当年的行权情况集中办理工商注册变更手续,并应于计划实施年份的12月31日前完成工商注册变更手续,公司股本变动和工商变更登记以股权认购权的实际行权数量为准。

4.12 公司股权激励管理机构应当在完成变更登记手续后10个工作日内将变更结果书面通知计划参与人。

4.13 本计划有效期届满时,未行权的股权认购权自动失效。

4.14 授予数量和行权价格的调整:当公司发生资本公积金转增公司资本、盈余公积金转增公司资本、未分配利润转增公司资本等事项,应对股权认购权数量和行权价格进行相应的调整。

1) 授予数量调整方法,相关的计算公式为

$$Q=Q_0(1+n)$$

式中:Q_0为调整前的股权认购权数量;n为资本公积金、盈余公积金、未分配利润转增公司资本的比率(即增加的公司资本与转增前原公司资本的比率);Q为调整后的股权认购权数量。

2) 行权价格的调整办法,相关的计算公式为

$$P=P_0 \div (1+n)$$

式中:P_0为调整前的行权价格;n为资本公积金、盈余公积金、未分配利润转增公司资本的比率(即增加的公司资本与转增前原公司资本的比率);P为调整后的行权价格,调整后的行权价格不得低于1元/股(低于0的,按0确定)。

4.15 计划参与人通过行权取得公司股权后,无论在什么情况下转让时,在同等条件下,发起人股东享有第一优先受让权,且其他转让对象只能是公司股权认购权激励范围之内的公司正式员工。

第五章 退出机制与股东承诺

5.1 发起人股东(控股股东和SW先生)承诺,在国家政策允许且满足股

东(含激励对象)价值最大化的情况下,努力创造各种机会,确定本计划参与人已行权股份的退出机制。

5.2 针对本计划参与人已行权股份,如果没有其他更优的退出方式,公司发起人股东承诺按持股比例同比例进行购买;如果其他股东没有意愿按持股比例同比例进行购买,控股股东可全部购买。

5.3 每股的购买价格按照当时的市场价格确定,也可参照信息技术行业和电子行业企业市场估值水平合理确定。控股股东购买股权时,应严格履行相应的批准程序。

5.4 若本计划参与人向发起人股东出售已行权股份,应同时符合如下条件:

1) 向发起人股东提出购买申请时,激励对象仍在芯片公司任职;

2) 向发起人股东提出购买申请的频率为每年集中进行,且每年仅限一次;

3) 向发起人股东提出购买申请的数量为每次不超过激励对象被授予股份认购权总额的1/3;

4) 第4次及以后提出购买申请,可以将已行权股份一次性出售;

5) 最后一次提出购买申请,应在本计划有效期内,逾期未提出申请的,由本计划参与人个人持有,发起人股东没有义务进行购买。

第六章 禁止及约束

6.1 本章节所述"禁止及约束"专指股权认购权计划中针对计划参与人出现下述若干禁止行为或离职等情况时的约束机制和相关退出机制的规定。

6.2 计划参与人必须避免危害公司利益的行为发生。

6.3 计划参与人发生下述情况,无6.2条款规定的禁止行为时,其尚未获得授予的股权认购权不再授予;其已经获得授予尚未行权的股权认购权自动失效;其已经通过行权获得的股权应予以全部转让。

1) 离职或聘期结束未获续聘的;

2) 因为不胜任工作而降级导致岗位责任降低并且不再在本计划参与人范围之内的;

3) 任期内辞职并获得公司批准的;

4) 公司主动将之辞退或解聘的;

5) 退休或病休的；

6) 在任职期间加入他国国籍的(此种情形下，计划参与人在申请加入他国国籍之前，其已经通过行权获得的股权应予以全部转让)。

第七章 其他条款

7.1 公司发生下列情况之一的，经公司股东会通过，可暂停或终止本计划：

1) 因经营亏损导致破产或解散的；

2) 出现重大违法、违规行为；

3) 公司发展过程中发生重大事件有必要终止该计划；

4) 由于不可抗力导致无法按约定实施本计划或完全丧失激励价值。

7.2 公司股权激励管理机构应当协同董事会履行计划执行过程中的信息披露和报告义务。

7.3 计划参与人对计划更改、管理情况等有知情权，公司股权激励管理机构负有解释和告知的义务。

7.4 公司实施股权认购权计划发生的各种管理费用由公司承担，计入公司管理费用。

7.5 股权认购权计划的参与人取得收益时应根据国家税务法律的有关规定依法纳税。

第八章 附则

8.1 本计划由公司股权激励管理机构负责日常解释，有异议的，可以向公司董事会申诉。

8.2 本计划由公司董事会提出并报送股东会审批通过后生效。

1.3.5 结果——人才保留，公司重回发展快车道

芯片公司留任方案和股权激励方案实施后，取得了非常理想的效果。

1. 业绩扭转

股权认购权计划于2012年正式实施。在此之前，芯片公司仍处于亏损状态；2013年业绩实现扭转，盈亏平衡；2014年利润将近1 000万元。随着

业务的发展，芯片公司的未来收益预计将不断提高。芯片公司实施股权激励前后的业绩数据如图1-9所示。

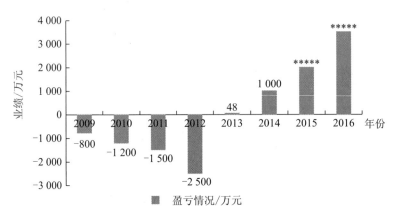

图1-9　芯片公司实施股权激励前后的业绩数据

2. 人才保留

除了芯片公司成立之初的创业团队离开之外，其余核心人员都留了下来。另外，2015年是股权的首个出售期，可出售246万份。由于2014年芯片公司利润比较低，每股净利润为0.08元，PE值选取相关行业市盈率的较低数为51.11，因此2015年可出售总价格为704.09万元(246×0.08×51.11×70%)。芯片公司目前处于业务上升期，利润还将有较大的上涨空间，公司借此建议计划参与人不必急于出售，等待今后公司利润上升后收益会更大，这也间接起到保留人才的作用。

3. 芯片研发突破

激励方案激发了核心人才的积极性，BDS公司于2013年5月第四届中国卫星导航技术与应用成果展以及2015年5月第六届中国卫星导航技术与应用成果展分别发布了两款全新的芯片。并且，2015年发布的芯片成为首个获得国家科技进步奖的北斗芯片科技成果。专家评语为：该项目成果作为世界上首款支持现有卫星导航系统的GNSS芯片，填补了国际和国内空白，达到了国际领先水平。同时，极大地推进了中国卫星导航产业化进程，彻底打破高精度测量、导航/授时等多个领域长期依赖进口产品的局面。孙家栋院士评价说："这个具有自主知识产权的产业化项目，为中国人争了一口气，在世界上表现了北斗强国的梦想！"

至此，芯片公司重回发展快车道，在顺利解决股东纠纷、稳定团队、研发突破之后一路高歌猛进。

(1) 在各类比测、评比中收获大量的奖项。比如：

① 2012年度，"多模导航型基带芯片""多模高精度型板卡"重大专项项目获得实物比测第一名、总分第一名及承研资格；

② 2013年11月，"多模导航型基带芯片"在北斗重大专项实物比测中获三连冠；

③ 2013年12月，"高精度OEM板"在北斗重大专项实物比测中获三连冠；

④ 2014年1月，导航型产品双获北斗基础产品比测三连冠；

⑤ 2015年2月，"军用多模多频导航型基带芯片"在北斗重大专项比测中获得第一名；

⑥ 2014年9月，荣"获卫星导航定位科技进步特等奖"；

⑦ 2014年6月，"多系统多频高精度接收机"荣获WGDC(2014)"2014最具价值产品奖"；

⑧ 2014年5月，荣获"卫星导航应用推进贡献奖——创新奖"；

⑨ 2013年12月，荣获"中国芯最具潜质奖"；

⑩ 2013年9月，荣获"EE Times 2013年度最佳无线IC产品奖"；

⑪ 荣获"卫星导航定位科技进步奖"特等奖；

⑫ 荣获"2015年国家科技进步奖"二等奖。

(2) 与原合伙人SW博士关系缓和。

在2015年4月17日芯片公司再次换届时，SW博士出席了芯片公司董事会和股东大会。鉴于双方曾经有过亲密的合作，并且这3年以来公司取得了长足的进步，符合双方股东的利益，会议结束以后双方进行了坦诚的沟通。上市公司感谢SW博士为芯片公司的发展打下良好基础，并且邀请SW博士在处理掉外部类似企业的股份和职务的情况下回来继续合作。SW博士也感谢大股东和经营层为芯片公司的发展付出的巨大努力和取得的良好成果，并承认当初没有续聘他为CEO其实对他来讲不是坏事。双方都放下了曾经的矛盾和不愉快，握手言和！

(3) 控股股东以4 000多万元收购SW博士持有的全部股份。

(4) 控股股东获得国家集成电路投资基金15亿元的现金投资。

同时，芯片公司及其控股公司的品牌影响力大幅度提升，成为在导航行业拥有领先的核心技术和产品的龙头企业！

1.4 总结——股权激励操盘要点

1.4.1 个人感受及3点经验

历时7年，BDS公司及芯片公司肩扛"共同的北斗，共同的梦想"大旗，突破了中国导航高端芯片的研发瓶颈。未来，它将迎来更加美好的前景！

这是一个代表中国导航芯片最高水准企业发展的真实故事，反映了一位企业当家人的魄力和果决，反映了国际一流人才的引进过程，反映了合伙时的冷静、理智，反映了从合伙到散伙的艰难过程。从中我们可以学到，在企业生死关头，如何通过激励手段力挽狂澜、稳定团队；还可以学到，一家企业在快速发展中如何进行股权结构的灵活调整。

具体到本案例中的激励方案，有如下3点经验可供借鉴。

(1) 在激励方案实施前，芯片公司管理层和BDS公司之间信任感不足。由于实施股权认购权计划需要一段时间才能获得收益，如仅依靠该计划，公司无法确保团队的稳定并在短时间内满足核心团队利益诉求。因此，3年服务期特别奖励(Retention Plan)的设置对在短期内稳定人心至关重要。

(2) 在股权认购权计划实施之初，芯片公司仍处于亏损状态，按净资产来看，1元/股的认购价对激励对象没有吸引力，无法让激励对象产生较高的认知度和获得感，必定不会发挥预期的激励作用。芯片研发是BDS公司的核心业务，稳定核心人员迫在眉睫。为了使计划发挥激励成效并保障芯片公司的资金需求，控股股东通过增资将每股价值提升至1.8元，此时1元/股的认购价对激励对象来说就具备了较大吸引力。因此，BDS公司及时以1.8元/股的价格增资是计划后期发挥激励和约束作用的保障。这就是本书第6章专门提到的股权激励设计的艺术性，尤其是其中的认知度、获得感。

(3) 芯片公司经营层原先提出上市要求，本意是希望获得上市带来的收益。后来由于引资失败以及条件不符，芯片公司无法上市。为了让激励对象通过股权认购权计划获得芯片公司上市的类似收益，满足他们的利益需求，公司设计了特别的退出机制，确保激励对象能够获得相当于公司以PE倍市盈率上市的同等收益。

1.4.2 股权激励操盘的9大要点

这个故事在业内影响甚大，在各类企业案例交流活动中引起很多人的关注，其内容已经远超人力资源管理范围，上升到企业经营、危机处置高度。其中，股权激励的设计确实是点睛之笔，也是股权激励的一大创新。

我们认为，真正在企业实施一套有效的股权激励计划，远比仅仅设计一套股权激励方案要难得多，正所谓"高手在民间"。依据我们多年的实践，我们认为股权激励的操盘有如下9个要点。

1. 从技术层操练——技术是基础

我们提出的"九定模型"就是一套设计股权激励方案的技术，它包括股权激励方案的主要内容，以及这9个核心要点的操作办法和技巧。

具体内容见本书第5章"股权激励方案设计的技术：'九定模型'"。

2. 从实践中选择——接地气的股权激励模式选择

企业选择什么样的股权激励模式一定要基于企业的实际情况，包括但不限于企业发展阶段、所处行业、市场竞争状况、股权结构、未来发展规划等，生搬硬套最终会导致非常严重的后果，所以很多所谓的"咨询师"提出的闭门造车式的股权激励方案，在实施过程中往往漏洞百出，最终结果不仅不符合企业老板的初衷，还可能导致难以预料的不良后果。我们从员工易于理解、直观易懂的角度提出了"三分法"和"七模式"，实践证明效果是符合预期的。

具体内容见第4章"股权激励典型模式：三分法与七模式"。

3. 从艺术层升华——股权激励的艺术性

在实践中，选对股权激励模式、会应用股权激励方案设计技术就可以了吗？并非如此。管理中所有与人相关的东西都是最复杂的，股权激励涉及的人是核心骨干员工，并且涉及他们的利益问题，其复杂性更甚。所以，在股权激励的设计、实施过程中，我们一定要从"心"出发，密切关注激励对象的心理感受，基于此我们提出了股权激励方案设计的5大艺术——认知度、获得感、刚中柔、实在性、个人梦。这在国内外都是独创，因为它只有根植于企业实践的土壤才可能"生长"出来，所以我们可以说这是一本企业高管的股权激励操盘手册，并不是讲师、咨询师或教授的研究成果。

具体内容见第6章"股权激励方案设计的艺术：从'心'开始"。

4. 从经典中学习——股权激励真实案例

案例学习对于学习任何一项技术和方法都是有效的，学习股权激励也是如此。尤为重要的是，案例须是真实的而不是杜撰的。千篇一律的方案是不实用的，只有真实的案例才能反映企业的特点和需求的独特性，才能实现股权激励方案的个性化。

本书中包含12个真实案例，并且是作者亲自操盘的案例。

5. 从模板中演练——股权激励核心文件模板

实施股权激励到底需要哪些主要的文件，市场上的讲师、咨询师很少提到。本书把主要文件及真实的模板和盘托出，希望读者依照这些文件模板进行演练，只有真正动手，才能真正理解；只有不断操作，才能真正学会。

具体内容见第7章"股权激励方案的审批程序及文书模板：这样动手"。

6. 从程序上推进——股权激励方案设计演练

这也是企业老板在参加了社会上的一些培训后常常问我们的问题："我似乎懂了，我迫切地想做股权激励，但是不知道如何动手。"我们常常开玩笑地说："您花百八十万，请相关老师来做个咨询项目就解决了。"本书中，全面介绍了相关模板和操作程序，目的就是让读者能够DIY(自己动手操作)。

具体内容见第7章"股权激励方案的审批程序及文书模板：这样动手"。

7. 从法规上理解——11项相关法规规章

股权激励涉及证监会、财政部、国家税务总局、国资委等许多部委局的法规规章，只有认真学习、理解这些法规规章，才能确保股权激励依法办事。正所谓"红线不能碰、底线不能破"，这也是非常重要的一点。本书将11项与股权激励联系最为密切的法规规章整理出来，供读者学习、理解。

具体内容见附录"股权激励法规规章：红线不可碰"。

8. 从发展中思考——股权激励的前世今生

常言道"不学历史，不足以知兴衰"。要了解股权激励为何被大家如此关注，了解股权激励的前世今生，了解中国300年前的晋商智慧和现代股权激励在美国的发展历史，更有利于我们加深对股权激励的学习和理解。

具体内容见第2章"股权激励的前世今生：读历史，知兴衰；明背景，观发展"。

9. 从机制层探究——股权激励的驱动机制

股权激励的驱动机制就是股权激励"背后那只看不见的手"。考虑到股权激励作为一项重要的薪酬激励机制，实际操作者往往是企业的人力资源部门。为了给HR提供深入研究的机会，本书从理论层面对股权激励进行了深入分析和探讨，增加了人力资源资本化、人力资本股权化的内容，这也是我们的研究成果。

具体内容见第3章"股权激励的驱动机制：背后那只看不见的手"。

第2章　股权激励的前世今生：读历史，知兴衰；明背景，观发展

> 历史不仅是知识中很有价值的一部分，而且还打开了通向其他许多部分的门径，并为许多科学领域提供了材料。
> ——休谟(英)《论历史研究》

2.1 股权激励的诞生记

2.1.1 300年前的晋商智慧

明清时期，山西商人曾在我国国内称雄商界长达五个多世纪，号称"晋商"，其"生意兴隆通四海，财源茂盛达三江"，足迹遍布华夏，声名远振欧亚，在中国乃至世界商业史上都占有一定的位置。

晋商的成功，在于他们在一定的历史条件下自觉和不自觉地发扬了独特的开拓精神、敬业精神，而这种精神又贯穿晋商的经营意识和组织管理意识之中。创新成为晋商精神的"魂"。

在晋商之中，乔致庸无疑是一个传奇。几年前很火的电视剧《乔家大院》讲述的就是关于他的故事。乔致庸以远见卓识、开拓创新而闻名，并且乔致庸可以算是中国股权激励的鼻祖！

在《乔家大院》中，有这样一个片断，位于包头的复盛公(乔家商铺)在乔致庸的精心经营下日渐红火，但联手创业的大掌柜顾天顺开始担心乔致庸"鸟尽弓藏"，便联合二掌柜、三掌柜和一批伙计一起向乔致庸请辞。

干部和员工集体辞职，对现在的任何企业来说都是一个很大的危机事件。面对这个棘手的问题，乔致庸决定先稳住大局。他先让顾大掌柜暂时休养，由他亲自代理大掌柜，亲力亲为处理二掌柜、三掌柜和大批伙计请辞的事情，这样一来，有很多跟风要挟的员工就不再闹了。

局势暂时稳定以后，乔致庸又遭遇了复字号最能干的伙计马荀的请辞。乔致庸十分欣赏马荀，专门请马荀喝酒，向他了解情况。

乔致庸说："你今天跟我说个道理，你要能说服我，我就让你走，要不然你还真走不成。"

马荀答："成，那我就说出来。天下熙熙，皆为利来；天下攘攘，皆为利往。我们这些做伙计的，千里迢迢来到这儿，就是为了利。我去了外边，或许能挣更多的银子。"马荀直截了当地说了出来。现代企业员工离职大多也是因为这个原因，不过现在情况更复杂一些，员工的需求更加多样化。马云有言："员工要辞职无非两个原因，一是钱没给够，二是受委屈了。"

乔致庸说:"这个我知道,我是想问,你看为什么这个店里总是伙计在辞号,而那些个掌柜的,其实把复字号弄得都快破产了,但是没有一个真心想走的?"

马荀说:"东家,这还不是因为分配不合理,您是东家,出银子,占的那是银股;掌柜的呢,那是以身为股,占的是身股。那掌柜的不愿意辞号,理由有两个,一是他们的薪金比我们这些做伙计的高,二是到了分红的账期,他们能跟东家一起分红利啊,所以掌柜的一般是不愿意辞号的。"

乔致庸说:"那为什么就不能给伙计,按劳绩,也顶一份身股呢?"乔老板不愧是经营大才,不仅很快找到优秀伙计辞号的原因,并且很快就有了创新的想法。

马荀的话暴露了传统晋商商号管理的一个局限,那就是有很多人在企业规模小时就占据着不错的位置。随着企业的发展,即使个人能力难以胜任掌柜岗位,仍然拿着不菲的工资和分红;而那些努力工作的员工却没有得到上升的空间,难以得到应有的回报,自然就想换个地方,以期体现自己的价值。

意识到这一点的乔致庸马上大胆地进行了改革:提高大家的收入,给符合条件的伙计以身股,让伙计也能像掌柜一样参与分红。而这其中,马荀便是最直接的受益者。

在向马荀授予身股以后,乔致庸又给了他一些历练的机会。自此,马荀的心也踏实了,决心好好干,给复盛公多挣银子。他说:"**我现在不仅是为您干,也是为我自家干。**"马荀这句直白的话,一语中的地说出了股权激励的目标,就是要变"让你干"为"我要干,我为自己干"。

将身股授予伙计的做法,是乔致庸的一大创新,他打破了晋商沿袭多年的只给掌柜身股而不给伙计身股的制度。这一"破局",伙计的积极性就被调动起来了,干劲也足了,而乔致庸自家的生意,也由于伙计的态度转变而蒸蒸日上。

在看到马荀的能力以后,乔致庸放下心来,他放下"东家"的尊严,当堂宣布:"马荀从此就是复字号的大掌柜了。"他还降低身段给马荀毕恭毕敬地磕了一个头。这一行为拉近了东家和伙计的距离,也将复字号重新团结在一起。

乔致庸的危机处理方式值得点赞,他不仅敢于大胆提拔年轻人出任大掌柜这一要职，而且开了对伙计授予身股的先河。所谓"身股"，其实是晋商独创的一种劳资组织形式。徐珂在《清稗类钞》中说："出资者为银股，出力者为身股。"银股又叫"财力股"，当时是指商号东家在创办商号时投入的资金，每股面值为2 000～10 000两白银。而身股则俗称"顶生意"，又称"人力股"，是商号的职员以个人劳力折成的股份，享有与银股等量分红的权利，且不必承担亏损责任。

俗话说"薪金百两是外人，身股一厘自己人"。正所谓"有钱出钱，有力出力，出钱者为东家，出力者为伙计，东、伙共而商之"。从某种程序上来说，现在不少企业给员工股份，也是乔致庸做法的一种延续。而且它和西方的有限合伙制还有所区别，有限合伙制的出资者承担有限责任，但是公司如果倒闭，出资者以出资为限承担有限责任，出力者就丢了饭碗，对于能力弱难以找工作的员工而言相当于需承担无限责任。相比之下，身股制的可操作性强，有一定的优越性。

乔致庸对马荀授予了身股，但晋商商号并不是对所有员工一视同仁，只有表现突出、有能力或是达到一定工作年限的员工才能顶身股。之后，复字号号规中还明确规定"各号伙计出师后顶一份身股"，也就是说，学徒是没有顶身股资格的。

关于晋商的学徒，据《山西票号史》记载："票号收练习生，以为培养人才的根基。欲为练习生，先托人向票号说项，票号先向保荐人询练习生的三代做何事业，再询其本人的履历，认为可试，再分口试和笔试两种。"这些学徒需要做满四年，经历三个阶段才能拥有顶身股资格。第一个阶段是给掌柜"提三壶"(茶壶、水壶、尿壶)，干些杂活，练习算盘和写字；第二个阶段是训练背记各地银锭辨别和折算方法，做一些抄写或帮账之类的事；第三阶段才是上柜台跟着师傅学习做生意。学徒出师后，经考核认可转为伙计，按照店规，由大掌柜推荐，东家决定是否顶身股，"推荐学成，身股入柜；已有奔头，双亲得慰"。身股的份额记入"万金账"(股本账)，作为红利分配的依据，这也是一个招聘和转正的程序。可见，当年招聘比现在更严苛，要有"保荐人"，还要了解祖上三代的背景；转正时除了要考核外，还要大掌柜推荐、东家审批。

实行晋商这种"财股与身股结合"的制度，东家的银股基本不变动，而随着票号生意做得越来越大，身股的规模也越来越大，所以晋商出现了

"身股为大"的局面。对东家而言，虽然分红比例少了，但是家族生意做大了，留住了人才，银股的分红也就越来越多。并且，东家掌握掌柜的任命权，银股也可以继承，这就保障了家族商业的有效传承。晋商实施的"银股和身股相结合"的制度对现代股权激励的思想萌芽有着重要的启示意义，尤其是对于目前非上市或者不上市的公司而言，有重要的借鉴意义。

晋商顶身股的人选必须经过层层选拔，不仅要有优秀的管理能力，还要勤恳工作，对商号忠诚；给顶身股者的股份由少逐渐增加，利用分红激励员工，并减少风险；在退出机制中也不乏人性化的规定。从"进入"到"退出"，都有一个完善的机制，由此可见晋商股权激励的智慧所在。

身股激励类似现在股权激励中的分红模式，两者非常接近，说明晋商的身股激励思想已经初步具备现代股权激励的特征，就是强调人尤其是核心骨干人员的价值。通过股权分配与激励，将商号变成一个整体，最大限度地发挥核心骨干人员的潜能，变"要我干"为"我要干"，变"为东家干"为"我为自家干"，将个体与整体的命运紧紧地捆绑在一起，从而促进企业的发展，最终实现东家、掌柜、有身股伙计和商号的共赢局面。

股权激励实质上就是一个"舍与得"的过程，一套合适的股权激励方案不仅取决于设计技术，还与对员工的关注，尤其是对员工的价值认知、对员工认知的引导等密切相关。认同核心骨干员工的价值，乐意与核心骨干员工共享利益并得到他们的认同，这才是股权激励的关键。我们该向晋商学习的，正是这种意识与智慧。

2.1.2　20世纪50年代美国企业家的智慧

现代意义上的股权激励，被公认源于20世纪50年代的美国。当时，由于企业物质资本的提供者与人力资本及经营管理职能的分离导致了委托代理问题，双方利益的不一致催生了代理成本和道德风险，使得企业的内部消耗增加、效率降低，制约了公司的良性发展。在这种局面下，很多有先见之明的企业家开始实行一定程度的变革。

说到现在的股权激励，就不得不提辉瑞公司(亦翻译为菲泽尔公司)。辉瑞公司创建于1849年，迄今已有160多年的历史，总部位于美国纽约，是目前全球最大的以研发为基础的生物制药公司。辉瑞公司的产品覆盖化学药物、生物制剂、疫苗、健康药物等诸多广泛且极具潜力的治疗及健康领域，同时其卓越的研发和生产能力处于全球领先地位。1952年，美国辉瑞公司为了避免公司高管的现金薪酬缴纳高额的所得税，第一次推出了股权激励计划，拉开了世界范围内推行股权激励的序幕。

1956年，美国的路易斯·凯尔索等人又设计了员工持股计划，随后，职工持股计划、股票期权计划等股权激励模式纷纷出现，日本、英国、法国、意大利等发达国家纷纷效仿，促使股权激励成为一种潮流，从此在欧美地区及日本等国家获得了长足的发展。

在股权激励中，特别是在ESOP(员工持股计划)中，美国企业家主要有三个目的：一是激励，增加员工的薪酬收入，增强企业内部员工的凝聚力，提高劳动效率；二是约束，稳定激励对象队伍；三是减轻公司现金的支付压力，并帮助员工减税、合理避税等。当然，后来随着股权激励纳税法律法规的完善，通过股权激励来达到减税的目的变得越来越不现实。2014年6月20日，中国证监会发布了《关于上市公司实施员工持股计划试点的指导意见》，相关内容将在第4章中谈到。

现在，股票期权已在世界上的许多大型上市公司中得到了应用。所谓股票期权，就是指企业资产所有者对企业经营者实行的一种长期激励的报酬制度。具体来说，是指经营者享有在与企业资产所有者约定的期限内以某一预先确定的价格购买一定数量本企业股票的权利。行使股票期权的经营者在约定的期限内，按照预先约定的价格购买本公司股票。如该公司业绩良好，股票价格届时上涨，则经营者可以在他认为合适的价位上抛出股票，这样就能获得差价利润；如果价格下跌，经营者也可以放弃这种认购股票的权利。对经营者而言，股票期权是基本没有风险的激励制度。

股权激励计划在欧美企业中的应用日益普及，说明它是解决当时困扰企业难题的有效手段之一，事实也是如此。20世纪80年代至90年代末，美国的上市公司在股权激励计划的刺激下获得了迅猛的发展。美国道琼斯工业股指数自1983年的1 000多点最高上涨至1999年初的11 000点，2017年3月20日，道琼斯工业股指数已经达到20 905点。纳斯达克指数更是从1990年10月约300点大涨至2000年的5 049点，2017年初达到5 900点。道琼斯工业股指数和纳斯达克指数的上涨不一定得益于股权激励的作用，但毫无疑问，股权激励起到了助推的作用，并且通过道琼斯工业股指数和纳斯达克指数的涨幅也可以看出股权激励对象的受益程度。

受此影响，美国企业中以经理股票期权制度为主的薪酬体系逐渐弥补了传统的年薪加奖金而缺失长期激励的薪酬制度，股权激励薪酬在公司高管薪酬中所占的比重也在逐年上升。相关数据显示，20世纪80年代，美国公司高管薪酬的主要形式还是现金和红利，仅有30%左右的CEO拥有期权报酬。到了20世纪90年代中期之后，有70%左右的CEO获得了期权。2000年以后，股权激励制度基本保持稳定，高管期权薪酬占总薪酬的比重也稳定在55%左右。原苹果公司CEO乔布斯的年薪是1元美金，而实际收入却是千万美金，这是一则较为极端的案例。全球专业咨询服务公司韬睿惠悦发布了2015—2016年《美股中国上市公司高管薪酬、股权激励与公司治理研究报告》，报告显示：美股业绩增速放缓，盈利水平继续下降，高管现金薪酬与去年基本持平。美股全行业长期激励成本占比提升，占净利润比例达到10%，占收入比例达到1%。2015年，长期激励仍是美股上市公司高管薪酬的重要组成部分，且占比超过60%。这反映出在整体市场环境压力下，公司更加关注中长期业绩，强化高管薪酬和公司持续发展的绑定。从岗位来看，层级越高，长期激励占比越大。

但是，任何制度都有其两面性，股权激励也不例外。美国的股权激励制度就曾因为设计缺陷、监管不力等问题，导致薪酬两极分化、业绩造假、操纵股价等诸多争议。其中，最具代表性的就是众所周知的"安然事件"。

安然公司作为曾经的世界头号天然气交易商和美国最大的电力交易商，年收入近千亿美元，在全球500强中排到第7位，公司的股价最高达到每股90美元，市值高达700亿美元。

1986年之前，美国的能源市场被联邦能源监管委员会严格管制，安然在自己控制的地域可以很容易地进行价格垄断，因此具有稳定的盈利空间。但是，这种情况在1986年之后就全变了，联邦能源监管委员会开始放松监管，安然的垄断地位被打破。在此形势下，股东开始对安然公司管理层实施以市价为基础的股权期权激励，力图使高管人员的业绩与股东财富的创造紧密结合起来。

但让大家始料未及的是，到了1997年以后，发现美国会计准则漏洞的安然高管开始铤而走险。他们利用关联企业的关联交易和衍生工具等眼花缭乱的财务手段来"创造"利润，以期达到快速获赠股权、攫取最大利益的目的。

至2000年底，安然公司总共发行了价值1.55亿美元的股票期权，而安然的董事长在这一年就通过执行股票期权实现了1.234亿美元的收入，前首席执行官杰弗里·斯基林也在2000年时获得了6 000多万美元的股权激励收入。

在2001年12月申请破产保护前的一年时间里，安然公司向其144位高层管理人士总共发放了约7.44亿美元的现金和股票。与之相对应的是，安然公司要为巨额股权支付承担极高的费用成本，这种巨大的不对称性，最终让安然走向了万劫不复的深渊。

"安然事件"最终引发了国际资本市场对期权激励样板，即美国式公司治理结构的反思，它所有的问题，其实都是由公司执行了不合理的股权激励制度导致的。

为了弥补股权激励制度的缺陷，美国证券交易委员会陆续出台了32项规定，来完善上市公司治理结构，这也使得世界范围内的股权激励计划变得越来越合理。同时，它告诉了我们一个道理：要想使股票期权发挥积极的作用，就必须要有相互配套且有动态适用性的制度安排，引导各方参与者的正向行为选择，才能使股权激励真正成为促进企业发展的长效机制。中国近两年来也陆续出台了一系列股权激励相关的政策法规，一方面，完善股权激励制度并放松对企业实施股权激励的管制；另一方面，不断加强证券监管和税务稽核，目的无非既要促进股权激励机制的发展，又要避免因为制度不完善而产生的企业风险，甚至是金融风险。

2.2 硅谷发展的两件"秘密武器"

硅谷闻名世界，已经成为高新技术开发区的代名词。它位于美国西海岸的加州北部，即旧金山以南、圣克鲁斯以北的狭长地带，总面积约3 800平方公里。这里聚集着成千上万家高科技公司，是众所周知的高新科技企业成长的摇篮。

自创建以来，硅谷经历了经济发展的巅峰及此后泡沫破裂的沉重打击，但硅谷仍被视为新经济成功的典范，"硅谷效益"也扩展到世界各地，它成功地带动了世界各地科技园的建立。

硅谷的企业能取得如此巨大的成就，靠的是什么？硅谷企业的管理模式又有何特别之处？

抛开天时、地利不谈，我们所知道的，是硅谷企业在管理模式上的两件秘密武器，即风险投资(VC)和股权激励制度。

硅谷有一条沙丘路，那里聚集了全球数量最多的风险投资公司。现在人们在讲硅谷时，那些风险投资公司都是绕不过去的话题，它们是硅谷不可或缺的一部分。一方面，风险投资促成了硅谷的奇迹；另一方面，这些风险投资公司也因为硅谷的出现和发展而不断续写传奇。有新技术、新产品的人要创业，但是缺乏资金；有资金的人想要投资，但需要寻找有发展前景的项目。目前，世界著名的互联网公司无一不是风险投资催生的，所以VC与高新技术公司两者相得益彰，共荣共生。

硅谷的风险投资，给硅谷企业以足够的资金保障，加速了科技成果向生产力的转化，使得这些高科技企业能够长足地发展，进而带动了硅谷整体经济的蓬勃和兴旺。同时，受风险资本支持的企业也在创造工作机会、开发新产品和取得技术突破上，明显高于外界一般的公司。

从今天风险投资的分布来看，硅谷风险投资额占美国风险投资额的4成左右。从2002年到2013年，每年投到硅谷的这部分资金都在100亿到130亿美元之间，毫无疑问，这是一个巨大的数值。硅谷是全美国风险投资最集中的地区。从回报来看，硅谷地区也是美国风险投资回报最高的地区。

相较于风险投资，另一件秘密武器就是硅谷企业的股权激励制度。

在硅谷的企业，期权是薪酬的一个重要组成部分。为此，美国加利福尼亚州还颁布了相应的法律制度，鼓励硅谷企业实行薪酬激励制度。因此，硅谷的企业几乎都向员工提供期权，使之成为整个员工薪酬计划中的一部分。这种形式自20世纪90年代起就一直存在，它经融入硅谷企业的精神和灵魂之中。正是因为这种诱惑力十足的股票期权激励，硅谷的企业才得以吸引到一批又一批优秀的科技人才。

据统计，硅谷创业公司的期权分配比例一般为：外聘CEO占5%～8%，副总占0.8%～1.3%，一线管理人员占0.25%，普通员工占0.1%，外聘董事会董事占0.25%(注：中国上市公司的独立董事是不能参与股权激励的)。期权总共占公司15%～20%的股份，不宜过大或过小，过大会影响创始人的利益，过小又不能体现足够的激励价值。当然期权池的大小受多种因素的影响，不能一概而论。

硅谷的创业公司普遍实行大量员工持股模式，根据员工级别、工作类型来授予他们不同的期权数量。这样的期权制度很容易就会让员工产生一种主人翁意识，增加对企业的忠诚度。同时，也能让员工分享公司的成功和荣誉。总之，硅谷的创业公司借助强大的风险资金的支撑，通过股权激励计划形成利益共享机制，从而构建有战斗力的创业团队。硅谷能够成为全球创新创业的圣地，与硅谷的两大秘密武器有莫大的关系。

2.3　从国内经济社会背景看股权激励的发展

2.3.1　股权激励造就了一个又一个财富神话

20世纪90年代，我国也开始引入现代股权激励机制，并且逐渐在各大企业中推行开来，从此中国企业便和世界范围内实行股权激励的企业一起，造就了一个又一个数不清的财富神话。

股权激励就好比一台创富机器，是一副充满诱惑力的"金手铐"，紧紧地铐住了企业的核心人才，达到老板与员工协力共赢的效果。

从苹果CEO史蒂夫·乔布斯到Google公司CEO埃里克·施密特(Eric Schmidt)，以及两位创始人即联合总裁拉里·佩奇(Larry Page)和塞吉·布林(Sergey Brin)，他们都喜欢这种1美元的年薪，正所谓"一个美元，一个梦想"。但他们手中，拥有企业不菲的股权和期权。乔布斯在2000年拿到价值7 500万美元的期权，随着苹果业绩的优异表现，尤其是2007年iPhone的推出，苹果股价在此后的几年中节节攀升，站上250美元的高位，乔布斯当年拿到的期权价值已经达到25亿美元。因此，1美元年薪的CEO的实际所获薪酬在很大程度上取决于这部分股权和期权的价值。乔布斯的继任者蒂姆·库克(Tim Cook)于2016年任期届满5年，将公司授予的126万激励股权转换为普通股，价值约1.35亿美元，并出售了其中的99.011 7万股，共套现3 580万美元。

我国也是如此，尤其是在互联网的东风吹起来以后，大批互联网企业的从业人员便依靠手中的股票期权而成为一个又一个富翁。

以在纳斯达克上市的去哪儿网为例，早期在去哪儿工作超过1年的员工都会获得相应的股票期权，这部分在职或离职的员工有1 000人左右，而当时发放给员工的股票价格仅为1美分/股。而现在呢，如果按照目前的30美元/股的价格计算，如果当时某员工以1 000美元持有1万股，如今的市值已经超过30万美元，大约相当于人民币200万元。

2005年，百度登陆纳斯达克交易所，很快就因股价飞涨造就了8位亿万富翁、50位千万富翁和240位百万富翁，而百度当时的总员工数量才750人。2007年，阿里巴巴在我国香港上市，也"批量生产"了1 000个百万富翁。

而这些，还只是众多企业在股权创富时代的一个缩影。2009年10月23日，中国创业板举行开板启动仪式。2009年10月30日，中国创业板正式上市，一夜之间就诞生了116位亿万富翁。据瑞银和普华永道发布的一份研究报告显示，2015年第一季度，中国几乎每周就有一位新的亿万富翁(资产价值在10亿美元以上)诞生。

因此可以说，股权激励就是一个实实在在的创富推动器。它主要是通过期权的方式来实现的，期权激励是股权激励的一种典型模式。事实上，与美国同行一样，中国的很多企业也习惯利用股权激励对员工实施长期激励。如今，绝大多数互联网公司都选择在境外上市，在财务报表存在差异性的背景下，如果不是有意识地查阅其公告内容，其高管薪酬难以被国人所知，但此类上市公司都有一个共同的特点：绝大多数核心骨干员工都持有公司的股权。

对于那些有雄心壮志的公司来说，适时导入股权激励这一"创富机器"，激励员工的创富激情和智慧，不仅能吸引和留住人才，而且有助于激发核心骨干员工的积极性和创造力，实现公司与员工的双赢。庆幸的是，股权激励正在中国公司中得到普遍推广。

2.3.2 股权激励发展的政策基础：双创政策与股权激励政策

自从我国引入股权激励以来，经过酝酿、试点、整顿规范、成熟推广几个阶段，此后便开始在我国取得长足的发展。

2009年，股权激励相关配套政策不断完善和细化，财政部、国家税务总局陆续发布《财政部、国家税务总局关于个人股票期权所得征收个人所得税问题的通知》(财税〔2005〕35号)、《关于个人股票期权所得缴纳个人所得税有关问题的补充通知》(国税函〔2006〕902号)、《国家税务总局关于股权激励有关个人所得税问题的通知》(国税函〔2009〕461号)、《财政部 国家税务总局关于股票增值权所得和限制性股票所得征收个人所得税有关问题的通知》(财税〔2009〕5号)等文件，促使我国资本市场制度建设更加规范化，股权激励在我国的发展也愈加趋于完善，愈加符合我国国情。

近年来，随着我国经济的稳步增长及经济转型期、大众创业潮的到来，我国更是适时地推出了适合股权激励的各项政策。到了2016年，财政部、国家税务总局、国资委、证监会等部委局更是快马加鞭地出台了一系列进一步完善股权激励的政策法规。其中，《上市公司股权激励管理办法》(证监会令〔2016〕126号)、《关于完善股权激励和技术入股有关所得税政策的通知》(财税〔2016〕101号)、《关于国有控股混合所有制企业开展员工持股试点的意见》(国资发改革〔2016〕133号)等文件的发布，使得股权激励就像一股暖流，一夜之间蔓延到神州大地。

1. 双创政策

"双创"即"大众创业，万众创新"，已经成为我国的一项重要发展战略，成为我国经济社会发展的新理念。

从国际上看，一方面，国际经济情况不容乐观，世界经济发展放缓，国际经济形势不稳定，国际市场需求减弱，传统产品所面临的国际竞争压力进一步增大。在这种局面下，中国经济需要一股新的动力。短期的动力可以依靠刺激政策，但不会持久，现在需要寻求中长期的经济增长动力，通过"大众创业，万众创新"来激发人才的创业激情和增加国内市场需求就成为必然的选择。另一方面，国际市场对产品本身的质量、技术含量和使用效能要求提高，对创新技术和创新产品的需求增加，这也必然要求我们通过供给侧改革和"大众创业，万众创新"来创造新的技术、新的产品和新的服务，从而稳定和增加我国产品在国际市场中的需求及份额。

从国内来看，我国经济增速自2010年以来呈波动下行趋势，持续时间已有5年多，经济运行呈现出不同以往的态势和特点。其中，供给和需求不平衡、不协调的矛盾和问题日益突显，突出表现为供给侧对需求侧变化的适应性调整明显滞后。这就需要在适度扩大总需求的同时加快推进供给侧结构性改革,用改革的办法矫正供需结构错配和要素配置扭曲,减少无效和低端供给,扩大有效和中高端供给,促进要素流动和优化配置,实现更高水平的供需平衡。目前,一方面,我国缺乏原创性的核心技术,人力资本积累不足、质量不高,企业家精神还没有普遍建立。这些都是制约经济增长和发展的因素,我们必然要通过"大众创业,万众创新"来推动经济的转型发展。另一方面,改革要全面深入推进,就必然要通过增强经济内生动力来支撑和促动体制和机制改革,因此,我们必然要通过"大众创业,万众创新"来增强经济的动力和活力。

创业者和企业家,他们在双创政策中,能成为技术创新成果产业化的组织者。一般来讲,技术发明和文化创意的成果,都是创业者和企业家主导的产业化过程的投入要素。所以,通过持续、有力地推动"双创"政策,形成一种创业创新的氛围,就能为培育创业者和企业家创造条件,进而为中长期经济增长提供动力。

我国企业改革的目标是建立现代企业制度,其中非常重要的一个环节就是建立与现代企业制度相适应的工资收入分配制度,也就是现代企业薪酬制度。从结构上看,我国企业的薪酬制度普遍欠缺股票期权等长期激励计划。结合国外的经验,能够预测我国企业薪酬制度将会呈如下发展趋势。

(1) 企业在建立薪酬制度时将越来越重视如下基本原则:公平性原则、竞争性原则、激励性原则和经济性原则。

(2) 企业人力资本的地位将会得到确立和巩固,人力资本将享有与其贡献相匹配的剩余分配权。

(3) 重视对人力资源的激励,引进全面薪酬制度,即改变强调"工资""收入"中现金内涵的观念,加大按生产要素分配及长期激励的比重,使经营者和骨干员工拥有的包括股权收益在内的长期激励所占比重有较大幅度的提高,并探索企业补充养老保险、带薪年休假等福利计划。

(4) 重视岗位对薪酬的影响,根据不同岗位如高级经营管理岗位、高级专业岗位、营销岗位、普通岗位,实行有所区别的薪酬制度体系。

(5) 包括股票期权在内的股权激励机制将在我国企业中逐步推广并发挥积极的作用。

2. 股权激励政策

在双创政策中，创业者、创新者都应该得到应有的荣誉和回报，这在很大程度上需要通过股权激励来实现。

近年来，我国陆续发布了一批有利于企业的股权激励政策，也进行了一些卓有成效的试点。

从2010年开始，我国便在北京中关村自主创新示范区先期推行了金融、财税、人才激励、科研经费等促进科技创新的一系列政策，取得了积极成效。2017年年初，国务院总理李克强又指出，要深化科技体制改革，深入推进科技领域"放管服"，赋予科研院所和高校更大的科研自主权，赋予创新领军人才更大的人财物支配权；加大成果处置、收益分配、股权激励等政策落实力度，使创新者得到应有的荣誉和回报；着力激发全社会创新潜能，既支持本土人才勇攀高峰，也吸引海归人才、外国人才来华创业创新，为他们施展才华提供更大空间。

中国证监会2005年正式发布《上市公司股权激励管理办法(试行)》(证监公司字〔2005〕151号)，自2006年1月1日起施行。这是我国第一部真正的股权激励法规。与此相适应，国家进一步放松对股权激励制度的所谓的"备案无异议"的审核制度，进一步授予企业自主确定股权激励计划和自主确定业绩条件等权限，进一步为股权激励的发展松绑。近年来，上市公司实施股权激励的积极性不断提高。股权激励在促进形成资本所有者和劳动者的共同利益体、调动公司高管及核心员工积极性、稳定员工队伍、完善公司治理机制等方面发挥了积极作用。但是，在实践中也暴露出现行股权激励制度的不足，例如事前备案影响激励效率，不符合简政放权的要求(目前已取消)；股权激励条件过于刚性，上市公司自主灵活性不强；市场剧烈变化时，行权价格倒挂致使激励对象无法行权；现行的股权激励规则包括规章、备忘录、监管问答等体系不统一，等等。因此，有必要对相关规则进行调整和完善，以适应市场发展的需要。

针对这些情况，为贯彻落实十八届三中全会《中共中央关于全面深化改革若干重大问题的决定》《国务院关于进一步促进资本市场健康发展的若干意见》(国发〔2014〕17号)和《国务院办公厅关于进一步加强资本市场中小投资者合法权益保护工作的意见》(国办发〔2013〕110号)关于优化投资者回报的相关要求，2016年5月4日，中国证券监督管理委员会2016年第六次主席办公会议审议通过《上市公司股权激励管理办法》，自2016年8月13日起施行。《上市公司股权激励管理办法》以信息披露为中心，落实"宽进严管"的监管理念，放松管制、加强监管，逐步形成公司自主决定的、市场约束有效的上市公司股权激励制度。

2014年6月20日，中国证监会制定并发布《关于上市公司实施员工持股计划试点的指导意见》(以下简称《指导意见》)，在上市公司中开展员工持股计划试点。

2013年11月，中共中央发布《关于全面深化改革若干重大问题的决定》(以下简称《决定》)。《决定》明确提出"允许混合所有制经济实行企业员工持股"，为国有控股混合所有制企业实施员工持股提供了明确的政策支持。

2015年9月，党中央、国务院发布《中共中央国务院关于深化国有企业改革的指导意见》，对混合所有制企业员工持股提出了试点先行、稳妥有序推进等要求，为员工持股指明了方向，提出了要求。此外，还发布了《关于国有控股混合所有制企业开展员工持股试点的意见》(国资发改〔2016〕133号)。

这些政策的发布以及相关的股权激励税收法律法规的完善，极大地推进了股权激励的实施，为股权激励的实施基本扫清了法律障碍。

双创政策、股权激励政策无疑都是在这个新的经济形势下，国家释放的"东风"，激励很多有创业梦想的人才勇敢地迈出了创业步伐，虽然创业的路途中布满荆棘和坎坷，成功的概率并不大，无数创业企业夭折在追求梦想的路途中，但不可否认，这不计其数的创业小企业对激发经济活力、激发人才创新能力和工作激情起到了无可替代的作用，也不可否认有一批创业企业真正成长起来甚至填补了国内经济空白或人民生活的需求。据统计，2016年末全国工商登记的中小企业超过2 600万家，其中又以小微创业企业占多数，这些企业占中国企业总数的99%以上，对GDP的贡献超过60%，对税收的贡献超过50%，提供了近70%的进出口贸易额，创造了80%左右的城镇就业岗位！中小企业已成为经济和社会中的一支重要力量。中小企业多半是民营企业，他们资源匮乏、资金不足、品牌尚未树立、技术产品还不够成熟，同时又面临激烈的竞争，他们迫切需要网罗一批有能力、有梦想的人才一起实现创业梦想。在这种情况下，实施股权激励去吸引、留住人才并激发人才的创新能力和潜力就成为一种必然的选择。

2.3.3 股权激励发展的市场基础：沪深两市与新三板的发展

随着沪深两市和新三板的发展，通过持有股票创造新一轮的财富神话，让很多员工看到了股权激励的红利。同时，它也是我国股权激励发展的市场基础，受到人们的关注。

1990年12月和1991年7月，上海证券交易所和深圳证券交易所分别正式运营，这就是我们熟知的沪深两市，沪指上海，深指深圳。两个处于经济中心的证券交易所的成立，标志着我国证券集中交易市场的形成，也标志着股权激励的"激励"落到了实处，有了"收获"的窗口。

1992年10月，国务院证券管理委员会(简称国务院证委)和中国证券监督委员会(简称中国证监会)成立，这标志着中国资本市场已经逐步纳入全国统一监管的框架。在此基础上，中国股市开始搭建一系列规章制度，初步形成证券市场的法规体系。

1992年到1997年，中国股市经历了由中央与地方、中央各部门共同参与管理向集中统一管理过渡的阶段，我国对股市的监管体系初具雏形，此时还对涨跌幅和交易量的数目进行了规定。

1998年4月，我国撤销国务院证券管理委员会，中国证监会成为监管全国证券期货市场的唯一部门，我国集中统一的证券期货市场监管体制已形成。

之后，《中华人民共和国证券法》(以下简称《证券法》)正式实施，确立了证券市场的法律地位。而后，《公司法》《证券法》相继颁布实施。《公司法》《证券法》的修订和资本市场相关法律法规的完善，对推动市场的法制化、规范化具有重大的意义。

从2005年到2007年，经过近两年的时间，我国股权分置改革工作基本完成，本次改革纠正了市场早期制度安排带来的定价机制扭曲，打造了一个股份全流通的市场，市场的深度和广度也得到大力拓展。与此同时，我国上市企业中也开始涌现出越来越多的成熟应用股权激励的案例。

但在我国沪深两市的发展过程中，也暴露出一些问题。经过检测，中国证监会启动了对证券公司的综合管理，处置了多家高风险证券公司，实行了客户交易结算资金第三方存管制度，建立起证券公司分类监管制度，这些措施都标志着沪深两市迈入了全新的发展阶段。

但是，沪深两市毕竟是场内市场，俗称交易所市场，是针对上市公司的。虽然，近年来挂牌沪深两市的企业越来越多，但它对进入企业毕竟有门槛限制，而对于广大中小企业来说，最好的市场出口就是"新三板"。所谓"新三板"，就是社会上对全国中小企业股份转让系统的俗称，其证券交易及登记结算系统于2014年5月19日正式投入运行。

沪深两市高度公众化，市场流动性和融资效率较高，因此对进入企业的要求标准较高，中小企业挂牌两市难度较大。而新三板是场外市场，主要服务于创新、创业、成长型中小微企业，实行较为严格的投资者适当性管理制度，并适应挂牌公司差异较大的特性，实行多元化的交易机制。它的市场运行以自律监管为主，探索实行更加市场化的管理机制。

根据规定，投资新三板市场的法人机构的注册资本为500万元以上，合伙企业的实缴出资总额为500万元以上，自然人名下前一交易日日终证券类资产市值在500万元以上。由于要求相对较低，引起了广大中小微企业的追逐。自运行以来，新三板便呈现井喷式发展态势。证监会主席刘士余于2017年2月26日在国新办讲话时提到，2016年在新三板挂牌的企业翻了一番，到2016年年底超过1万家，2016年新三板企业融资总额超过1 391亿元。据中央电视台报道，2017年4月新三板挂牌企业突破11 000家，总市值超过44 390亿元。能取得如此骄人的成绩，除了新三板本身所蕴含的机遇以外，还得益于政策方面的影响。据不完全统计，在新三板成立的2014年，国务院总共召开常务会议40次，其中有17次专门提及"小微企业"。

由于中小企业追逐挂牌新三板的行情火爆，现在市场内已有不少人将其所在机构称为"北交所"，将其看作与上证所、深交所齐名的第三大证券交易所。沪深两市的逐步完善与新三板的发展，进一步推动股权激励的普及。

2.3.4　劳动用工机制聚变前夜

传统企业的管理模式通常是雇佣制，一把手是企业的灵魂和核心，员工是执行层，是被公司雇佣来工作、执行工作指令的。这种雇佣关系极易导致一方对另一方的压制，不利于被雇佣者激发潜能，也不利于公司的发展。

随着移动互联网、新经济形态的诞生，股权激励的神话不断在坊间流传，知识劳动者逐渐觉醒，他们便会主动去寻求自身价值的最大化，而股权激励，正是这些劳动者实现自身价值的一个有效途径。

因此，中国企业的管理模式开始发生质的转变，即从雇佣制发展到合伙人制。

2016年6月27日，来自万科内部的一封邮件流出，这是万科管理层写给所有万科事业合伙人的，全名是"致万科合伙人的一封信：同心同路"，其中有一句话是："资本可以雇佣劳动，知识也可以购买资本。资本和知识的关系，是双向的相互选择，是合作和共赢，而不是单方面的控制或支配，不是依附与被依附的关系。"在这里，先不论这封信背后的事件，仅从字面意思来看，在现有的企业管理中，建立"合伙人"这种新型用工关系已经成为市场的发展趋势。

而更早诞生的《华为基本法》也很明确地诠释了这一观点，在《华为基本法》第五条中，就有明确的记载："我们认为，劳动、知识、企业家和资本创造了公司的全部价值""华为主张在顾客、员工与合作者之间结成利益共同体。努力探索按生产要素分配的内部动力机制。我们决不让雷锋吃亏，奉献者定当得到合理的回报。"第十八条则明确了华为实施股权激励的管理政策："华为可分配的价值，主要为组织权力和经济利益。其分配形式是：机会、职权、工资、奖金、安全退休金、医疗保障、股权、红利，以及其他人事待遇。我们实行按劳分配与按资分配相结合的分配方式。"

合伙人制，已经成为现代企业经营的趋势。真格基金创始人徐小平曾在演讲中这样强调合伙人的重要性，他表示："合伙人的重要性超过商业模式和行业选择，比你是否处于风口上更重要。"

合伙人制，不仅包括领导层级的合伙，也包括员工层级的合伙。今天的新经济企业，同万科和华为一样，一般在创业的时候都会以合伙方式出现，而新经济的拥趸——投资人也会达成共识，希望所投资的企业拥有优秀的合伙人团队。

员工期望的，当然是股权激励带来的实惠，诸如分红权、增值权等，这些都需要企业管理者做足功夫，来保证员工能分享到成果，从而保证整个公司最强有力的战斗力。画饼充饥的时代已经过去，只有让员工感受到他们是权利的主体，产生当家做主的满足感，公司才会拥有属于自己的未来。

同时，员工层面的合伙人制，也表现在交互的自由、协作的自由、信息共享的自由等方面。企业管理者都明白这样一个道理：满足不了员工的正当要求，员工凭什么要为你的企业卖命！

我们从工业大生产走到移动互联网，不但打破了科层制、垂直管理，也拥有了更多选择的条件。于是，才有了从雇佣到合伙的理念和实践。相较于雇佣，合伙将企业上下结为利益共同体、命运共同体，促使交易成本、管理成本大幅下降，正所谓"上下同欲者胜，同舟共济者赢"！

第3章　股权激励的驱动机制：背后那只看不见的手

1776年，英国经济学家亚当·斯密在其经济学名著《国富论》中，称市场好似一只"看不见的手"，自发调节着市场上无数个寻求"自利"的经济个体的行为，并因此推动整个社会财富的增加。"看不见的手"这一说法从此广为流传。

股票期权激励方式自1952年美国辉瑞制药公司率先推出以来，因其惊人的功效而得到广泛的采用，尤其是在市场机制发展较完备的西方国家，在美国更是如此。

股权激励机制如此广泛地、迅速地被采用，其背后的驱动机制是什么？

目前，非常普遍的观点是，股权激励机制的兴起是因为要解决公司经营管理人员的道德风险问题(Issue of Moral Hazard)，似乎道德风险是股权激励机制的内驱力。

我们认为解决道德风险问题仅是股权激励机制出现的初衷，是外因，股权激励机制的产生是由新经济时代人力资源的特征决定的，因为人力资源的价值创造性，使得人力资源被资本化，形成了人力资本，而人力资本作为一种特定的资本形式必定会参与分享企业剩余价值。人力资本分享企业剩余价值的方式就是进一步将人力资本股权化，让人力资本的载体拥有企业的股权，这样才使得股权激励机制得到迅速发展。也就是说，人力资源的价值创造性是股权激励机制产生的真正内在原因，股权激励机制能够在一定程度上解决道德风险的功效，只是加快了它被普遍采用的速度。

3.1 股权激励外驱力：从委托代理制到共享制

3.1.1 委托代理制产生的背景

股权激励的出现与道德风险的产生和激化密切相关，甚至可以说，股权激励是伴随着道德风险而产生和发展的。我们认为，道德风险不是股权激励机制出现的内驱力，而是其外因和初衷。基于道德风险，股权激励所起的作用就是用道德约束打造一幅"金手铐"。

道德风险是股权激励机制产生的外因，解决道德风险是实施股权激励机制的初衷，其理论基础主要是委托代理理论。

委托代理理论是现代企业研究的一个重要方面。20世纪初以来，随着资本的集中、技术的进步，企业的规模获得了巨大的发展，公司业务日趋复杂，股东也随之增加并日趋分散，股东全面管理公司的可能性日益缩小。于是，公司中逐渐出现了所有权与经营权分离的倾向，委托代理问题也就产生了。

亚当·斯密(1974)早在《国民财富的性质和原因的研究》中就指出："在钱财处理上，股份公司的董事为他人尽力，而私人合伙公司的伙员纯是为自己打算。所以要想让股份公司董事监管钱财用途像私人合伙公司伙员那样用意周到，是很难做到的。"马克思在分析资本主义生产时也指出："生产本身已经使那种完全同资本所有权分离的指挥劳动比比皆是。这种指挥劳动就无须资本家亲自担任了。"(马克思恩格斯全集[M].1版.北京：人民出版社，1974：893.)

3.1.2 委托代理制的主要内容

委托代理理论的基本模型框架主要是在20世纪70年代中期建立的。这一理论认为，在公司组织中，委托代理关系存在于公司的各个管理层面，包括所有者(股东)与经营者(经理)、公司内部上下级之间都是一种委托人和代理人的契约关系。委托人与代理人订立或明或暗的契约，授予代理人某些决策权并代表其从事经济活动。

委托代理理论的核心问题是如何最大限度地保证经营者的行为与所有者的利益的一致性。由于存在所有者对经营者的授权行为，形成了委托人(所有者)与代理人(经营者)之间的信息不对称。在信息不对称的情况下，契约是不完全的，必须依赖于代理人的"道德自律"，然而代理人的行为具有理性和自利的特征，从而导致委托人和代理人之间存在追求目标和利益的差异。委托人(所有者)追求公司市值或利润的最大化，代理人(经营者)追求自身效用的最大化，即自身的人力资本(知识、才能、社会地位等)增值和个人报酬最大化。

在企业的委托代理关系中，涉及代理人行为的有两个重要方面：一是代理人的工作努力程度，二是代理人承担的风险。代理人与委托人的利益常常不一致。如果代理人通过自身努力，使委托人获得相应收益，但代理人并没有获得符合预期的收益，便会影响代理人的工作努力程度和对风险的态度。作为代理人的企业经营者掌握更多关于企业经营状况和发展前景的内部信息，而作为委托人的企业所有者并不能同等享有这些信息。由此代理人可能采取消极工作、偷懒等消极行为，也可能将企业资金和收入用于个人消费或投资于符合个人利益的项目，从而损害委托人的利益。

信息不对称的后果主要有两种：一是逆向选择，即在交易前，信息居于劣势的交易方不能正确选择高质量的交易对象，发生类似"劣者驱逐良者"的现象；二是道德风险，即在交易发生后，有信息优势的代理人可能利用信息不对称而故意采取有利于自己而损害委托人利益的行为，又称为"代理风险"。这种风险主要表现在两个方面：一是偷懒行为，即经营者所付出的努力小于其获得的报酬；二是机会主义，即经营者付出的努力是为了增加自己(而不是所有者)的利益，也就是说其努力是负方向的。

3.1.3 委托代理制的改造

委托代理理论把企业看作委托人和代理人之间围绕风险分配所做的一种契约安排。委托代理理论的主要结论：克服或防止代理人的道德风险行为，关键是处理信息不对称问题，委托人必须给予代理人适当的激励来缩小他们之间的利益差距并花费一定的监控成本来限制代理人偏离正道的活动。同时，风险收入机制以及竞争、声誉等隐性激励约束机制也是不可缺少的变量，如图3-1所示，具体来说：

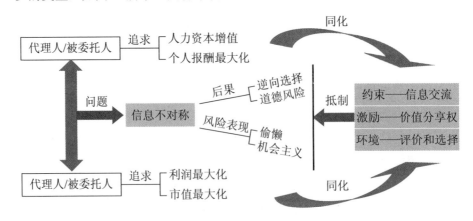

图3-1 委托代理机制风险及规避

委托人通过信息的交流建立监控(约束)机制，将代理人的能力"逼出来"，从而防止机会主义行为。

委托人只能通过剩余索取权的分享形成激励机制，将代理人的努力诱导出来,从而克服偷懒行为。具体的激励类型主要是股权激励,包含企业利润分享、企业价值分享、企业所有权分享、企业管理权分享等。

通过社会信用评价机制,加大代理人触犯道德风险的成本,迫使代理人不敢轻易涉险。

为了解决道德风险,进行道德约束,企业可将委托人和代理人的目标导向同一方向,由此选择股权激励制度。我们可以形象地将股权激励比喻为套在经营人员手上的"金手铐"。

其实,实施股权激励并不能完全解决道德风险问题,相反,在实施过程中还会产生新的道德风险。

(1) 经营者在向股东作信息披露时,通过刻意缩短股权的执行期等措施降低其所持股权的行权价值;

(2) 管理层操纵信息披露的时机,以便影响股票价格,使自己在接受股权时的利益最大化;

(3) 股权激励幅度多取决于短期业绩表现,如年度绩效,使得经营者更倾向于选择高风险的投资项目。

我们认为,解决道德风险只是实施股权激励机制的初衷和外因,并不是股权激励机制产生的内驱力。

毫无疑问,股权激励既有激励作用,又有约束功能。如果是基于外因,则股权激励更多表现为约束功能;如果是基于内因,则更多表现为激励功能。

3.2 股权激励内驱力:人力资本股权化

20世纪下半叶以来,随着以信息技术为代表的现代知识体系对经济增长的重要性越来越明显,一个区别于农业经济和工业经济的新经济时代——知识经济时代悄然而至。知识经济的发展取决于对知识资源的占有,而人是知识资源的载体,是生产、传播、扩散、转移、应用知识的主体。可以说,人力资源是知识经济时代的第一资源。

3.2.1 人力资源价值创造性

人力资源作为国民经济资源的一个特殊种类，有其自身的特点。研究人力资源的特点，对于把握它的数量和质量，研究它的形成、开发、配置、使用都有重要意义。我们认为人力资源具有以下特征。

1. 人力资源的价值创造性

价值创造性是人力资源最本质的特征。人力资源之所以被称为一种资源，就在于它具有价值创造性，其价值创造性越强，则人力资源在社会生产系统中的地位就越高。对生产加工型企业来说，人力资源的价值创造性是通过人体(劳动者)运用自身的人力资源内容，与物力资源(实物、资金)相结合，并通过物力资源体现出来的，其价值实现模型如图3-2所示。对咨询服务型企业来说，人力资源的价值创造性则是通过运用自身的人力资源内容提供服务的直接收费体现出来，其价值实现模型如图3-3所示。

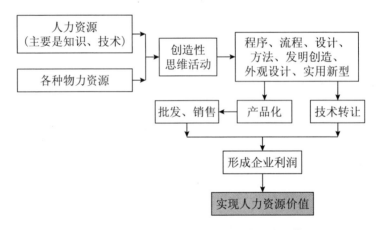

图3-2 生产加工型企业人力资源价值的实现模型

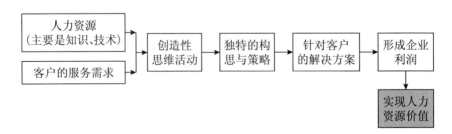

图3-3 咨询服务型企业人力资源价值的实现模型

2. 人力资源的人身依附性和社会性

一方面，知识、技术、能力、体力、健康乃至创新精神、事业心等因素都不可分割地依附于人体，是一种"活"的资源，与人的自然生理特征相联系，这是人力资源最基本的特征。另一方面，人力资源具有社会性。人力资源是人类社会特有的产物，它的产生和发展与社会密不可分。社会制度的性质和生产力水平决定了人力资源的性质和发展水平，决定了人力资源开发利用的程度，社会运动的规律制约着人力资源运动的规律。

3. 人力资源的能动性

能动性是人力资源区别于自然资源的一个最重要的特征。从哲学的角度来看，人力资源和自然资源是主体和客体的关系。前者是能动的主体，后者是被动的客体，主体作用于客体。人力资源开发利用的活动，赋予自然资源实际的社会价值，而人力资源自身的价值在一定程度上又取决于劳动者的主观能动性。也就是说，一切自然资源都是被开发的客体和对象，而人力资源不仅是被开发的客体或对象，还是自我开发的主体和动力。作为被开发的对象，人力资源开发的广度和深度取决于社会的、经济的、宏观的、微观的外部条件。劳动者的劳动力是被开发的对象，而开发的主体是社会或企业。作为自我开发的主体，劳动者个人的主观能动性，对于人力资源开发的效果，具有很重要的影响。

4. 人力资源的时效性

人力资源的形成、开发和利用都有时间方面的限制。首先，作为生物有机体的人，有一定的生命周期。而作为人力资源的人，能从事劳动的自然时间又被限定在生命周期的中间一段，一般可达40年。其次，培养一个成熟的劳动者需要相当长的时间，少则十五六年，多则二十几年。即使是一个成熟的劳动者，随着科学技术的进步、生产条件的变更，也需要进行再培养，才能适应生产发展的需求。也就是说，劳动力的生产具有长期性。最后，人力资源形成之后，如果在一定时间内不及时开发和利用，它的效用就会降低，甚至消失。可见，必须适时地开发和利用人力资源，而不能闲置或储备。

"知识经济"是"以知识为基础的经济"，包括知识的创造、传播、转移和应用等几个环节。其中任何一个环节都是以"人"为主体和载体进行的，人力资源是其核心。知识经济与人力资源的关系如图3-4所示。

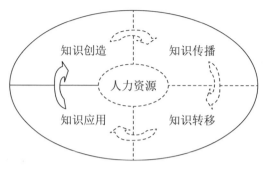

图3-4 知识经济与人力资源的关系

3.2.2 人力资本的产生及特性

人力资源的价值创造性导致人力资源资本化。

资本化,就是被用于生产、提高再生产能力以及提高生产效益的活动,资本化的结果就是产生资本。

任何资本都具有价值创造性,正是由于人力资源具有价值创造性,致使人力资源的资本化。

人力资源的资本化是指人力资源的使用者将人力资源的内容——知识、技术、能力以及健康、心理要素等投入生产、扩大再生产活动中,以产生经济效益的活动。

人力资源资本化的必然结果就是人力资本的出现。

人力资本与人力资源具有相同的内容,只是人力资源是一个"静"的概念,当人力资源被用于投资时,就变成人力资本。

3.2.3 人力资本股权化

既然人力资本作为一种独立的资本形态已经出现,那么人力资本必然与物力资本一样享有与其贡献相匹配的权利——经营决策权、剩余索取权。也就是说,人力资本所有人与物力资本所有人一样拥有公司的股权,即人力资本将被股权化,出现人力股。这样,自然就会呈现股权激励机制将在我国企业中逐步推广并发挥积极作用的趋势。

人力股的出现正是人力资本享受剩余索取权的表现。剩余索取权是人力资本产权的目的性权能，是指人力资本的所有者在补偿了其劳动消耗，即在得到工资性收入的前提下，对于人力资源的盈余价值——税后纯收益，有参与分配的特权。一方面，工资并不是人力资本剩余索取权的表现，按照马克思的观点，工资只是劳动力价值的表现形式，劳动力价值是维持劳动力再生产所必需的生活资料的价值。而"索取剩余"是人力资本收益权的本质所在，因为人力资本是现代生产过程中的一种生产要素投入，是一种生产资本，它应该与土地资本、金融资本等物质资本一样，有权分割一部分利润。另一方面，人力资本收益权也表现在收益水平上，不同的人力资本存量获得的收益应是不同的，低人力资本存量只能获得低收益，高人力资本存量则能获得高收益。之所以会这样，一是因为不同人力资本存量的稀缺程度不同，稀缺程度越高，其稀缺价值就越大，就越能获得高收益；二是因为不同人力资本存量的贡献不同，一般来说，人力资本存量越高，其贡献就越大。

人力股的出现是按生产要素分配的结果。知识、技术、能力已经成为知识经济时代最关键的生产要素，党的十五大就提出，可以按生产要素进行分配，那么人力资本的所有者分享利润就成为必然。或者说人力资本既然是一种与物力资本拥有同等地位的、独立的资本形态，那么它也应作为一种生产要素被投入生产过程，依据按要素分配的原则，人力资本所有者也可以依照自身在生产中的贡献拥有剩余索取权。

人力股的出现是为了加强对人力资本的激励。例如，"自由竞争"与"充分报酬"是促使美国硅谷形成与发展的两大根本性因素。激励创新最核心的两个因素：一是产权激励，二是依法保护收益。现在比较成熟的做法就是实施期权激励机制(苏东斌，2000)。

此外，"脑体收入倒挂"现象也说明了人力股出现的必要性。

人力股的出现造就了一批"知识富豪"。股权激励机制引入国内后，在早期通过"知识入股"而造富的典型代表是武汉大学生物系的退休教授张廷璧，他于1996年以个人技术成果入股的形式获得红桃K集团10%的股份，短短4年时间，随着红桃K的急剧扩张，张廷璧的个人资产也以几何裂变式的速度增长，达到今天令世人瞩目的1.311 8亿元，成为20世纪90年代中国"知识创造财富"的象征。

人力资本产权拥有不同于物力资本产权的特性，我们可以做如下概括。

1. 人身依附性

人的体力、健康、经验、技能和知识等天然地与人力资本载体不可分离，即人力资本不能脱离其载体而独立存在，人力资本只能与其载体结合在一起，这是人力资本与载体的自然生理关系。因此，人力资本与其载体具有不可分离的特点。

人力资本的人身依附性决定了在人力资本所有权与其载体分离的情况下，人力资本的一部分权利将可能被限制或被删除，从而导致人力资本产权在德姆塞茨意义上的"残缺"。此时，人力资本载体可以将相应的人力资本"关闭"起来，从而严重影响人力资本资产的经济利用价值，甚至使其经济价值一落千丈。正如周其仁所言："人力资本的产权权利一旦受损，其资产可以立即贬值或荡然无存。"

2. 收益权的二重性

人力资本收益权，是指人力资本产权主体享有由使用人力资本而产生的经济利益的分配权。人力资本的投入及其载体的劳动投入是同一个过程，在这一过程中，产生了两种性质的收益。

(1) 工资收益。按照马克思的观点，工资只是劳动力价值的表现形式，劳动力价值是维持劳动力再生产所必需的生活资料的价值。工资是对主体投入劳动的报酬。

(2) 利润收益。"获取利润"是人力资本收益权的本质所在，因为人力资本是现代生产过程中的一种要素投入，是一种生产资本，它不仅应获得相对于要素价格的固定收入——工资，还应有对投资风险的补偿，即应该与土地资本、金融资本等物力资本一样，有权分割一部分利润。

3. 所有权的不可分离性

人力资本产权的各项权能——占有权、使用权、收益权、支配权可以分解开来，分属不同的主体。

但是，人力资本所有权具有不可分离性，这是由人力资本产权的人身依附性决定的，人力资本与载体拥有自然生理关系。人力资本所有权无法转移，交易和转移的只是人力资本的支配权和使用权。这与物力资本产权交易截然不同，物力资本在交易过程中可以一次性地转移所有权。而人力资本所有权依附在人身体上，是指知识劳动者身上的知识、技能等看不见、摸不着的东西，人只有将知识、技能转化为产品才能将人力资本的价值表现出来。科幻电影中常出现通过一个"注射器"抽取、注射知识、技能、记忆等情景，这在未来若干年内应该是不可能实现的。

4. 人力资本支配权的有限分离性

这是在人力资本使用权、收益权分离的情况下，由人身依附性决定的人力资本产权具有的独特特征。由于人力资本不能离开其载体而独立存在，载体的意志和行为等因素对人力资本在何时、何地以及如何被支配和使用等方面将产生重大影响。当人力资本载体感到人力资本的使用不符合自己的意志时，将限制一部分人力资本的使用，使人力资本的实际使用效率大大降低，因此经营者在支配和使用人力资本时始终受到人力资本载体的影响和控制，这也突显了人力资本投资的高风险性和人力资本管理的重要性。

对企业而言，人力资本所有权的不可分离性和支配权的有限分离性说明了人力资本产权是一种有限产权，而不是完全产权。这使得人力资本投资具有高风险性，导致人力资本参股时拥有的也不是完全的股权，而是一种附条件的股权，这反映了利益和风险的对等，如图3-5所示。

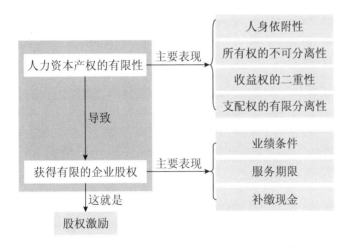

图3-5　人力资本的特点导致获得有限的企业股权

3.3 股权激励为企业经营机制注入活力

3.3.1 为企业发展提供人才动力

一直以来，电影《天下无贼》中的一句台词被人们奉为经典："二十一世纪什么最重要？人才！"

的确，纵观古今中外历史，凡成就一番伟业者，无不把自己工作的重中之重放在吸引人才上。"秦昭王五跪得范雎""燕昭王千金买骨""刘备三顾茅庐获诸葛"等历史典故都反映了珍视人才、求贤若渴的心理。

在运营企业中，最重要的就是挖掘人才、利用人才。一个人的才干再高，也是有限的，而且大多还是某一方面的偏才。而将众才为我所用，将许多偏才融合为一体，就能组成无所不能的全才，产生巨大的力量。

常言道：人多智慧广。唯有利用众人的智慧，才能发挥人类的伟大力量。企业也是一样，充分利用公司里的众智，才能得以发展；使全体员工把所有的智慧集中在经营上，才能汇集成一股巨大的力量，才能使企业长期立于不败之地。

可是，如何能够做好这一点呢？

现在，有不少企业在经营中发现，优秀人才很难引进来，引进来又用不起、留不住。而外部则有太多的诱惑，员工的忠诚度也越来越低，人员流动比率一直在增长。

天下熙熙，皆为利来；天下攘攘，皆为利往。人才来不来，不是人的问题，说到底利益分配问题才是主因。华为作为一家员工持股的民营科技公司，从2万元注册资金起家，历经27年的艰苦奋斗，荣升为全球第一通信设备供应商。大多数人们惊叹于它的辉煌业绩并为之喝彩，却忽视了其中一个至关重要的成长秘密——股权激励的刺激。

在华为，8万名员工持有公司99%的股票，而创始人任正非则仅持有1.42%的股份。华为的员工，不仅工资高，还享受股权和其他待遇。如此一来，便吸引了不少有识之士的加盟，使得它的人才队伍不断扩张，企业的实力也随之不断增强。

另据统计，我国创业板企业中的十大高管，排名第10的身价有6.8亿元,排名最高的身价有13亿元。要知道,这些都是高管,而不是公司老板。得益于股权激励的"东风",他们服务的企业在上市之后,这些人力资本便转化为市值,身价动辄上亿。而对于各类企业来说,为高管发6个亿的工资是绝对不可能的,但其市值达到几个亿则是可以实现的。

受此影响,其他企业的核心人才当然也会要求获得股权。现在一家公司想要招到核心人才,如果不给股权,是很难实现的。因此,在人才市值时代的大背景下,无论是民营企业还是国有企业,无论所有者主观意愿如何,股权激励都是企业无法绕开的话题,是企业的必修课、标准配置,否则就会产生"制度比较劣势",就会"落后挨打"。

3.3.2 为企业人才附加约束压力

股权激励是为广大员工创造效益,帮助其实现自身价值的最好方式。但同时,我们也要明白,股权激励也会为企业的人才附加约束压力,它对员工而言,是一副"金手铐",员工拿到"金",企业拿到"手铐"。

股权激励鼓励大家协力同心把业绩做大,做出成绩,在达到一定的目标或一定的绩效之后,老板才会从"蛋糕"中分出一块,按照事先约定的比例返还给员工。因此,它在实现方式上,是需要员工先奉献、先出成绩的,只有这样,才会有收获,它对应的是企业的成长。

因此,股权激励是双面的,既有激励性,又有约束性。对于激励对象来说,如果好好干,让公司得到大的发展,那他就会得到他想要的;而如果不好好做,公司发展不起来,他就有可能什么都得不到。

另外,在股权激励中,有的人即便得到了股份,老板也可以通过很多限制条件来约束他的不良行为,如果做得不好,他得到的东西也可能会失去。股权激励能激发人自愿地去工作,而不需要管理者来三令五申。因为他的利益和公司的利益是捆绑在一起的,即便不考虑公司只考虑自己,也会去努力工作。所以说,股权激励是有内生力的,同时对人才也是有约束性的。

3.3.3 股权激励是一种分配机制

通过股权激励,老板和员工被整合成一个利益共同体。老板利用股权激励的方式，给员工分配一定比例的股份，员工的身份也转为股东。这种身份的转变，会激发员工的主人翁意识，提高他们的工作积极性。

在股权激励中，员工的持股方案是其中的核心内容。企业管理者需要将公司股权或股权的收益权以某种方式授予相应的人员，形成权利和义务相互匹配的所有权、收益权、控制权关系，从而激励员工为公司的长期发展服务。因此，从根本上来说，股权激励也是一种分配机制，企业管理者需要解决如何分配的问题。

对于股权的分配，企业管理者应明白以下几点：第一，要将知识资本化，强调股权的按知分配，把员工的知识劳动转化为资本；第二，要形成利益共同体，把利益关系理清楚，将员工利益与企业长期利益结合在一起；第三，股权激励是一种长期的制度性安排，不同于工资、奖金等短中期激励；第四，股权激励授予对象、数量是动态变化的，并非一成不变，所以股权分配要考虑过去的贡献者、现在的奋斗者以及将来需要引进的各方面人才；第五，股权激励需要与人力资源体系有效结合，通过绩效考核不断优化；第六，实施股权激励需要建立一套完善的收入机制、激励机制和退出机制。

股权分配是一个企业家绝对绕不过去的话题，也是一门很大的学问。要用好股权激励，要合理实施股权激励，就要把股权的分配机制弄清楚，不多、不少，才能使人尽其位、人尽其才。

餐饮企业真功夫的创始人潘宇海，一手建立了一套适合自己企业的产品标准。后来，为了公司的发展，他引进了他的姐夫蔡达标。在蔡达标的运营下，真功夫逐渐从一家小店发展为全国知名的饮食连锁店铺。

就在真功夫面临大好发展的形势下，潘宇海和蔡达标却因为利益的分配问题争执不休。先是蔡达标把潘宇海赶出了核心管理层，接着潘宇海又反过来揭发蔡达标挪用公款。几番争斗之后，蔡达标锒铛入狱，潘宇海大权独揽。表面上看胜负已定，实际上却是两败俱伤，真功夫发展降速，融资不畅，上市遇挫，估值缩水，痛失了一局好棋。

由此可见，股权分配对于一个企业来说有多么重要，尤其是对于创业型企业来讲，更是不容有失。而且，初创企业在融资时，也会被问到股权架构分配问题。现在投资方不只看产品，也非常关注股权架构。如果你的股权架构中没有期权池，投资方会要求预留"期权池"。

第4章　股权激励典型模式：三分法与七模式

最优秀的模式往往是最简单的东西。

——阿里巴巴集团　马云

股权激励机制是以股票权益来计量员工收益，通过股票权益将员工收益和企业效益紧密联系起来，以激发经营者通过提升企业长期价值来增加自身收益的一种薪酬激励手段。它把员工利益和企业利益、股东利益捆绑在一起，有利于建立企业长远发展所需要的激励机制。

在本书中，股票是股份公司在筹集资本时向出资人公开或私下发行的、用以证明出资人的股本身份和权利，并根据持有人所持有的股份数享有权益和承担义务的凭证。股权是有限责任公司股东因出资而拥有的公司股份，并依据出资额享有权益和承担义务。

股东权或者股东权益简称股权，泛指公司给予股东的各种权益或者所有的权利，具体是指股东基于股东资格而享有的从公司获取经济利益并参与公司管理的权利。股东权包括股东与财产有关的各种权益和企业内部经营管理的各种权益，是一种集财产与经营两种权利于一体的、综合性的、新型的、独立的权利形态。核心的股票权益包括以下几种。

(1) 投票权，又称为表决权、参与决策权。拥有一家公司股票或股权，就拥有股东身份，就可以参加股东大会，并依据自身持有的股权或股票参与决策。

(2) 分红权，即分取红利的权益。

(3) 增值权，即自己所持股权/股票增值后，所拥有的对应股权或股票增值部分的权益。

(4) 处置权，即出售、转让、质押、抵押等处理所持有股权/股票的权利。当然，为了保护股东权利，其他股东处理股权或股票时，经常会有一些限制。比如上市公司的董事、高管必须在窗口期才能买卖股票，买入后必须在6个月后才能卖出，每年卖出的股票不得超过所持有股票的25%等。

再如，有限责任公司的股东向股东以外的人转让股权，应当经过半数的其他股东的同意。股东应就其股权转让事项书面通知其他股东征求同意，其他股东自接到书面通知之日起满30日未答复的，视为同意转让。其他股东有半数以上不同意转让的，不同意的股东应当购买该股东转让的股权；不购买的，视为同意转让。经股东同意转让的股权，在同等条件下，其他股东有优先购买权。两个以上股东主张行使优先购买权的，协商确定各自的购买比例；协商不成的，按照转让时各自的出资比例行使优先购买权。

与股权激励相关的股权/股票权益主要是指以上4种权益。另外，股东还有知情权、查询权、质询权、建议权、股东大会召集权、提案权、提名权等权利。股东通过让渡一种或多种权益，将激励对象和股东、企业的利益联系起来，从而达成多赢的结果。

对股东而言，一般情况下，最愿意让渡的是分红权，其次是增值权，不愿意让渡的是投票权。对上市公司而言，如果是激励对象直接获得的股票，除了董事、高管有禁售期限制之外，其他激励对象对自己名下的股票可以非常便利地出售。对非上市公司股东而言，最不愿意让渡的是投票权和处理权，所以在股权激励方案设计中，通常会通过一些方式来对激励对象的这两种权利进行限制。

4.1 股权激励模式的"三分法"

股权激励模式多种多样，林林总总应该不少于10种，并且按照不同的标准会有不同的分类。除此之外，还有所谓的股权激励模式"变种"。在股权激励发源地美国，随着法律法规的完善，慢慢衍生基于税制的"变种"、基于绩效的"变种"。比如，基于绩效的股权期权又可以划分为以下几类。

(1) 绩效加速股票期权，即根据绩效改变授予速度的股票期权。

(2) 绩效授予股票期权，即根据绩效改变授予数量的股票期权。

(3) 指数化股票期权，即根据一个确定的规则或一种外部指数的变动而变动股票期权的行权价格，如与整体指数、行业指数或选定的几家基准公司的股票价格挂钩。

(4) 折价股票期权，即以低于授予日公允市价的行权价授予的股票期权，它能给授予人带来折价收益。

(5) 溢价股票期权，即以高于授予日公允市价的行权价授予的股票期权。

在这里，我们按照激励对象便于理解的标准，即按照激励标的来划分，常见的股权激励模式有以下三种。

4.1.1 现金模式(虚股)

现金模式：直接兑付的是现金，以股权权益来计量，没有授予真正的股份，所以是"虚股"。

现金模式主要有分红权、增值权、分红权+增值权三种。

4.1.2 股权模式(实股)

股权模式：直接兑付的是股份，但通过股份退出，通常可间接拿到现金。因为授予的是实实在在的股份，所以是"实股"。

股权模式相对比较多，主要有股票期权、限制性股票、现股或员工持股计划。

4.1.3 先分钱再分股模式(虚股转实股)

钱转股模式：直接兑付的是现金，但对该支付的现金并非一次性兑付，而是预留一部分或全部现金，在约定的时间以约定的价格转化为股份。这是"虚股"转"实股"，最终也是"实股"。

股权激励模式三分法的比较见表4-1。

表4-1 股权激励模式三分法的比较

模式	计量工具	兑付标的	具体方式		
现金模式	股权权益	钱	分红权	增值权	分红权+增值权
股权模式	同上	股	股票期权	限制性股票	现股/持股计划
先分钱再分股模式	同上	钱+股 先钱后股	先分钱，再将部分或全部现金转化为股权		

(虚股)

(实股)

4.2 股权激励的现金模式

4.2.1 分红权

1. 分红权概述

分红权激励是指企业股东将部分分配利润的权利奖励给企业董事、高级管理人员、核心技术人员和业务骨干人员等的激励方式，主要采用岗位分红和项目收益分红方式或者定额分红方式和超额分红方式。

国务院国资委发布通知，决定于2010年10月11日在13家中央企业开展分红权激励试点，试点对象是位于中关村国家自主创新示范区内的高新技术企业和院所转制企业。

前文第1章所述我国晋商管理智慧中的"身股"就类似现在的分红权。晋商采用"身股"制度直到1949年新中国成立后才逐渐消失，经历了三百多年的历史。

另外，在我国民间特别是私营企业中，还有"干股"的说法。"干股"即虚拟股，是指未出资而获得的股份，但其实"干股"并不是指真正的股份，而应该指假设这个人拥有这么多的股份，并按照相应比例分取红利。持有"干股"的人都不具有对公司的实际控制权。干股类似"业绩奖金"(以明确的业绩目标来分享企业利润)，源于晋商的"身股"制度。

《中华人民共和国公司法》(以下简称《公司法》)第三十五条规定："股东按照实缴的出资比例分取红利；公司新增资本时，股东有权优先按照实缴的出资比例认缴出资。但是，全体股东约定不按照出资比例分取红利或者不按照出资比例优先认缴出资的除外。"在这里需明确以下几方面基本内容。

(1) 公司股东作为出资者，按投入公司的资本额享有所有者的资产权益，这种资产受益的权利就包含股东的分红权。企业股东可以将分红权转让或赠予其他人。受让人或受赠人成为该产权的受益人，不拥有该产权的其他权利。

(2) 公司股东获取的分红比例等同于该股东的出资比例，但是"全体股东约定不按照出资比例分取红利的除外"。也就是说，只要全体股东约定,没有出资的人也可以分取红利。这就意味着,企业可以让现有股东拿出一部分分红实行激励,而激励对象也可以不是公司股东。

2. 上市公司采用的分红方式

目前,上市公司,主要采取现金股利和股票股利两种分红方式。

(1) 现金股利是指以现金当作分派给股东的股利,这是最常见的分红方式。大多数投资者都有落袋为安的心理,故喜欢现金分红,因为到手的是实实在在的利润。上市公司分派现金股利的多少,往往反映了公司现金是否充沛、经营是否稳健,所以企业发放现金股利,可以激发投资者的信心。现金股利侧重反映近期利益,对于看重近期利益的股东很有吸引力。

(2) 股票股利是指公司用无偿增发新股的方式支付股利。采用这种方式,既不减少公司的现金,又可使股东分享股票权益,还可以免交个人所得税,因而对长期投资者更为有利。股票股利侧重反映长远利益,对看重公司的潜在发展能力而不太计较即期分红多少的股东更具有吸引力。

3. 分派现金股利的法律依据

1) 《公司法》的相关规定

现金股利的分派,应遵守《公司法》第一百六十七条的规定。

(1) 公司分配当年税后利润时,应当提取利润的10%列入公司法定公积金。公司法定公积金累计额为公司注册资本的50%以上的,可以不再提取。

(2) 公司的法定公积金不足以弥补以前年度亏损的,在依照前款规定提取法定公积金之前,应当先用当年利润弥补亏损。

(3) 公司从税后利润中提取法定公积金后,经股东会或者股东大会决议,还可以从税后利润中提取任意公积金。

(4) 公司弥补亏损和提取公积金后所余税后利润,有限责任公司依照本法第三十五条的规定分配;股份有限公司按照股东持有的股份比例分配,但股份有限公司章程规定不按持股比例分配的除外。

(5) 股东会、股东大会或者董事会违反前款规定,在公司弥补亏损和提取法定公积金之前向股东分配利润的,股东必须将违反规定分配的利润退还公司。

(6) 公司持有的本公司股份不得分配利润。

2) 《关于修改上市公司现金分红若干规定的决定》的规定

2008年10月7日,中国证券监督管理委员会第240次主席办公会议审议通过《关于修改上市公司现金分红若干规定的决定》(以下简称《决定》)，自2008年10月9日起施行。《决定》明确作出如下规定。

(1) 公司应当在章程中明确现金分红政策，利润分配政策应保持连续性和稳定性。

(2) 最近三年以现金方式累计分配的利润不少于最近三年实现的年均可分配利润的30%。

(3) 上市公司(在年度报告中)应披露本次利润分配预案或资本公积金转增股本预案。对于本报告期内盈利但未提出现金利润分配预案的公司，应详细说明未分红的原因、未用于分红的资金留存公司的用途。公司还应披露现金分红政策在本报告期的执行情况，同时应当以列表的方式明确披露公司前三年现金分红的数额、与净利润的比率。

以上这些法律法规，是分红权的主要法理依据。

分红权是股东最愿意让渡的核心股票权益，分红权的激励方式，目前在各类企业中非常普遍，一般采用定额分红权或超额分红权，也有的采用岗位分红权或项目分红权。下面我们将详述定额分红权和超额分红权及相关案例。

4.2.1.1 定额分红权及案例

定额分红，顾名思义就是依据预先确定的比例把在一定时间周期内实现的利润分配给激励对象。定额分红权就是授予激励对象一定比例的利润分配的权利。

设计定额分红权要明确以下几项内容。

1. 确定激励对象

分红权的激励对象往往是某一利润单元的经营班子成员，也可以包括该利润单元中的核心技术人员和业务骨干。

通常情况下，首先应明确该利润单元的第一责任人，一般是总经理。他是第一激励对象，分红比例最高。然后由第一责任人提出经营班子中需要纳入激励对象的成员。最后由第一责任人与其他作为激励对象的经营班子成员一起，经过分析评估后提出纳入激励对象的其他核心技术人员和业务骨干。在这里，关键要确定第一激励对象的分配比例，原则上要有足够的激励作用，企业要激励、关注的首先就是第一激励对象。通常情况下，第一激励对象分配的额度或比例应该为其他经营班子成员平均额度或比例的3倍左右，至少不应低于2倍。

2. 确定激励数量

股权激励的数量是以股票权益来计量的。假设将公司10%的分红权赠予激励对象，这个10%相当于多少股份与公司的总股本数量密切相关。假设公司的总股本虚拟为1 000万股，则10%为100万股；假设虚拟为1万股，则10%为100股。

虚拟总股本的数量，既要考虑激励对象的数量，也要考虑公司净资产的价值。假设激励对象有100人，如总股本为1万股，10%为100股，则平均每人为1股；如果总股本为1 000万股，10%为100万股，则平均每人为1万股。尽管1股与1万股的价值相当，但是激励对象的感受非常不同。这个问题将在第6章"股权激励方案设计的艺术：从'心'开始"中详述。

此外，总股本的多少还要考虑公司的净资产，假设净资产为10万元，你若虚拟公司的总股本为1 000万股，激励对象可能会觉得你在"画饼"。当然对于很多轻资产公司而言，如果不考虑无形资产，一般净资产价值很低，但是公司的价值并不一定低。如果是这种情况尚可多虚拟总股本，但应遵循这样一项原则，即获得激励对象的认同。

在本案例中，我们假定公司总股本为1 000万股，赠予激励对象10%的分红权，即相当于100万股的分红权。

3. 定价格

假设公司的净资产为1 000万元，按照净资产作价1股为1元，则对于1 000万元总股本而言，10%的总股本为100万元。

一般来说，分红权并不需要激励对象支付现金认购，而是直接赠予的。也有的公司在分红权方案中规定激励对象要支付一定的现金，但对这部分现金款项的规定主要有三个目的。

(1) 让激励对象形成获取收益就要支付对价的心理认知。

(2) 表明此分红权的价值并探查激励对象对公司发展的信心。

(3) 作为分红权的押金。比如娃哈哈公司在分配分红权时就向激励对象收取了押金。

4. 定规矩

1) 业绩考核

通常情况下，股权激励与业绩考核是对应的。分红权的大小除与利润单元创造的利润多少相关外，还与其他考核指标相关。一般来说，考核指标取决于利润单元的战略，通常有如下几个指标可供选择。

(1) 息税折旧摊销前利润(EBITDA)。该指标用于揭示应归属于企业当期的通过自主经营所创造的现金利润。

(2) 现金周转期(CCC)。该指标包含应收账款周转天数、应付账款周转天数、存货周转天数，用于揭示企业运营效率。

(3) 经营性现金流(CFO)。该指标用于揭示企业自主经营业务创造和消耗现金的能力/状况。

(4) 合同额。

(5) 收入额。

(6) 净利润。

(7) 净利润增长率。

(8) 核心价值观。

(9) 通用能力。

(10) 专业技能。

(11) 学习与成长。

(12) 客户开发与维护。

(13) 运营效率，等等。

2) 其他规矩

除了业绩考核外，企业还要确定如下规矩。

(1) 分红核算与发放规矩。

(2) 如果违反禁止行为规定该如何处理的规矩，即退出的规矩。

(3) 如果员工离职该如何处理的规矩，也是退出的规矩。

(4) 如果业绩不达标该如何处理的规矩，等等。

案例

浙江娃哈哈实业股份有限公司
2015年度分红公告
发布时间：2016-4-13 15:26:51

根据浙江娃哈哈实业股份有限公司(以下简称公司)2015年度分红方案，

现委托浙江股权托管服务有限公司代为分配公司全体股东2015年度的红利。具体事宜公告如下：

一、分红方案

向公司全体股东每股派发现金红利0.58元(个人股东税后为0.464元/股)。

二、红利派发对象及股权登记日

截至2016年3月31日(股权登记日)在浙江股权托管服务有限公司登记在册的本公司全体股东。

三、红利派发日期及派发方式

派发日期：2016年4月15日。

派发方式：

1. 个人股东领取

持有中国工商银行、中国农业银行或交通银行派息账户的股东，请自行前往各派息银行网点支取；

已办理三方存管的股东，红利在派发后第5个交易日到资金账户，股东可通过银证转账后领取红利；

其余股东请前往浙江股权托管公司柜台领取红利。

2. 机构股东领取

法人股东按照在浙江股权托管服务有限公司在册登记的派息账户派发红利。

四、注意事项

1. 凡未办理股权托管的股东，请至本公司办理确认手续后再领取红利。

2. 请下列股东持本人身份证明、股东账户卡、派息账户(新)至浙江股权托管服务有限公司办理相关手续后领取红利：

(1) 持有中国工商银行派息账户的股东，2009年后未办理派息账户确认手续的；

(2) 持有中国农业银行派息账户的股东，2014年10月后未办理新派息账户(绿色存折或借记卡)登记的；

(3) 遗失派息账户或派息账户(号)已变更的股东。

3. 浙江娃哈哈实业股份有限公司咨询电话：0571-87880574

浙江股权托管服务有限公司地址：

杭州市江干区钱江新城富春路290号(钱江国际时代广场3号楼4楼)

咨询电话：0571-87032939　89702953　89702957

特此公告

4.2.1.2　超额分红权及案例

相较于定额分红权，超额分红权是指超出利润目标后的分红权。比如目标利润是1 000万元，利润单元A当年实际实现利润1 500万元，则超额利润为1 500-1 000=500万元。如果确定分红比例为30%，则利润单元A可以获得500×30%=150万元的分红。

超额分红在连锁经营行业的应用非常普遍，一是因为连锁经营各门店经营的物品和服务相同或相近，经营相对简单，对店员的创新要求低；二是因为连锁经营门店的经营好坏与店员的努力程度密切相关。这与科技型企业有所区别，所以在科技型企业尤其是科技含量比较高的企业中，较少实施超额分红权激励方案。

实施超额分红面临如下几个难题，企业应多加注意。

1. 利润目标如何确定

为了避免产生短期行为，一般一次性制定三年的超额分红方案，而不是每年制定一次。

在超额分红方案中，利润目标是一个非常核心、敏感的问题，往往成为激励对象和公司之间博弈的焦点，成为一个此消彼长的难题。利润目标定得高，就意味着超额难、完成同样的实际利润时超额少、激励少；利润目标定得低，就意味着超额易、完成同样的实际利润时超额多、激励多。

如何确定合适的利润目标呢？总体原则：一是合情合理，二是双方达成一致而绝不能强加于对方。对公司而言，利润目标并不是越高越好，利润目标太高，激励对象认定跳起来也够不到，那就没有任何激励作用；对激励对象而言，利润目标并不是越低越好，利润目标太低，导致超额完成额很高，激励额度很大，股东心里不会平衡，势必导致该超额分红方案被修订，难免影响股东和核心员工之间的信任关系。

如何做到合情合理呢？公司的利润除了受到经营班子的工作态度、努力程度影响外，还受经济发展状况、国家政策法规等客观因素的影响。所以，公司每年实现的利润往往是波动的，只是波动幅度有大有小罢了。

确定利润目标前，最好能够先调研，提取如下几个数值。

A：前一年实现的利润是多少？

B：该利润单元前三年实现的平均利润是多少？

C：该利润单元前三年的平均利润增长率是多少？

D：该项业务当年预测的市场增长率大约是多少？

E：该利润单元上一年度末占用公司的净资产是多少？

通常可以借鉴的利润目标计算方法有以下几种。

1) 第一年利润目标=A×折扣率

这是最简单、最保守、最容易被激励对象接受的方法。这种方法适用于利润主要受经营班子的工作态度、努力程度的影响，利润空间面临天花板、上升空间很小的公司，比如餐饮连锁店。假设某企业2016年实现的利润是500万元，设置2017年的利润目标时，可对2016年实现的利润打一个折扣，比如8折，即2017年的利润目标为500×80%=400万元。2018年、2019年再设置一个利润增长率不低于20%的目标。

此外，该方法还可应用在激励对象对明年的利润非常缺乏信心的公司，目的是为激励对象定一个同比降低的目标，让激励对象看到希望，激发激励对象的斗志。

2) 第一年利润目标=B

这也是激励对象容易接受的、简单的方法。既然利润有波动，那么我们可以把前三年的利润平均值确定为第一个激励年度的利润目标。这种方法一般适用于业务面临转型升级、利润增长空间很有限的公司。

3) 第一年利润目标=$B×(1+C)$

这是一种四平八稳、中庸的方法，意思是按照现有的利润基础、已经实现的增长率发展就可以了，反映了一种守业的心态。

4) 第一年利润目标=$B×(1+D)$

这是一种"跟上市场"的方法，意思是按照现有的利润基础、市场增长率发展就可以了，反映了一种"别掉队"的心态。

5) 第一年利润目标=B×(1+D)×大于1的系数

这种方法反映了要按照现有的利润基础，超越市场增长率发展的要求，反映的是一种"超越竞争对手"的心态。但是，这个"大于1的系数"会受到激励对象的质疑，如何确定这个"大于1的系数"也是个不小的难题。

6) 第一年利润目标=[B(或A)×(1+D)]+E×资金成本

这是一种最市场化的、颇具生意人风格的方法，意思是利润单元既要按照不低于市场增长率的目标增长，又要加上占用的净资产的资金成本。

假设：

- 2016年实现的利润为1 000万元，即A=1 000万元
- 2017年市场增长率为30%，即D=30%
- 利润单元2016年经审计的合并财务会计报告期末净资产为500万元，即E=500万元
- 资金成本按照一年期同期银行存款基准利率计算，2016年的利率为4%。

则第一个激励年度2017年的利润目标为：1000×(1+30%)+500×4%=1 320万元

用同样的假设计算出2018年、2019年的利润目标，详见表4-2。

表4-2 三年利润目标的测算结果

时间	上一年度利润目标/万元	当年预测的市场增长率	当年占用的净资产/万元	当年存款基准利率	利润目标/万元
2017年	1 000	20%	500	4%	1 320
2018年	1 320	15%	950	3%	1 546.5
2019年	1 546.5	15%	1 500	2%	1 808.5

2. 超额分红比例如何确定

超额分红比例的确定同样是个敏感问题，它与利润目标具有同比关系，是"孪生姐妹"。利润目标高，超额分红比例也应该高。

1) 确定超额分红比例的原则

前文说到，确定利润目标的总原则：一是合情合理，二是双方达成一致而绝不能强加于对方。那么确定超额分红比例应遵循哪些原则呢？我们认为应遵循如下两项总原则。

(1) 双方达成一致而绝不能强加于对方。

(2) 要让激励对象产生"我要干""我为自己干"的心理。

2) 影响超额分红比例的因素

针对上述不同的确定利润目标的方法，超额分红比例也应该是不同的。利润目标越保守，超额分红比例越低；利润目标越激进，超额分红比例越高。

如果采用第6种方法，则可确定2017—2019年的利润目标分别为1 320万元、1 546.5万元、1 808.5万元。

(1) 相对于2016年的利润增长率，2017年为32%，2018年为54.6%，2019年为80.8%。可见，利润增长率较高。在保证高目标利润增长率的前提下，必须超出这个高增长率，才有可能进行超额分红。

(2) 这个利润目标既考虑了市场增长率，也考虑了资金成本，能够非常严格地考虑并保障股东权益，并且公司获得了较高的增长。

所以，在这种情况下，我们认为超额分红比例一定要超过50%，可以在70%左右。

3) 对股东的影响

依据我们的经验，超额分红比例大于等于50%时，才有可能让激励对象产生"我要干""我为自己干"的心理；达到70%时，能够让更多的激励对象产生"我要干""我为自己干"的心理。

在这种情况下，股东千万不要产生不平衡心理，希望各位老板能够认真思考、细细品味如下三点。

(1) 激励对象分得多，说明公司得到的更多。

(2) 老板常常苦口婆心说教，希望员工把公司当作自己的公司一样对待，视公司为家。如果要将此观念落到实处，老板在对待员工尤其是核心员工时，不能仅仅把员工当作雇员，而应把员工当作自己的合作伙伴，这个道理在本书第1章里有详细的阐述。

(3) 实施这种激励机制后，老板会发现，公司发生了巨大的变化，激励对象能够自觉、自发、自愿地干，公司整体形成了奋发向上的氛围，原来那种上班"神游"、下班走人的现象再难见到，老板也轻松了。

这并不难理解，原来，老板是火车头，车厢越多，拉得越累；现在，各个车厢都有动力单元，普通火车升级为动车。如此，何乐而不为呢？

3. 如果第一年就完成了第二年的利润目标怎么办

设定三年目标利润后，假如第一年就完成了第二年的目标利润该怎么办呢？

比如，2017—2019年的利润目标分别为1 320万元、1 546.5万元、1 808.5万元。第一年完成了1 550万元，超额230万元。

在这种情况下，我们需要重新设定目标吗？

这时，我们应该详细分析第一年利润高的原因。如果设定利润目标的原则和方法没有问题，那一定是客观原因导致的。如果是前者，老板应该与激励对象坐下来协商，找出原来设定利润目标的问题，重新设定利润目标，并且一定要让双方达成一致；如果是客观原因导致的，除非这一客观原因会长期存在，继续对第二年的经营产生类似的正向影响，否则不应该提高利润目标，以维护企业信誉、保障激励对象的利益。

4. 某一年没有完成利润目标怎么办

商场如战场，战场上难有常胜将军，商场上难有永远稳定的增长。

公司设定三年利润目标后，假如第二年没有完成利润目标怎么办呢？

比如，某公司2017—2019年的利润目标分别为1 320万元、1 546.5万元、1 808.5万元，第一年完成了1 500万元，超额180万元，假定分红比例为60%，则获得分红108万元。但是第二年只完成了1 400万元，离目标差146.5万元。

在这种情况下，第二年没有分红，前两年合计超出目标利润为：180-146.5=33.5万元。

(1) 第一年的分红是否可以全额兑现？一般情况下，第一年的超额分红应该兑现，除非企业与激励对象提前约定如果某一年度没有完成利润目标，应该以超额分红进行弥补或部分弥补的规则。如果设置这样的规则，一般是三年算总账。从我们经手的案例来看，一般在定额分红计划中设置这样的规则，而在超额分红计划中少见这样的规则。主要原因是，超额分红对激励对象的要求更高，对股东的权益更有保障。

(2) 第二年的利润目标没有完成怎么办？如果一笔勾销，那么就很容易出现道德风险，因为在权责发生制的财务制度面前，经营班子完全有可能延迟或提前确认收入。如果不能一笔勾销，那该怎么办呢？通常的解决方法是，将第三年的原利润目标加上第二年欠缺的利润目标作为第三年的新利润目标。

如果第一年的分红全额兑现，第二年欠缺的利润仍然为146.5万元，则第三年的利润目标就变为：1 808.5+146.5=1 955万元。

如果第三年刚好完成1 808.5万元，第一年的分红应该给吗？如何给呢？这就引申一个问题——年度分红的支付模式。如果第一年的108万元分红一次性拿走，会对企业的责任和保障造成缺失！

案例

××××业务单元经营班子超额分红实施办法
(试行)

第一条　目的和依据

第二条　适用范围

第三条　超额分红的定义

第四条　超额分红的核算办法

1. 当业务单元年度实际完成净利润超过年度目标净利润的100%时，开始核算分红。

2. 分红额的计算公式为

$$分红额 = 超额利润(W) \times 分红比例(Y) \times 回款系数(Z)$$

3. 超额利润(W)的计算公式为

$$W = 年度实际完成净利润 - 年度目标净利润$$

考虑业务单元的经营情况，并依据利润完成率(X)确定分红比例(Y)。

4. 回款系数(Z)的计算公式为

$$Z = 年度实际回款额 \div 年度含税销售收入$$

式中：$0 < Z \leqslant 1$。

5. 经营指标实际完成额的核算方法和核算结果，由公司财务主管部门确定，年度经营目标以公司下达的目标为准。

6. 适用本办法的业务单元不再适用原《年薪制人员年薪发放办法》中有关奖励年薪的规定。

第五条　超额分红的分配

1. 超额分红金额由人力资源主管部门核算。

2. 超额分红依据贡献大小分配。

3. 超额分红的分配由业务单元总经理向董事长提案，业务单元董事会审批并报公司人力资源主管部门备案后执行。

4. 业务单元总经理和专职董事长个人分享的超额分红不低于该经营团队平均所获分红的3倍；兼职董事长个人分享的超额分红依据其与该业务单元经营指标的挂钩比例进行分配。

5. 业务单元可以拿出部分超额分红激励本业务单元做出突出贡献的其他员工，非本业务单元的任何人员不得分享该业务单元的超额分红。

第六条 超额分红的发放

1. 超额分红以奖金的方式发放，其中50%的超额分红须在一个季度内从二级市场购买××××股票。激励对象购买股票的时间若与有关法律法规和规章相抵触，则上述一个季度的期限顺延。

2. 激励对象使用超额分红所购买的××××股票锁定期为一年。

3. 激励对象转让其持有的股票，应当符合《中华人民共和国公司法》《中华人民共和国证券法》《公司章程》以及中国证监会和深圳证券交易所有关法律法规的规定。

4. 若激励对象未按规定从二级市场购买××××股票，则本年度的超额分红款将被收回或冲抵该奖励对象的薪酬，并取消下一年度的超额分红资格。

5. 超额分红发放所产生的税费由激励对象个人承担。

第七条 附则

北京××××有限公司
2015年5月18日

4.2.1.3 现金分红支付模式

1. 现金分红支付模式的考虑因素

分红，不论是定额分红还是超额分红，都是一种短期激励。分红现金的支付模式，主要基于如下考虑。

(1) 将短期激励转化为相对长期的激励。

(2) 设置离职后不再支付的规则，形成了对激励对象服务期的约束。

(3) 避免激励对象的短期行为。

(4) 化解企业即期的现金压力。

(5) 平衡分红权方案有效期内的业绩目标的波动，避免完成目标有分红激励、没有完成业绩的年度没有约束的情况发生。

2. 兑现方式

在分红权方案实施过程中，分红往往不是即期一次性支付的，兑现的方式有如下几种。

(1) 一年一核算，一年一分红。每年年终，依据当年年度业绩目标完成情况，核算定额分红或超额分红的总额。

(2) 递延支付。分两年、三年或四年支付，较为普遍的做法是分三年递减式支付。比如，2017年的利润目标是1 320万元，实际完成1 500万元，超额完成180万元，超额分红比例为60%，即分红总额为108万元。那么在2018年初财务报告出台后先支付第一期，比如50%，即54万元；2019年再支付30%，即32.4万元；2020年再支付余下的20%，即21.6万元。如果激励对象离职，则离职前已经支付的无须退回，但是离职时尚未支付的分红不再支付。

假如第二年(2018年)又超额100万元，分红比例为60%，即分红总额为60万元。那么按照上述递延支付方式，2019年可获取30万元，加上2017年递延到2019年支付的32.4万元，2019年合计获取分红金额为：30+32.4=62.4万元。

现金分红递延支付的方式如图4-1所示。

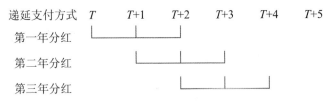

图4-1 现金分红递延支付方式

(3) 部分支付现金，部分留存认购企业实股。此部分内容将在本章后面的虚股转实股方式中阐述。

4.2.1.4 适合的企业特点

在分红权方案中，股东让渡的仅仅是分红权益，增值权、投票权、处置权等还在股东手中，不会稀释股东的股份，但是会对公司造成现金压力。激励对象往往不需要支付现金认购，有时需要支付押金，所以不会对激励对象造成较大的资金压力。

因此，分红权方案适合现金充沛、利润丰厚稳定、不想或不能稀释股权的企业。

4.2.2 增值权

4.2.2.1 虚拟增值权/现金增值权

股票增值权是指公司给予激励对象一种权利，如果公司股价上升，激励对象可通过行权获得相应数量的股价升值收益。激励对象不用为行权付出现金，不用实际认购股票，即可以在规定时间内获得规定数量的股票股价上升所带来的收益(期末股票市价-约定价格)，但不拥有这些股票的所有权，自然也不拥有表决权、分红权、处置权。

由于激励对象并未实际购买股票，故可避免"激励风险"的发生。

按照合同的具体规定，股票增值权的实现可以是全额兑现，也可以是部分兑现。另外，股票增值权的实施可以用现金实施，也可以折合成股票来实施，还可以采用现金和股票组合的形式。

股票增值权通常以现金形式实施，有时也叫现金增值权。由于增值权并不实际认购股票，仅通过模拟股票市场价格变化的方式，在规定时段获得由公司支付的行权价格与行权日市场价格之间的差额，故也称之为虚拟股票增值权。

非上市公司在操作中多以账面价值即每股净资产作为计价标准，行权收益等于行权时的每股净资产减去授予时的每股净资产，差额部分由公司以现金形式支付。如果在有效期内，每股价值低于当初授予时的价值，则差额为负数，激励对象可以放弃，也不会行权。

1. 增值权的收益模式

增值权的收益模式如图4-2所示。

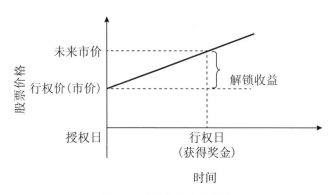

图4-2　增值权的收益模式

2. 股票增值权的利弊

股票增值权的有利之处体现为以下几方面。

(1) 不影响公司股本结构，不会稀释原有股东的股权比例。

(2) 激励对象不需要支付行权资金。

股票增值权的不利之处在于，公司往往需要以现金形式支付，会给公司造成较大的现金支付压力。

股票增值权与分红权最大的差别在于，股票增值权更注重未来的增长性，只有每股价值增长，员工才能获得收益；分红权则更多关注过去的业绩和现在的业绩。

4.2.2.2　增值权案例

案例

百视通新媒体股份有限公司首期股票增值权激励计划

百视通新媒体股份有限公司(股票代码：600637)是上海广播电视台旗下，由上海东方传媒集团有限公司(SMG)控股的新媒体上市企业。2015年，百视通及东方明珠于3月20日晚间双双发布公告，披露百视通以新增股份换股吸收合并东方明珠交易报告书草案。后来百视通于2016年6月19日更名为"东方明珠"。

1. 定激励模式

本计划采取股票增值权模式。本计划下授予的每份股票增值权，在满足生效条件和生效安排的情况下，可以获得一股本公司A股普通股股票行权日市价高于行权价格的增值部分收益,由公司以现金形式支付。

2. 定人

本计划授予的激励对象为本公司的外籍管理人员,不包括独立董事、监事和持股5%以上的非国有股东。激励对象总人数为2人。

3. 定量

本计划不涉及真实股票交易,所涉及的公司虚拟标的股票总数为13.43万股,相当于公司股本总额的0.012%。在股票增值权有效期内若发生资本公积金转增股本、派发股票红利、股份折细、缩股、配股和增发等事宜,股票增值权数量及所涉及的虚拟标的股票数量将根据本计划相关规定进行调整。

4. 定价

本计划下授予的股票增值权行权价格为44.33元。在本计划下授予的股票增值权在有效期内发生派息、资本公积转增股本、派发股票红利、股份折细或缩股、配股等事宜,行权价格将根据本计划相关规定进行调整。

5. 定时

自授予日起24个月内不得行权,24个月后分3个行权年度,每年生效1/3。激励对象个人生效数量还需根据其上一年度个人绩效考核结果进行调整,但实际生效数量不得超过个人本次获授总量的1/3。

6. 定股票来源

本计划不涉及真实股票交易,虚拟标的股票为公司A股普通股股票。

7. 定业绩条件

公司满足以下条件时,本计划下授予的股票增值权方可按照生效安排生效。

(1) 以2013年为基准年,百视通营业收入年复合增长率不低于25%,且不低于对标企业同期75分位水平。

(2) 百视通净资产收益率分别不低于14.5%、15.0%和15.5%,且不低于对标企业同期75分位水平。

(3) 扣除非经常性损益的净利润均不得低于授予日前最近3个会计年度的平均水平,且不得为负。

个人业绩条件参见表4-3。

表4-3 个人业绩条件

个人年度绩效等级	个人实际可生效股票增值权占本批个人应生效股票增值权的比例
合格及以上	100%
基本合格	80%
不合格	0

8. 定最高收益

由于百视通是国企，在此激励计划中还规定了激励对象激励收益的上限。激励对象个人的实际激励收益最高不超过本期激励授予时其薪酬总水平的40%(按3年基准计算)。个人实际激励收益水平超出上述水平的，超过部分的奖金不予发放。如果授予股票增值权之后，相关监管机构对股权激励行权收益的规定有所调整，本条款也可进行相应修改。

本案例有如下特点：

(1) 本案例采用了国内深市和沪市上市公司中很少见的增值权激励方案。

(2) 激励对象仅有2人，是上市公司中激励对象最少的股权激励计划。

(3) 激励对象是外籍高管。在《上市公司股权激励管理办法》正式实施前，所有股票期权方案和限制性股票方案中从未出现过外籍人员成为激励对象的情况。

本案例之所以呈现上述特点，原因在于公司对国内政策的规避。

案例中，公司采取增值权激励方案的原因，我们认为可能是本计划于2014年公布时适用的《上市公司股权激励管理办法(试行)》(证监公司字〔2005〕151号)没有允许外籍人员参与股票期权或限制性股票计划。

自2016年8月13日起，《上市公司股权激励管理办法》正式实施，明确在境内工作的外籍员工可以成为激励对象。随着资本市场的国际化，上市公司对外籍员工的股权激励需求日益突显，因此《上市公司股权激励管理办法》明确在境内工作的外籍员工可以依规申请开立专用证券账户参与股权激励。对于实际工作地点在境外的外籍员工，因其实际工作地、居住地、缴税地均在境外，参与股权激励将涉及A股的跨境发行，存在一定障碍，故未纳入规定。

4.2.2.3 适合的企业特点

股票增值权不会稀释公司股东的股份，在激励对象行权时，公司需要支付现金，故会对公司形成现金压力。

股票增值权方案适合现金充沛、利润丰厚且稳定的企业，或净资产增值快速的企业。

4.2.3 分红权+增值权

"分红权+增值权"是指一家企业在一次股权激励计划中，采用分红权和增值权组合的激励模式。在采用这种组合模式的案例中，最典型的就是华为公司的虚拟受限股计划。

案例

华为的虚拟受限股

华为公司的虚拟受限股计划是包含大智慧，产生大效益、大影响的计划，国内媒体对其有过无数次的报道。在这里，我们仅概括一下华为公司实施股权激励的来龙去脉。

华为公司的股权激励主要经历以下两个阶段。

1. 第一阶段的主要内容

(1) 1990年，华为第一次提出内部融资、员工持股。

(2) 定人。激励对象是进入公司满一年的员工。

(3) 定价。10元/股。

(4) 员工可用年度奖金购买，如钱不够，公司可帮助员工获得银行贷款。

(5) 以税后利润的15%作为股权分红，没有分红的利润可让股权得到增值。

2. 第二阶段的主要内容

(1) 2000年，进入网络经济泡沫时期。

(2) 定类。实行名为"虚拟受限股"的改革。

(3) 采用"分红权+增值权"的方案，但是没有所有权，没有表决权，不能转让和出售，在离开企业时自动失效。

(4) 老员工股票转为虚拟受限股。

(5) 员工可用年度奖金购买，如钱不够，公司可帮助员工获得银行贷款(

银行贷款在2011年被叫停)。

华为虚拟受限股的行权价格和退出价格是华为当年每股净资产价格。表4-4是从公开报道中收集的相关年度华为虚拟受限股的定价和分红情况。

表4-4 不同年度的定价和分红情况

项目	2002年	2003年	2006年	2008年	2010年	2011年	2013年
定价	2.62	2.74	3.94	4.04	5.42		
分红					2.98	1.46	1.41

4.3 股权激励的股权模式

4.3.1 现股模式

现股,顾名思义,就是现在就让激励对象获得股份,没有锁定期。现股模式就是通过公司奖励或参照股份当前的市场价值向激励对象出售的方式。采用这种方式,可使激励对象即时、直接地获得股份,但规定激励对象必须在一定时期持有股份,不得出售股权。

现股模式其实就是股权认购模式,主要有以下几个特点。

(1) 当股权贬值时,员工需要承担相应的损失。因此,员工持有现股时,实际上承担了风险。

(2) 在现股计划中,由于股权已经发生实际转移,持有股权的员工一般都具有与股票数量相对应的表决权。

(3) 在现股计划中,不管是奖励性授予还是购买,员工实际上都在即期投入了资金(在奖励性授予的情况下,实际上也是用员工应得奖金的一部分购买了股权)。

(4) 在现股计划中,规定激励对象必须在一定时期持有股票,不得出售。这其实就是要求激励对象与股东绑在一起,风雨同舟。因此,现股计划针对的激励对象有特殊性。

4.3.1.1 员工持股计划

员工持股计划是指上市公司根据员工意愿,通过合法方式使员工获得本公司股票并长期持有,股份权益按约定分配给员工的制度安排。员工持股计划的参与对象为公司员工,包括管理层人员。

员工持股计划也是一种现股模式,由员工持有本公司股权或股票。员工持股计划源于美国。现代市场经济的发展、科技的进步和经济全球化促使资本尤其是货币资本获得越来越大的回报,从而导致有钱的更有钱、没钱的更没钱,这也使财富急剧集中、贫富差距迅速扩大。这种严重的分配不公,已成为影响社会稳定和阻碍生产力发展的隐患。

为此,美国经济学家路易斯·凯尔索提议,建立一种使产权分散化,让员工都能获取生产性资源,实现劳动收入和资本收入共同促进经济增长和社会稳定的制度。员工持股计划就是为实现这一目标制定的一种方案。

近40年来,美国实施员工持股计划获得了巨大成功。到1998年,全美实施员工持股计划的企业有14 000多家,包括90%以上的上市公司和列入世界500强的大企业,有3 000多万名员工持股,资产总值超过4 000亿美元。美国的一项专题调查证明,实施员工持股计划的企业与未实施员工持股计划的同类企业相比,劳动生产率高出30%左右,利润大约高出50%,员工收入高出25%~60%。目前,员工持股已经成为一种国际趋势。20世纪90年代末,英国约有1 750家公司、200万名员工参与了政府批准的员工持股计划。在法国,工业部门企业员工持股率超过50%;在金融业中,部分企业该数据超过90%。德国把实施员工持股计划作为吸引员工参与管理、保留人才、促进企业发展的一项基本制度。日本绝大多数的上市公司也实施了员工持股计划。在新加坡、泰国、西班牙等国家,员工持股也十分流行。综观员工持股计划的种类,形式多样,内容繁杂,各具特色(注:本段文字摘录于月光使者1991在www.360doc.com发布的内容)。

为了贯彻落实党的十八届三中全会和《国务院关于进一步促进资本市场健康发展的若干意见》(国发〔2014〕17号)精神,经国务院同意,2014年6月20日,中国证监会制定并发布《关于上市公司实施员工持股计划试点的指导意见》(以下简称《指导意见》),在上市公司中开展员工持股计划试点。

关于上市公司实施员工持股计划试点的指导意见

为了贯彻《中共中央关于全面深化改革若干重大问题的决定》中关于"允许混合所有制经济实行企业员工持股，形成资本所有者和劳动者利益共同体"的精神，落实《国务院关于进一步促进资本市场健康发展的若干意见》(国发〔2014〕17号)中关于"允许上市公司按规定通过多种形式开展员工持股计划"的要求，经国务院同意，中国证监会依照《公司法》《证券法》相关规定，在上市公司中开展员工持股计划实施试点。上市公司实施员工持股计划试点，有利于建立和完善劳动者与所有者的利益共享机制，改善公司治理水平，提高职工的凝聚力和公司竞争力，使社会资金通过资本市场实现优化配置。为稳妥有序开展员工持股计划试点，现提出以下指导意见。

一、员工持股计划基本原则

1. 依法合规原则。上市公司实施员工持股计划，应当严格按照法律、行政法规的规定履行程序，真实、准确、完整、及时地实施信息披露。任何人不得利用员工持股计划进行内幕交易、操纵证券市场等证券欺诈行为。

2. 自愿参与原则。上市公司实施员工持股计划应当遵循公司自主决定、员工自愿参加的原则，上市公司不得以摊派、强行分配等方式强制员工参加本公司的员工持股计划。

3. 风险自担原则。员工持股计划参与人盈亏自负、风险自担，与其他投资者权益平等。

二、员工持股计划的主要内容

员工持股计划是指上市公司根据员工意愿，通过合法方式使员工获得本公司股票并长期持有，股份权益按约定分配给员工的制度安排。员工持股计划的参加对象为公司员工，包括管理层人员。

三、员工持股计划的资金和股票来源

1. 员工持股计划可以通过以下方式解决所需资金：

(1) 员工的合法薪酬；

(2) 法律、行政法规允许的其他方式。

2. 员工持股计划可以通过以下方式解决股票来源：

(1) 上市公司回购本公司股票；

(2) 从二级市场购买；

(3) 认购非公开发行股票；

(4) 股东自愿赠予；

(5) 法律、行政法规允许的其他方式。

四、员工持股计划的持股期限和持股计划的规模

1. 每期员工持股计划的持股期限不得低于12个月，以非公开发行方式实施员工持股计划的，持股期限不得低于36个月，自上市公司公告标的股票过户至本期持股计划名下时起算。上市公司应当在员工持股计划届满前6个月公告到期计划持有的股票数量。

2. 上市公司全部有效的员工持股计划所持有的股票总数累计不得超过公司股本总额的10%，单个员工所获股份权益对应的股票总数累计不得超过公司股本总额的1%。员工持股计划持有的股票总数不包括员工在公司首次公开发行股票上市前获得的股份、通过二级市场自行购买的股份及通过股权激励获得的股份。

五、员工持股计划的管理

1. 参加员工持股计划的员工应当通过员工持股计划持有人会议选出代表或设立相应机构，监督员工持股计划的日常管理，代表员工持股计划持有人行使股东权利或者授权资产管理机构行使股东权利。

2. 上市公司可以自行管理本公司的员工持股计划，也可以将本公司员工持股计划委托给下列具有资产管理资质的机构管理：

(1) 信托公司；

(2) 保险资产管理公司；

(3) 证券公司；

(4) 基金管理公司；

(5) 其他符合条件的资产管理机构。

3. 上市公司自行管理本公司员工持股计划的，应当明确持股计划的管理方，制定相应的管理规则，切实维护员工持股计划持有人的合法权益，避免产生上市公司其他股东与员工持股计划持有人之间潜在的利益冲突。

4. 员工享有标的股票的权益，在符合员工持股计划约定的情况下，该权益可由员工自身享有，也可以转让、继承。员工通过持股计划获得的股份权益的占有、使用、收益和处分的权利，可以依据员工持股计划的约定

行使。参加员工持股计划的员工离职、退休、死亡以及发生不再适合参加持股计划事由等情况时，其所持股份权益依照员工持股计划约定方式处置。

5. 上市公司委托资产管理机构管理本公司员工持股计划的，应当与资产管理机构签订资产管理协议。资产管理协议应当明确当事人的权利义务，切实维护员工持股计划持有人的合法权益，确保员工持股计划的财产安全。资产管理机构应当根据协议约定管理员工持股计划，同时应当遵守资产管理业务相关规则。

6. 员工持股计划管理机构应当为员工持股计划持有人的最大利益行事，不得与员工持股计划持有人存在利益冲突，不得泄露员工持股计划持有人的个人信息。

7. 员工持股计划管理机构应当以员工持股计划的名义开立证券交易账户。员工持股计划持有的股票、资金为委托财产，员工持股计划管理机构不得将委托财产归入其固有财产。员工持股计划管理机构因依法解散、被依法撤销或者被依法宣告破产等原因进行清算的，委托财产不属于其清算财产。

六、员工持股计划的实施程序及信息披露

1. 上市公司实施员工持股计划前，应当通过职工代表大会等组织充分征求员工意见。

2. 上市公司董事会提出员工持股计划草案并提交股东大会表决，员工持股计划草案至少应包含：

(1) 员工持股计划的参加对象及确定标准、资金、股票来源；

(2) 员工持股计划的存续期限、管理模式、持有人会议的召集及表决程序；

(3) 公司融资时员工持股计划的参与方式；

(4) 员工持股计划的变更、终止，员工发生不适合参加持股计划情况时所持股份权益的处置办法；

(5) 员工持股计划持有人代表或机构的选任程序；

(6) 员工持股计划管理机构的选任、管理协议的主要条款、管理费用的计提及支付方式；

(7) 员工持股计划期满后员工所持有股份的处置办法；

(8) 其他重要事项。

非金融类国有控股上市公司实施员工持股计划应当符合相关国有资产监督管理机构关于混合所有制企业员工持股的有关要求。

金融类国有控股上市公司实施员工持股计划应当符合财政部关于金融类国有控股上市公司员工持股的规定。

3. 独立董事和监事会应当就员工持股计划是否有利于上市公司的持续发展，是否损害上市公司及全体股东利益，公司是否以摊派、强行分配等方式强制员工参加本公司持股计划发表意见。上市公司应当在董事会审议通过员工持股计划草案后的2个交易日内，公告董事会决议、员工持股计划草案摘要、独立董事及监事会意见及与资产管理机构签订的资产管理协议。

4. 上市公司应当聘请律师事务所对员工持股计划出具法律意见书，并在召开关于审议员工持股计划的股东大会前公告法律意见书。员工持股计划拟选任的资产管理机构为公司股东或股东关联方的，相关主体应当在股东大会表决时回避；员工持股计划涉及相关董事、股东的，相关董事、股东应当回避表决；公司股东大会对员工持股计划作出决议的，应当经出席会议的股东所持表决权的半数以上通过。

5. 股东大会审议通过员工持股计划后2个交易日内，上市公司应当披露员工持股计划的主要条款。

6. 采取二级市场购买方式实施员工持股计划的，员工持股计划管理机构应当在股东大会审议通过员工持股计划后6个月内，根据员工持股计划的安排，完成标的股票的购买。上市公司应当每月公告一次购买股票的时间、数量、价格、方式等具体情况。

上市公司实施员工持股计划的，在完成标的股票的购买或将标的股票过户至员工持股计划名下的2个交易日内，以临时公告的形式披露获得标的股票的时间、数量等情况。

7. 员工因参加员工持股计划，其股份权益发生变动，依据法律应当履行相应义务的，应当依据法律履行；员工持股计划持有公司股票达到公司已发行股份总数的5%时，应当依据法律规定履行相应义务。

8. 上市公司至少应当在定期报告中披露报告期内下列员工持股计划实施情况：

(1) 报告期内持股员工的范围、人数；

(2) 实施员工持股计划的资金来源；

(3) 报告期内员工持股计划持有的股票总额及占上市公司股本总额的比例；

(4) 因员工持股计划持有人处分权利引起的计划股份权益变动情况；

(5) 资产管理机构的变更情况；

(6) 其他应当予以披露的事项。

七、员工持股计划的监管

1. 除非公开发行方式外，中国证监会对员工持股计划的实施不设行政许可，由上市公司根据自身实际情况决定实施。

2. 上市公司公布、实施员工持股计划时，必须严格遵守市场交易规则，遵守中国证监会关于信息敏感期不得买卖股票的规定，严厉禁止利用任何内幕信息进行交易。

3. 中国证监会对上市公司实施员工持股计划进行监管，对利用员工持股计划进行虚假陈述、操纵证券市场、内幕交易等违法行为的，中国证监会将依法予以处罚。

4. 法律禁止特定行业公司员工持有、买卖股票的，不得以员工持股计划的名义持有、买卖股票。

5. 证券交易所在其业务规则中明确员工持股计划的信息披露要求；证券登记结算机构在其业务规则中明确员工持股计划登记结算业务的办理要求。

2014年正值中国股市爆发前夕，2015年中国沪深两市股票一路高歌猛进。自《指导意见》发布以来，中国沪深两市上市公司迅速形成一股员工持股计划热潮。据统计，自2015年以来，截至2016年1月28日，A股总计有371家上市公司推出了总计399次员工持股计划，其中有197家上市公司实施了总计202次员工持股计划。其中，很多上市公司为了解决资金来源问题，采用含有杠杆条件的结构化资产产品。2014年10月28日，《每日经济新闻》刊发《员工持股计划掀高潮 结构化产品"借船出海"》一文，对结构化产品参与员工持股计划进行了报道。文章指出"在这一类产品中，上市公司员工自筹部分资金的同时，再引入一部分外部资金，外部资金每年都将享受稳定的收益，而员工自筹资金部分则承担股价波动所带来的收益及损失，这一方式也放大了股价波动对上市公司员工利益的影响"。

果不其然，2015年中国股市剧烈震荡，股灾乌云反复光临，许多员工持股计划跌破购买价，尤其是带有杠杆条件的结构化产品更是损失惨重。受A股波动的影响，相关数据显示，截至2016年1月28日，137家上市公司的139次员工持股计划出现浮亏，这意味着68.8%的员工持股计划已经亏损。

4.3.1.2 适合的企业特点

现股计划对原有股东所持股份有稀释作用，激励对象认购时，需要一次性投入资金，会面临资金压力，而对公司的现金流有正向作用。

现股计划适合于具有以下特点的企业。

(1) 创业初期合伙人通过投入资金而持有现股。

(2) 面临重大改革或公司业务将进入衰退期，针对合伙人或核心高管或空降CEO。

(3) 实施员工持股计划的上市公司。

4.3.2 股票期权模式

股票期权模式是最普遍、应用最广泛的股权激励模式。股票期权是指公司给予激励对象在将来某一时期以预先确定的价格购买一定数量股权的权利，激励对象到期可以行使或放弃这个权利，购股价格一般参照股权的当前价格确定，行权前没有分红权，行权后变为实实在在的股票。

采用股票期权模式时，员工在远期支付购买股权的资金，但购买价格参照即期价格确定，同时从即期起就享受股权的增值收益权，实际上相当于员工获得了购股资金的贴息优惠。因此，有时也将这种方式称为"股权认购权"或"期权"模式。

在期权计划中，在股权尚未发生转移时，员工不具有与股权对应的表决权；在股权发生转移之后，如果员工直接持有股票，一般会获得全部的股份权益。

股票期权是股东为达到所持股权价值的最大化，在所有权和经营权分离的现代企业制度下，实行的股权激励。公司董事会在股东大会的授权下，代表股东与以经营者为首的激励对象签订协议，当激励对象完成一定的业绩目标或(和)激励对象达到一定的服务期限之后，公司以一定的优惠价格授予激励对象股票或授予其以提前确定的价格在有效期内购买公司股票的权利，使其获得一定的利益，从而促进激励对象为股东利益的最大化而努力。

原《公司法》第一百四十九条规定，公司不得收购本公司的股票，但为减少公司资本而注销股份或者与持有本公司股票的其他公司合并时除外。再加上证监会对发行股份的要求比较严格，因此，中国一直缺乏完善的实行股权激励的法律、政策环境。自2005年以来，为配合股权分置改革，证监会推出了《上市公司股权激励管理办法(试行)》。此后，根据股权激励监管的实际需要，证监会又陆续发布了3个股权激励相关事项备忘录和2项监管问答，进一步完善并公开了股权激励备案标准。2005年修订的《公司法》规定，公司在减少公司注册资本、将股份奖励给本公司职工等情况下可以收购公司股份，这为公司实施股权激励提供了一个回购公司股份的来源。当然，通过回购股份的方式来解决股票来源的公司很少，上市公司中更是绝无仅有。

近年来，上市公司实施股权激励的积极性不断提高。股权激励在促进形成资本所有者和劳动者的共同利益体、调动公司高管及核心员工的积极性、稳定员工队伍、完善公司治理机制等方面发挥了积极作用，但在实践中也暴露出现行股权激励制度的不足，具体体现在以下方面。

(1) 事前备案影响激励效率，不符合简政放权的要求(目前已取消)。

(2) 股权激励条件过于刚性，上市公司自主灵活性不强。

(3) 市场剧烈变化时，行权价格倒挂致使激励对象无法行权。

(4) 现行的股权激励规则包括规章、备忘录、监管问答等，体系不统一。

在这种背景下，2016年5月4日，中国证券监督管理委员会2016年第6次主席办公会议审议通过了《上市公司股权激励管理办法》，自2016年8月13日起施行。与此同时，为了能以信息披露为中心，落实"宽进严管"的监管转型理念，放松管制、加强监管，逐步形成公司自主决定的、市场约束有效的上市公司股权激励制度，财政部、国家税务总局、国资委等也相继出台一系列进一步完善股权激励的政策法规。至此，中国股权激励的基本法律法规基本得以规范，并基本与国际接轨。自2016年8月13日起，中国上市公司又迎来了实施股权激励的高峰期！

4.3.2.1 期权收益模式

期权主要包括三个阶段：授予、行权、出售。在授予时，公司会与员工签订"股票期权授予协议"，该协议规定了授予期权的各项细则以及双方的权利和义务。在行权之前，一般会设置一个行权禁止期，又称之为锁定期或等待期。行权禁止期满后，进入可以行权期，又称为释放期，一般情况下会设置3年分批释放的规则，比如每年依次释放30%、30%、40%。当激励对象行权时，会形成一个"行权收益"，也就是行权时的市场股价与行权价格之间的差额。按照中国税法规定，此行权收益需要按照工资薪金所得缴纳个人所得税。行权后如果继续持有，假如股价继续上涨，当激励对象出售股票时，就会产生一个股票转让收益。

期权收益模式如图4-3所示。

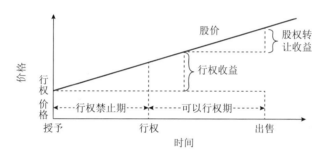

图4-3 股票期权收益模式

4.3.2.2 期权/股权认购权案例

期权或股权认购权计划在上市公司或非上市公司中，都非常普遍，并且股权激励的各种模式还可以混合操作。

以下是我们操作的一个现股计划与股权认购权计划结合的真实案例摘要。

> 案例

2016年信息装备公司股权激励计划摘要
(信息装备公司是某上市公司的子公司)

1. 股权激励模式

本激励计划包含以下两个并行的子计划。

(1) 股权认购计划(现股计划)。以现金认购增资扩股的股权。

(2) 股权认购权计划(期权计划)。授予激励对象以现金认购股权的权利。

2. 激励对象。

(1) 经营层,现6人。

(2) 核心骨干,现约16人。

3. 激励数量

公司拟设立1 180万份股权激励计划,相当于激励计划设立时公司总股本11 800万份的10%。

其中,股权认购计划(现股计划)为500万份,股权认购权计划(期权计划)为680万份。股权认购权计划预留一部分为今后晋升或聘任进入激励对象范围的人员准备。

4. 行权价格

(1) 股权认购计划。现金增资认购价格为每股一元。

(2) 股权认购权计划。2016年授予的股权认购权的行权价格为1.0元,2017年、2018年、2019年、2020年授予的行权价格分别为1.1元、1.21元、1.331元、1.464元。

5. 行权规则

(1) 股权认购计划。依"一次性授予、五年锁定、一次性退出"原则实施。现有激励对象于2016年和2017年分两次在24个月内缴纳现金,增资认购。<u>锁定5年,于2021年有条件退出</u>。

(2) 股权认购权计划。依"一次性授予、二年锁定、三年内分批或一次性行权"原则实施,即一次性授予激励对象依照本计划确定的全部股权认购权,<u>不同年度授予后的锁定期均为二年</u>,锁定期满后可以在三年内分批(每年最多集中一批)或一次性全部行权。行权没有业绩条件的限制。

6. 股权来源

两个激励计划的股权来源均为增资扩股。

7. 持有方式

(1) 激励对象不直接持有。

(2) 设立合伙企业并通过合伙企业间接持有信息装备公司的股权。

8. 激励股权退出的条件

(1) 业绩条件。2016年至2020年经审计的本公司合并财务会计报告<u>期末</u>

扣除非净利润累计总额≥10 000万元(包括子公司以及今后收购的影响)。

(2) 股权退出时，激励对象仍然在信息装备或其子公司任职。

触犯《信息装备公司股权激励计划及管理办法》(以下简称《管理办法》)规定的"禁止及约束"情形的，按照《管理办法》的相应规定处理。

9. 退出方式

(1) 激励对象2021年前离职的退出。激励对象无论什么原因在未到约定的退出时点离职的，由合伙企业的其他合伙人按该激励对象原认购股权的出资额购买以实现退出，或信息装备公司按该激励对象原认购股权的出资额购买合伙企业所持的信息装备公司的相应股权，再由合伙企业分配给该激励对象实现退出。

(2) 依股权认购计划获取股权的退出，具体包括以下几种方式。

- 2021年一次性退出。
- 如果符合其他退出条件但没有达成上述业绩条件，退出价格为最近一个会计年度经审计的信息装备公司合并财务会计报告期末每股所对应的净资产价值。

净利润系数=2018—2020年实际净利润总额÷12 000(单位：万元。净利润系数小于等于1.2)。

注1：2018年、2019年、2020年净利润总额基数设定为12 000万元；

注2："平均每股净利润"和"实际净利润总额"均包含子公司以及今后收购的影响。

注3："净利润"为信息装备公司合并财务会计报告期末的扣非净利润。

(3) 依股权认购权计划获取股权的退出，具体包括以下几种方式。

- 2022年起已行权部分可以一次性退出或分批退出，但不得迟于2025年12月30日。迟于2025年12月30日申请退出的股权，公司没有义务回购。
- 如果符合其他退出条件但没有达成上述业绩条件，退出价格为最近一个会计年度经审计的信息装备公司合并财务会计报告期末每股所对应的净资产价值。

(4) 病休、退休或调动。激励对象正常病休、退休或因公司需要而调动的，尚未获得授予的股权不再授予；已被授予但未行权的股权全部失效；

已经通过行权(含出资)获得的股权,可以视同在职激励对象而实现退出。

10.禁止及约束

略。

发生禁止及约束情形或员工因非正常情况离职时,尚未获得授予的股权激励份数不再授予;已被授予但未行权的股权全部失效;已经通过行权(含出资)而获得的股权应予以全部转让。

其中,已经通过行权(含出资)获得的股权,由合伙企业的其他合伙人按该激励对象原认购股权的出资额购买以实现退出,或由信息装备公司按该激励对象原认购股权的出资额购买合伙企业所持的本公司的相应股权,再由合伙企业分配给该激励对象以实现退出。

激励对象不配合办理转让手续的,公司和合伙企业有权冻结其股东权利,包括但不限于分红权、股东知情权等。

4.3.2.3 适合的企业特点

正如前文所述,股票期权模式是最普遍、应用最广泛的股权激励模式。实施股票期权计划,对原有股东的所持股份有稀释作用。激励对象在行权时,需要交纳现金,因此对激励对象会产生资金压力,但是对公司现金流的影响是正向的。激励对象在授予后就享有股票增值权,行权后一般情况下就享有分红权和表决权。

股票期权模式适合前途光明、现金流不充沛、利润有限、有市场机制退出规划的创业公司或稳健发展的上市公司。

4.3.3 限制性股票模式

限制性股票是指按照预先确定的条件授予激励对象一定数量的本公司股票,激励对象以一定的折扣价,即期投入现金进行购买并锁定,但只有在符合规定条件(工作年限或业绩目标)时,才可逐步释放、出售并从中获益的股票模式。

限制性股票模式一般应用于上市公司、新三板公司。

从实践来看,限制性股票方案的"限制"主要体现在两个方面:一是授权的条件;二是解除限售的条件。授权的条件一般是指激励对象的条件，比如职位层级、工作年限、业绩情况、发展潜力等方面；解除限售的条件一般是指授权后的业绩条件，包括公司业绩目标和个人的业绩结果，并且都是依照各个公司的实际情况来设计的，具有一定的灵活性。

按照《中华人民共和国个人所得税法》及其实施条例等有关规定，原则上应在限制性股票所有权归属于被激励对象时确认其应纳税所得额，即上市公司实施限制性股票计划时，应以被激励对象所有的限制性股票在中国证券登记结算公司(境外为证券登记托管机构)进行股票登记的日期的股票市价(指当日收盘价，下同)和本批次解禁股票当日市价的平均价格乘以本批次解禁股票份数，减去被激励对象本批次解禁股份数所对应的数额为获取限制性股票实际支付的资金数额，其差额为应纳税所得额。

4.3.3.1 限制性股票和股票期权的主要区别

1. 持有的风险不同

股票期权是授予的以约定价格在未来约定时间购买一定数量股票的权利。这种权利既可以行使，也可以放弃。如果股票价格上涨就会倾向于行使；如果股票价格下跌甚至跌破行权价格，则可放弃。股票期权的激励对象没有持有的风险。

限制性股票的激励对象则不同，因为在授权时就需要即期投入资金认购，认购后一般面临2年左右的解除限售期。这段时间，如果股票价格上涨，激励对象有收益；如果股票价格下跌，激励对象无权放弃；如果股票价格跌破授权价，则激励对象就会受损。

2. 资金压力不同

股票期权的激励对象只有在行权时才会投入资金进行购买，而一般的股票期权计划会分批设置行权期，即有2～3个行权期，激励对象需要投入的资金就可以分为2～3批投入，这样每一次投入的资金相对较少，激励对象的资金压力也相对较小。

限制性股票则不同，激励对象在授权时需要即期投入资金，并且需要投入全部授权股票的认购资金，在解除限售期内须依据业绩条件是否达成而分批解除限售，激励对象只能分批回收资金。

3. 获授价格不同

《上市公司股权激励管理办法》第二十三条规定：

上市公司在授予激励对象限制性股票时，应当确定授予价格或授予价格的确定方法。授予价格不得低于股票票面金额，且原则上不得低于下列价格较高者：

（一）股权激励计划草案公布前1个交易日的公司股票交易均价的50%；

（二）股权激励计划草案公布前20个交易日、60个交易日或者120个交易日的公司股票交易均价之一的50%。

《上市公司股权激励管理办法》第二十九条规定：

上市公司在授予激励对象股票期权时，应当确定行权价格或者行权价格的确定方法。行权价格不得低于股票票面金额，且原则上不得低于下列价格较高者：

（一）股权激励计划草案公布前1个交易日的公司股票交易均价；

（二）股权激励计划草案公布前20个交易日、60个交易日或者120个交易日的公司股票交易均价之一。

可以看出，在上市公司内，股票期权和限制性股票获授价格的主要区别在于，限制性股票可以有折扣，并且最高折扣为50%。

4. 纳税规定不同

限制性股票和股票期权的相同点是都要求依据股权激励的收益缴纳"工资、薪金所得税"，不同点主要在于计算应税所得额的方法不同，相关公式为

限制性股票的应纳税所得额=(股票登记日股票市价+本批次解禁股票当日市价)÷2×本批次解禁股票份数-被激励对象实际支付的资金总额×(本批次解禁股票份数÷被激励对象获取的限制性股票总份数)

股票期权形式的工资薪金应纳税所得额=(行权时股票的每股市场价-员工取得该股票期权支付的每股施权价)×股票数量。

应纳税款=(本纳税年度内取得的股权激励形式工资薪金所得累计应纳税所得额÷规定月份数×适用税率-速算扣除数)×规定月份数-本纳税年度内股票期权形式的工资薪金所得累计已纳税款

股票期权应纳税款中的"规定月份数",是指员工取得源于中国境内的股票期权形式的工资薪金所得的境内工作期间月份数,长于12个月的,按12个月计算。

限制性股票应纳税款中的"规定月份数"的起始日期应为限制性股票计划经公司股东大会批准的日期,截止日期应为员工对应的限制性股票实际解禁日。考虑到我国目前的《上市公司股票激励管理办法》的规定,限制性股票从授予日到首次解除限售日之间,以及分期解除限售时的每期解除限售时间均不得少于12个月。因此,在计算限制性股票所得时,"规定月份数"一般就是12个月。

除此之外,股票期权和限制性股票在公允价值评估、会计核算、对公司分摊成本的影响等方面也有区别。

当然,两者之间的相同点更多。毕竟,股票期权和限制性股票都是股权激励方式,而且都是上市公司主要采用的股权激励方式。

4.3.3.2 限制性股票收益模式

限制性股票收益模式主要包括三个阶段:授予(授权)、解锁、出售。在授予时,公司会与员工签订"限制性股票授予协议",该协议规定了授予限制性股票的各项细则以及双方的权利和义务。在授权时,激励对象需要交纳全部限制性股票的认购资金。在解锁之前,一般会设置一个解锁禁止期,又称之为限售期。解锁禁止期满后,进入可以解锁期,又称为解除限售期,一般情况下会设置3年分批解除限售或释放的规则,比如每年依次释放30%、30%、40%。当激励对象持有的限制性股票解除限售时,会形成"解锁收益",也就是授权时的股价与解除限售时的股价之间的差额。按照税法规定,激励对象获得的收益需要按照工资、薪金所得缴纳个人所得税。解锁后如果继续持有,假如股价继续上涨,当激励对象出售股票时,就会产生股票转让收益。

限制性股票收益模式如图4-4所示。

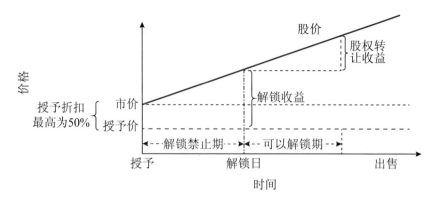

图4-4 限制性股票收益模式

4.3.3.3 限制性股票案例

限制性股票计划主要适用于上市公司或新三板企业，也可以与其他模式混合操作。

以下是我们操作的一个限制性股票计划的真实案例摘要。

案例

限制性股票激励计划(草案)摘要

本公司及全体董事、监事保证本激励计划及其摘要不存在虚假记载、误导性陈述或重大遗漏，并对其真实性、准确性、完整性承担个别和连带的法律责任。

一、股权激励目的

二、股权激励计划拟授予数量

三、激励对象

(一)激励对象范围

(二)分配情况

授予的权益在不同激励对象间的具体分配情况见表4-5。

表4-5 权益分配情况

所属层级	获授权益总数/万股	占本次计划授予权益比例	占公司当前股本比例
公司董事、高级管理人员(共7人)	××××	××××	××××
公司除董事、高级管理人员以外的其他管理人员以及子公司中高级管理人员(共69人)	××××	××××	××××
核心技术(业务)人员(共211人)	××××	××××	××××
预留部分	××××	××××	××××
合计	××××	××××	××××

四、具体方案

(一)激励对象获授权益的条件

(二)股权激励计划有效期

在本计划中,限制性股票激励计划的有效期为限制性股票授予完成登记之日起至所有限制性股票解除限售或回购注销完毕之日止,不超过48个月。

(三)主要环节

具体包括限制性股票的授予日、限售期、解除限售期、解除限售安排、禁售期等方面。

(1) 授予日。授予日在本计划经公司股东大会审议批准后由公司董事会确定。公司应在股东大会审议通过本计划之日起60日内向激励对象授予限制性股票并完成公告、登记,届时由公司召开董事会对激励对象就本激励计划设定的激励对象是否满足获授限制性股票的条件进行审议,公司独立董事及监事会应当发表明确意见;律师事务所应当对激励对象是否满足获授限制性股票的条件出具法律意见。公司未能在60日内完成上述工作的,将终止实施本激励计划。

授予日必须为交易日,且不得为下列期间:

① 公司定期报告公告前30内,因特殊原因推迟定期报告公告日期的自原预约公告日前30日起算,至公告前1日;

② 公司业绩预告、业绩快报公告前10日内;

③ 自可能对公司股票及其衍生品种交易价格产生较大影响的重大事件

发生之日或者进入决策程序之日，至依法披露后2个交易日内；

④ 中国证监会及证券交易所规定的其他时间。

(2) 限售期。本激励计划授予的限制性股票自完成登记之日起12个月内为限售期。在限售期内限制性股票不得转让、用于担保或偿还债务。

(3) 解除限售期及解除限售安排。本次股权激励计划首次授予的限制性股票自完成登记日起满12个月后，若达到规定的解除限售条件，激励对象可在未来36个月内分三期解除限售，如表4-6所示。

表4-6 解除限售安排(一)

解除限售期	解除限售时间	可解除限售数量占获授限制性股票数量的比例
第一个解除限售期	自首次授予完成登记之日起12个月后的首个交易日起至首次授予完成登记之日起24个月内的最后一个交易日当日止	40%
第二个解除限售期	自首次授予完成登记之日起24个月后的首个交易日起至首次授予完成登记之日起36个月内的最后一个交易日当日止	30%
第三个解除限售期	自首次授予完成登记之日起36个月后的首个交易日起至首次授予完成登记之日起48个月内的最后一个交易日当日止	30%

本计划预留限制性股票，应当自首次授予限制性股票日次日起12个月内授予，自预留限制性股票授予完成登记日起满12个月后，若达到规定的解除限售条件，激励对象可在未来24个月内分两次解除限售，见表4-7。

表4-7 解除限售安排(二)

解除限售期	解除限售时间	可解除限售数量占获授限制性股票数量的比例
第一个解除限售期	自预留部分授予完成登记之日起12个月后的首个交易日起至预留部分授予完成登记之日起24个月内的最后一个交易日当日止	50%
第二个解除限售期	自预留部分授予完成登记之日起24个月后的首个交易日起至预留部分授予完成登记之日起36个月内的最后一个交易日当日止	50%

在解除限售期内，公司为满足解除限售条件的激励对象办理解除限售事宜，若出现解除限售条件未成就的，所对应的限制性股票不得解除限售或递延至下期解除限售，由公司统一回购并注销。

(4) 禁售期。本次限制性股票激励计划的限售规定按照《公司法》《证券法》等相关法律、法规、规范性文件和《公司章程》执行，具体规定如下：

① 激励对象为公司董事和高级管理人员的，其在任职期间每年转让的股份不得超过其所持有本公司股份总数的25%；在离职后半年内，不得转让其所持有的本公司股份。

② 激励对象为公司董事和高级管理人员的，将其持有的本公司股票在买入后6个月内卖出，或者在卖出后6个月内又买入，由此所得收益归本公司所有，本公司董事会将收回其所得收益。

③ 在本计划有效期内，如果《公司法》《证券法》等相关法律、法规、规范性文件和《公司章程》中对公司董事和高级管理人员持有股份转让的有关规定发生变化，则这部分激励对象转让其所持有的公司股票应当在转让时符合修改后的《公司法》《证券法》等相关法律、法规、规范性文件和《公司章程》的规定。

(四) 价格

限制性股票授予价格不低于下列价格较高者。

(1) 股权激励计划草案公布前1个交易日公司标的股票交易均价的50%，即15.76元/股。

(2) 股权激励计划草案公布前20个交易日公司标的股票交易均价的50%，即15.74元/股。

(3) 预留部分的限制性股票的授予价格的确定方法同首次授予价格的确定方法。

(五) 限制性股票的授予条件、解除限售条件

1. 限制性股票的授予条件

公司和激励对象需同时满足下列条件，公司方可依据本激励计划向激励对象进行限制性股票的授予。

(1) 公司未发生以下任一情形：

① 最近一个会计年度财务会计报告被注册会计师出具否定意见或者无法表示意见的审计报告；

② 最近一个会计年度财务报告内部控制被注册会计师出具否定意见或无法表示意见的审计报告；

③ 上市后最近36个月内出现过未按法律法规、公司章程、公开承诺进

行利润分配的情形；

④ 法律法规规定不得实行股权激励的情形；

⑤ 中国证监会认定的其他情形。

(2) 激励对象未发生以下任一情形：

① 最近12个月内被证券交易所认定为不适当人选的；

② 最近12个月内被中国证监会及其派出机构认定为不适当人选的；

③ 最近12个月内因重大违法违规行为被中国证监会及其派出机构行政处罚或者采取市场禁入措施的；

④ 具有《公司法》规定的不得担任公司董事、高级管理人员情形的；

⑤ 具有法律法规规定不得参与上市公司股权激励的情形的；

⑥ 中国证监会认定的其他情形。

2. 限制性股票的解除限售条件

在解除限售期内，当同时满足下列条件时，激励对象可对获授的限制性股票申请解除限售。未按期申请解除限售的部分，公司有权不予解除限售并回购注销。

(1) 持续满足授予条件。激励对象获授的限制性股票解除限售，需在授予日后至解除限售前持续满足上述"1.限制性股票的授予条件"。

如公司发生不满足授予条件的情形，所有激励对象根据本激励计划已获授但尚未解除限售的限制性股票由公司回购注销；如某一激励对象发生不满足授予条件的情形，则该激励对象根据本激励计划已获授但尚未解除限售的限制性股票由公司回购注销。

(2) 公司业绩考核要求和个人绩效考核要求。

本计划对所授限制性股票实行分期解除限售，并分年度进行公司业绩考核和激励对象绩效考核，以两个层面的考核作为激励对象限制性股票解除限售的条件。

① 公司业绩考核要求。

首次授予限制性股票的各年度业绩考核目标如表4-8所示。

表4-8　首次授予限制性股票的各年度业绩考核目标

解除限售安排	业绩考核目标
第一个解除限售期	以××××年营业收入为基数，××××年营业收入增长率不低于××
第二个解除限售期	以××××年营业收入为基数，××××年营业收入增长率不低于××
第三个解除限售期	以××××年营业收入为基数，××××年营业收入增长率不低于××

预留部分限制性股票的各年度业绩考核目标如表4-9所示。

表4-9　预留部分限制性股票的各年度业绩考核目标

解除限售安排	业绩考核目标
第一个解除限售期	以××××年营业收入为基数，××××年营业收入增长率不低于××
第二个解除限售期	以××××年营业收入为基数，××××年营业收入增长率不低于××

如公司未满足上述业绩考核指标，则所有激励对象对应考核年度可解除限售的限制性股票均不得解除限售，由公司回购注销。

② 个人绩效考核要求。薪酬与考核委员会将根据"考核管理办法"，对激励对象分年度进行考核打分，激励对象依照个人绩效考核得分确定个人绩效考核系数，进而确定其实际可解除限售数量，计算公式为

激励对象当年实际可解除限售数量=当年计划解除限售数量×个人业绩考核系数

个人业绩考核系数与考评得分的关系如表4-10所示。

表4-10　激励对象个人绩效考核评价表

等级	A	B	C
个人绩效考核系数	1	0.7	0
考核结果	评分≥70	70＞评分≥60	评分<60

激励对象考核得分需达到60分及以上方可解除限售。激励对象考核得分大于70分的，按照当年计划解除限售数量全额解除限售；考核得分大于等于60分小于70分的，可按表4-9所示比例部分解除限售；考核得分小于60分的，不能解除限售。激励对象当年未解除限售部分的限制性股票由公司

回购并注销。

五、会计处理

按照《企业会计准则第11号——股份支付》和《企业会计准则第22号——金融工具确认和计量》的规定，公司选取Black-Scholes模型作为定价模型来计算期权的公允价值及限制性股票的摊销费用。

假设限制性股票授予日为2016年11月，则2016—2020年限制性股票的预计成本摊销情况见表4-11。

表4-11　预计成本摊销情况

授予的限制性股票/万股	需摊销的总费用/万元	2016年/万元	2017年/万元	2018年/万元	2019年/万元	2020年/万元
××	××	××	××	××	××	××

4.3.3.4　适合的企业特点

实施限制性股票计划，对原有股东的所持股份有稀释作用。激励对象在授权时，需要一次性交纳现金认购，因此对激励对象会产生比较大的资金压力，但是对公司现金流的影响是正向的。激励对象在授权后就享有股票增值权，解锁后就享有分红权，如果解锁后是直接持有还享有表决权。

限制性股票模式适合主板上市或新三板挂牌公司，在公司股票价格相对稳定或二级市场变化激烈时往往有利于让激励对象获得收益或规避风险。

4.3.4　股权模式实施关注点

现股、员工持股计划、股票期权、限制性股票都是股权激励中典型的实股模式。在实施实股计划时，尤其对于非上市公司而言，需要重点关注如下几点。

(1) 不轻易实施实股模式，主要原因：一是股东股份会被稀释；二是股东分散，在非上市公司容易生乱。

(2) 不轻易分散投票权和处置权，通过持股平台(有限合伙)将投票权、处置权集中。

(3) 不轻易直接转让，而是采用增资扩股方式。直接转让会让创始人股东的股份绝对数量减少、持股比例降低；增资扩股虽然会使创始人股东的持股比例降低，但是绝对持股数量不会减少，并且可以使全体股东的股份同比例稀释。

(4)"坚守67%，确保51%"。一般情况下，非上市公司要有"老大"。在实践中，有一些优秀的上市公司和非上市公司之所以会经营失败，都是因为公司内，"三兄弟"地位相同，没有"老大"。

4.4 股权激励的虚股转实股模式

虚股转实股是一种不常见的模式，虚股主要涉及分红权、增值权，在现金支付时采用递延支付办法，预留一部分现金用来购买公司股票，或者先采用认购虚拟股票的办法，等条件成熟时，再把认购的虚拟股票转变为实股。

虚股转实股的关键点是"转"这个环节的税收问题。如果先全额兑现分红现金，再增资入股，则面临薪资所得税；如果分红不发了，直接折算为股份，并且由老板直接转让，则税负比较低；也有较少的企业采用信托持股的方式，将部分股份委托信托公司持有，并确定附条件的受益人为拟定的股权激励对象。

在国内沪深两市上采用虚股转实股模式的公司中，具有典型意义的是大北农(002385)。下面，我们将大北农公司的股权激励历程做一个简单的梳理，让读者了解一下虚股转实股的脉络。

大北农是以邵根伙博士为代表的青年农学知识分子创立的农业高科技企业。自1993年创建以来，大北农集团始终秉承"报国兴农、争创第一、共同发展"的企业理念，致力于以科技创新推动我国现代农业发展。

大北农集团产业涵盖畜牧科技与服务、种植科技与服务、农业互联网三大领域，拥有22 000余名员工、1 500多人组成的核心研发团队、140多家生产基地和240多家分子公司，在全国建有10 000多个基层科技推广服务网点。2010年，大北农集团在深圳证券交易所挂牌上市，成为中国农牧行业上市公司中市值最高的农业高科技企业之一。

邵根伙博士在创建企业之初，就有强烈的与核心骨干员工共同发展，让核心骨干员工成为企业一分子的想法。

1. 大北农公司创建之初的股权激励做法

(1) 模式：员工模拟持股。模拟持股分为以下两种：

- A股：员工自己出资购买的，离职时可以退还。
- B股：老板送的，员工离职时不退还。

(2) A/B两种持股方式的股权：

- 分红权。
- 在条件成熟时，将员工对公司的出资转为注册资本，使出资员工成为公司正式注册的股东。

(3) 截至2006年9月20日，持有模拟股份的员工共计923名，结存出资金额合计3 410.58万元。

(4) 以上股份由创始人邵根伙代持。

2. 大北农于2007年6月进行股份制改造拟上市

(1) 这时有高级管理人员(33人)：

- 33位高级管理人员作为股份公司的发起人股东。
- 邵根伙实施股权转让，按各自的实际出资比例将股权转至33人名下。

(2) 这时有中层管理人员(149人)：

- 他们原持有的A/B股由邵根伙按1.2倍净资产回购(约300元/股)。
- 他们用转让虚拟股份所获取的资金向公司增资，从而成为股份公司股东。

(3) 其他持有A/B股的人员(725人)：

- 邵根伙按每股净资产价值1.45倍的价格收购。
- 由于《公司法》对股份公司股东人数的限制，他们不再在股份公司持股。
- 改制后，股份公司股东共计198人，逼近200人的上限。这也是中国沪深两市上市公司中发起人股东最多的企业。

3. 大北农于2010年3月在深圳中小板上市后大幅度推行股权激励

(1) 2011年11月推出股票期权计划，具体如下所述。

- 模式：股票期权。
- 股票来源：定向增发2 380万股股票，占现有股本总额的5.94%。
- 行权价格：36.71元/股。
- 激励对象：覆盖面扩大至中层管理和技术人员，原有的持有A/B股而没有成为发起人股东的725人全部涵盖在内。

(2) 2014年8月推出员工持股计划，具体如下所述。

- 模式：员工持股计划。
- 股票来源：大股东邵根伙免费赠送9 848万股，占总股本的6%，市值13亿元人民币。
- 出资：员工交20%，因税收政策不明，算税收押金。
- 激励对象：任职超过两年，业绩突出者，约3 000人。

4. 大北农股权激励计划评价

大北农的股权激励计划，在中国上市公司中创造了多个第一。

(1) 上市时股东最多。上市时，股份公司股东共计198人，逼近200人的上限。

(2) 公司股份制改造前，对员工虚拟股份的回购价格最高。对中层管理人员所持A/B股按1.2倍净资产回购（约300元/股）；对其他不能进入股份公司股东的人员，按每股净资产价值1.45倍的价格收购。

(3) 上市公司实际控制人向员工赠送股份最多、市值最高。在2014年8月推出的员工持股计划中，由大股东邵根伙免费赠送9 848万股，占总股本的6%，市值13亿元人民币。

大北农公司能够连续多年位居中关村20强,并成为中国农牧行业上市公司中市值最高的农业高科技企业之一,必定与邵根伙先生的宽广胸怀密切相关。

让我们为大北农点赞!为邵根伙先生点赞!!

4.5 通过共同设立基金实施的股权激励

实施股权激励往往受各种因素的影响,有的还是外在的、客观的因素,所以并非只要股东或实际控制人想实施就可以实施。比如,二级市场股价的波动,大范围的经济环境对公司业绩的影响,公司为了转型升级导致经营业绩暂时很差等。

在这种情况下,如果公司急需设置股权激励来完善薪酬激励机制,调动核心骨干人员的积极性,那么也可以采取"曲线求国"的策略,在公司体外并借助公司平台来间接实施股权激励。

通过并购基金来实施股权激励就是一个"曲线求国"且能够规避高额税收和股权支付费用的办法。

并购与股权激励本就是一对利益捆绑、相互促进的行动方案,尤其对于上市公司来说,并购与股权激励的交叉运用,能够相互产生利好促进作用。股权激励有利于凝聚内部力量,并购基金可加速外延扩张。将股权激励融合在并购基金中,通过并购基金协助企业进行扩张,是一种创新的股权激励模式。

4.5.1 投资架构

1. 投资架构实例

我们先来分析武汉健民药业公司(600976)的投资架构。

(1) 公司投资人民币152万元设立全资子公司——武汉健民资本管理有限公司(筹,以下简称"健民资本")。

(2) 公司5位关联自然人——董事长何勤、总裁刘勤强、副总裁杜明德、财务总监贺红云、监事陈莉与其他自然人拟共同投资设立武汉开泰资本管理合伙企业(有限合伙,暂定名,以下简称"开泰资本")参与投资并购基金。

(3) 健民资本作为有限合伙人出资人民币152万元与开泰资本(出资8万元)、中融康健资本管理(北京)有限公司(出资240万元)共同设立武汉健民中融股权投资管理合伙企业(有限合伙,筹),投资总额400万元。

(4) 公司出资人民币9 348万元作为一般级有限合伙人与武汉健民中融股权投资管理合伙企业(有限合伙,筹)、武汉开泰资本管理合伙企业(有限合伙,筹)、其他一般级有限合伙人、优先级合伙人共同设立武汉健民中融股权投资合伙企业(有限合伙,以下简称"并购基金")。

(5) 并购基金的目标认缴出资总额为人民币4亿元。并购基金投资并购的标的项目,未来优先由武汉健民进行收购,具体事宜由并购基金与武汉健民共同按上市公司相关法规和公平交易的原则协商确定。

武汉健民并购基金的投资架构见图4-5。

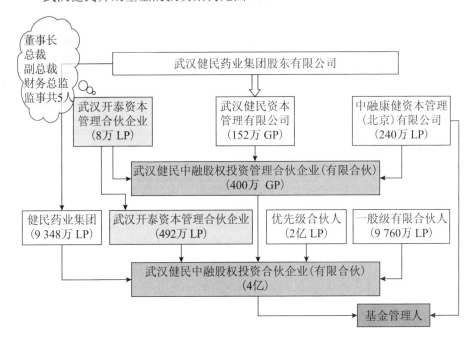

图4-5 武汉健民并购基金的投资架构

总结一下,融合股权激励的并购基金的投资架构,就是公司(或大股东)与激励对象或单独由激励对象成立的合伙企业、外部投资者共同设立并购基金,外部投资者可考虑引入证券公司作为策略投资者,并引入银行等保守型财务投资者,按照资金的风险偏好进行结构化设计。该种合伙人结构以上市公司及员工为主,兼有机构信用的背书,加强了对市场信号的传递,有助于基金的募集及退出。并购基金投资并购的标的项目,未来优先由上市公司进行收购,以实现激励对象、外部投资者、上市公司或大股东的退出。在上市公司的配合下,通过并购基金买入、培育、卖出的过程,实现了激励对象的收益。

武汉健民的模式相对比较复杂,更加简化的投资架构如图4-6所示。

并购基金中有董事、高管的参与,那么并购基金与上市公司之间就构成了关联交易,如何做到合规呢?

本计划下的有限合伙企业(即并购基金)的部分合伙人系上市公司的董事、高管,且有限合伙企业的经营范围存在可能与上市公司的主营业务同类的情形。

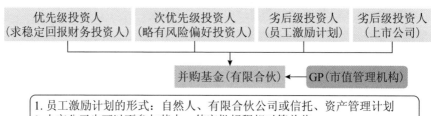

图4-6 并购基金投资架构

《公司法》第一百四十八条规定:"**董事、高级管理人员**不得有下列行为:……(五)未经股东会或者股东大会同意,利用职务便利为自己或者他人谋取属于公司的商业机会,自营或者为他人经营与所任职公司同类的业务。"上市公司《公司章程》规定:"**董事应当遵守法律、行政法规和本章程,对公司负有下列忠实义务:……(六)未经股东大会同意**,不得利用职务便利,为自己或他人谋取本应属于公司的商业机会,自营或者为他人经营与本公司同类的业务。"

据此,为避免上市公司董事、高管违反相关法律法规对禁止同业竞争的规定,设立本计划下的有限合伙企业(即并购基金)前应经上市公司股东大会同意(以普通决议通过相关事项)。

根据武汉健民披露的信息,武汉健民原"部分董事、监事及高管成立有限合伙企业与武汉健民共同投资的提案"包括该公司董事长,但后来因存在同业竞争情形，董事长不参与该共同投资。因此，在公司与董事、高管共同设立对外投资基金时，须特别注意同业竞争问题，那些无法规避该风险的人员，不应参与该投资基金。

2. 设立对外投资基金的模式

根据已有案例，公司与公司董事、高管设立共同对外投资基金可采取以下三种模式。

(1) 模式一：由上市公司与计划范围内的董事、高管或其他员工共同设立一个有限合伙企业，由该有限合伙企业负责对外投资，可考虑加入其他基金。例如，昆明制药采纳此方案。

(2) 模式二：由计划范围内的董事、高管或其他员工出资设立一个有限合伙企业，由上市公司出资与该有限合伙企业共同出资设立一个有限合伙企业，可考虑加入其他基金。例如，武汉健民采纳此方案。

(3) 模式三：上市公司并不参与并购基金，而是由计划范围内的董事、高管或其他员工出资设立一个有限合伙企业，并引入其他资金成立并购基金。

上述三种方案均涉及关联交易、对外投资和同业竞争，故须根据《深圳(或上海)证券交易所股票上市规则(2014年修订)》《公司法》《公司章程》的相关规定，履行以下程序，并及时予以披露。

第一，董事会审议，关联董事回避表决；

第二，独立董事、监事会发表意见；

第三，股东大会审议，关联股东回避表决。

4.5.2 交易结构

并购基金交易结构见图4-7，该交易结构直接明了，并购基金围绕上市公司的发展战略，物色合适的并购标的并进行控股权收购，培育1～2年后，由上市公司进行换股或现金收购，并购基金获得上市公司股票或现金，上市公司、外部资金和激励对象或其成立的合伙企业实现退出。

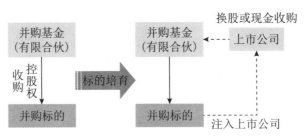

图4-7 并购基金交易结构

4.5.3 退出模式

并购基金将并购标的注入上市公司,获得上市公司股票或现金,股票锁定期结束后,通过减持实现并购基金的退出。但在这种结构化设计下,依据各自承担的风险不同,资金退出的顺序也不相同。

减持所得按照"先返还本金,后分配收益;先分配优先级投资人,后分配劣后级投资人"的原则进行收益分配。

典型的收益分配顺序如图4-8所示。

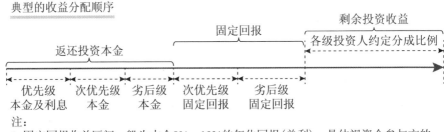

注:
1. 固定回报收益区间一般为本金8%～10%的年化回报(单利),具体视资金参与方的要求而定;
2. 以上收益分配顺序可根据资金参与方的实际情况进行调整。

图4-8 并购基金收益分配模式

其实,除了可通过上述7个典型模式和并购基金方式实施股权激励之外,还可采用其他方式,比如项目跟投方式、内部孵化方式。

项目跟投方式在万科地产应用得比较成功,其实施办法:把每一个地产项目都设立为一家项目公司。在项目公司中,万科出一部分资金,外部融一部分资金,内部跟投一部分资金,主要由这三部分资金一起来运作该地产项目。内部跟投的操作方式:首先,确定跟投的上下限,再确定必须跟投的人，这些人一般是项目公司的管理人员和母公司对该地产项目应该承担责任或可以施加影响的人员。其次，可以有其他人主动跟投。采用这种方式，实际上既能解决激励问题，又能通过约束将项目的利益关系人紧紧捆绑在一起，而且能够解决资金问题，还可以杜绝增加成本。在地产项目开发完成后，通过项目的销售而实现退出。

内部孵化方式就是企业与企业内部对某方面技术、产品有特长也有兴趣自己创业的员工一起，借助企业的基本资源实现创业的方式。应用这个方式较为典型的企业有海尔、完美世界、爱尔眼科等。海尔近年来的变革方向是企业平台化、组织微型化、员工创客化，最终目标是实现用户个性化，极大限度地满足客户需求。完美世界采用内部孵化方式时，结合自身业务特点，员工有思路、有产品后可以先成立工作室，产品形成产值后可以享有30%左右的分红权；如果产品前景看好，可以成立独立的公司，员工可以占30%以上的股权；如果团队和产品都特别成熟，在独立融资的情况下，完美世界可以转变为财务投资人，让员工有更大的权限来运作该公司，甚至成为大股东。

算上前文中提及的7种典型模式，再加上并购基金、项目跟投、内部孵化方式，一种有10种常见的股权激励方式。前7种是直接的股权激励，后3种是间接的或变种的股权激励方式。在以下章节中，我们主要围绕前7种股权激励模式展开论述。

第5章 股权激励方案设计的技术："九定模型"

> 管理是一种工作，因此管理有其技能、有其工具，也有其技术。
>
> ——现代管理学之父 P. 德鲁克

在第1章中，我们已经提到"九定模型"，它是一套非常有用、好用的股权激励方案。在我们的操作过程中，每次都是运用"九定模型"来设计股权激励方案的。本章所讲解的方法涉及一些共性的技术问题，以下将分解为两个层面来讲解：一是股权激励方案主要包含哪些内容；二是每一部分内容我们应如何来设计。

我们认为，一套完整的股权激励方案主要包含九大部分，分别是定类(激励模式)、定人(激励对象)、定量(授予额度)、定价(授予价格)、定时(时期安排)、定源(股份来源)、定规(约束条件)、定式(持有方式)、定退(退出机制)，我们又称之为"九定模型"，具体见图5-1。

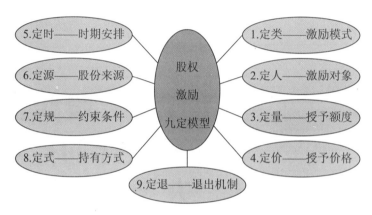

图5-1　股权激励"九定模型"

5.1　定激励模式

5.1.1　各种激励模式的比较

在第4章中，我们已经讲解股权激励模式的"三分法"，即分为现金模式(分钱模式)、股权模式(分股模式)、钱转股模式(先分钱后转股，混合模式)。现金模式中又具体包含分红权、增值权、分红权加增值权模式。现金模式是虚股，即借助股票权益来核算激励现金额，但实际上并不分配股票。股权模式又具体包含现股(持股计划)、股票期权和限制性股票模式，这是实实在在的股，故也称为实股模式。钱转股模式就是先分钱，但通过延迟支付预留部分激励现金额，并在规定条件成熟时转化为实股的模式。

股权激励三分法和七模式见图5-2。

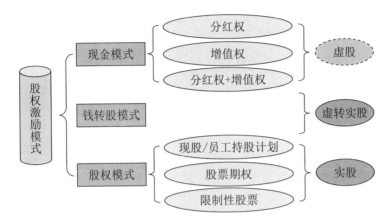

图5-2 股权激励三分法和七模式

那么，对于一家公司而言，到底该采用哪种股权激励模式呢？

5.1.2 两步确定模式

我们先来看看，这几种典型的股权激励模式有哪些区别。

从对股东现有股权的稀释作用来看，股权模式因为是实股，均会稀释现有股东的股权；而现金模式因为是虚股，均不会稀释现有股东的股权。所以，企业股东可以先考虑是否愿意稀释股权，如果不愿意，显然股权模式就无法实施。

从对公司现金流的影响来看，股权模式对公司现金的影响是正向的，现股认购时会流入现金，限制性股票认购时往往会一次性流入全部现金，股票期权行权时会分批流入现金；而现金模式对公司现金的影响则是负向的，分红权在兑付时公司需付出现金，增值权在行权时公司也需付出现金。所以，如果企业的现金流不充沛，显然不适合现金模式；如果企业的现金流充沛，而又不愿意稀释股权，则适合采用现金模式。

从对激励对象造成的资金压力来看，由于激励对象在现股认购和限制性股票认购时往往要一次性付出现金，资金压力大；由于股票期权往往是分批行权，对激励对象的资金压力比现股和限制性股票模式略小些，属于中等压力；而兑付分红权和增值权时，由于激励对象不用支付现金或者仅仅支付少量的现金，一般没有资金压力。

从激励对象持有风险的角度来看，由于现股是现在即期投入现金认购，与原有股东在一条船上，风险最大；由于限制性股票是先投入现金认购，条件成就时解除限售，这时股价也有可能下跌，持有风险属于中等；股票期权则没有风险，因为在行权时如果激励对象认识到有风险即可放弃，没有风险才行权；而对现金模式而言，激励对象最差需面临激励现金额为零的局面，没有收益，但无论如何不会有损失，所以不会有风险。

从激励对象对激励股权相应的增值收益权、分红权和表决权的享受来看，现股认购后可享受增值收益权、分红权；如果直接持有现股，则一般享有股权表决权；如果通过持股平台间接持有现股，一般将股权表决权委托给持股平台的负责人，即有限责任公司的法人代表或者合伙企业的执行事务合伙人。

针对上述区别，企业需要依据自身的不同特点来选择适合的股权激励模式。

现股模式一般适用于以下三种情况：第一种情况，创业初期合伙人依据不同的角色、不同的出资、不同的重要性以及投入的不同时间等因素来分配股权。合伙人持有的都是现股，新加入的合伙人也经常认购部分现股。第二种情况，面临重大改革或公司业务进入衰退期时，针对合伙人或核心高管或空降CEO。现股很明显的作用是将大家绑在一条船上共担风险，公司面临风险，则大家都有风险；公司摆脱风险，则大家都有利益。所以，在特定情况下，尤其是当企业面临重大改革或是公司业务即将进入衰退期需要业务转型升级时，往往风险很大，需要合伙人或核心高管"手挽手、肩并肩、齐心协力"渡过难关。另外一种情况是，公司空降经营层的领军人物，一般情况下，领军人物进入前大家尤其是空降人员都信心满满，但创始人往往将信将疑，但又需要引入外力带领公司前进。这个时候，也经常采用这种方式，空降人员先掏出部分真金白银认购部分股份，同时也授予部分期权，目的是在上任时就戴上"金手铐"。第三种情况，上市公司实施员工持股计划。2014年6月20日，中国证监会制定并发布《关于上市公司实施员工持股计划试点的指导意见》(以下简称《指导意见》)，在上市公司中开展员工持股计划试点。《指导意见》发布之初，各家上市公司争先恐后地实施，后来由于二级市场出现波动以及证监会对运用资金杠杆的限制，采用这种方式的公司比较少见。

限制性股票主要适用于主板或新三板上市公司且股票价格相对稳定或二级市场变化激烈的情况。股权激励模式的收益主要是授权价或行权价与公允价格之间的差额,如果股权价格相对稳定,变化很小,则差额就小,这种激励的作用也将受到限制。另外,如果二级市场变化激烈,尤其是面临股灾时,常见的情况是股权激励的收益是负数,将导致一批又一批的股权激励计划面临"失效或取消"。在上述两种情况下,由于限制性股票的授权价格能够有最高5折的折扣,可较大程度地抵御股权稳定差额较小和股价变动很大的风险。

股票期权是运用最广泛的股权激励模式,在20世纪90年代引入中国后便迅速得到推广。股票期权的发展与高新技术企业的发展密切相关,因为高新技术企业风险很大,成功的概率较低,与股票期权没有风险的特性对应;又因为高新技术企业一旦成功,发展很快,一旦IPO(Initial Pubic Offerings,首次公开募捐)则凭借市场杠杆作用股价会迅速提高,能够让激励对象很快获得高额收益。所以,股票期权模式适用于前途光明、现金流不充沛、利润有限且有市场机制退出规划的创业公司(如IPO或被收购)或稳健发展的上市公司。

分红权适合现金充沛、利润丰厚稳定、不想或不能稀释股权的企业;增值权模式适合现金充沛、利润丰厚且稳定的企业或净资产增值快速的企业。

几中常见的股权激励模式的比较见表5-1。

表5-1 几种股权激励模式的比较

模式	现股	限制性股票	股票期权	分红权	增值权
股东——股权稀释	√	√	√	×	×
公司——现金流	认购时流入	认购时一次性流入	行权时分批流入	兑付时流出	行权时流出
激励对象——资金压力	大	大	中	无	无
增值收益权	√	√	√	×	√
分红权	√	解锁后有	行权后有	√	×
股权表决权	√	解锁后有	行权后有	×	×

(续表)

模式	现股	限制性股票	股票期权	分红权	增值权
适合企业特点	1. 创业初期合伙人； 2. 面临重大改革或公司业务将进入衰退期，针对合伙人或核心高管或空降CEO； 3. 上市公司员工持股计划	1. 主板上市或新三板挂牌公司； 2. 公司股票价格相对稳定或二级市场变化激烈	1. 前途光明、现金流不充沛、利润有限的企业； 2. 有市场机制退出规划的创业公司或稳健发展的上市公司	现金充沛、利润丰厚稳定、不想或不能稀释股权的企业	1. 现金充沛、利润丰厚且稳定的企业； 2. 净资产增值快速的企业

依据上述分析，我们详细了解了各种股权激励模式的区别，尤其是不同激励模式适合的不同企业特点，此时来判断企业具体应采用哪种股权激励模式就比较简单了。

第一步，明确股东愿意给的激励标的是什么。如果只给股份，则采用股权模式，再追问是愿意现在就给还是满足一定条件后再给？现在就给即为现股模式；满足一定条件后再给即为限制性股票或股票期权模式。如果只给现金，则采用现金模式。在现金模式下，再问是否确定了分红比例，如果确定了即为分红权；如果没有确定，基本上就是增值权。然后，明确是"一年一清"还是"给部分押部分"。如果既给股份又给现金，则为组合模式。在组合模式中，如果是将要兑付的现金发放一部分、预留一部分，并将预留部分转为股份，则采用"钱转股模式"；如果在某种条件下给现金，在某种条件下给股份，则采用股权模式加现金模式。再进一步追问，就可以了解具体采用何种股权模式、何种现金模式。

第二步，明确企业自身的特点。依据表5-1并结合第一步基本就可以确定采用何种股权激励模式了。

不同的企业，其经营模式往往千差万别，有的企业创始人对上述问题的回答不一定能与股权激励模式的特点和企业特点一一对应，这时需要先抓主要方面，兼顾次要方面或暂时放弃次要方面。

5.2 定激励对象

5.2.1 明确激励对象的资格

股权激励作为一种重要的利益分配机制，其中的"定人"即确定激励对象往往是一个非常敏感的问题。被划入"圈子"的人往往感受到被认可，能产生激励作用；而没有被划入"圈子"的人，尤其是处于圈子边缘的人，往往会产生负面情绪，既影响心情也影响工作，并且公司也难以向他们做出合理化的解释。

那么，哪些人有资格成为激励对象呢？不管是在上市公司还是在非上市公司中，不论是国家法律法规还是企业管理制度，都难以做明确的区分。对于上市公司而言，《上市公司股权激励管理办法》针对激励对象做了如下规定：

第八条　激励对象可以包括上市公司的董事、高级管理人员、核心技术人员或者核心业务人员，以及公司认为应当激励的对公司经营业绩和未来发展有直接影响的其他员工，但不应当包括独立董事和监事。在境内工作的外籍员工任职上市公司董事、高级管理人员、核心技术人员或者核心业务人员的，可以成为激励对象。

单独或合计持有上市公司5%以上股份的股东或实际控制人及其配偶、父母、子女，不得成为激励对象。下列人员也不得成为激励对象：

(一) 最近12个月内被证券交易所认定为不适当人选的；

(二) 最近12个月内被中国证监会及其派出机构认定为不适当人选的；

(三) 最近12个月内因重大违法违规行为被中国证监会及其派出机构行政处罚或者采取市场禁入措施的；

(四) 具有《公司法》规定的不得担任公司董事、高级管理人员情形的；

(五) 法律法规规定不得参与上市公司股权激励的；

(六) 中国证监会认定的其他情形。

对于非上市公司而言，上述规定中的内容可以作为参考，尤其是"激励对象可以包括上市公司的董事、高级管理人员、核心技术人员或者核心业务人员，以及公司认为应当激励的对公司经营业绩和未来发展有直接影响的其他员工。我们也可以认为，这样的人员才有资格进入激励对象的行列中。

这里所谓的"有资格"，我们也可以理解为候选人资格。这是因为一方面，有资格的人员不一定能成为激励对象；另一方面，不具此类资格的人员也有可能成为激励对象。前者受激励对象规模的影响，在激励对象规模的影响下，公司必须划出一条线，处于此线边缘的人有可能被划为激励对象也有可能被排除在外；后者受公司文化理念的影响，应明确公司倡导什么、抵制什么，有时可以树立一个典型，纳入激励对象范围。另外，即便某些员工不在激励对象范围内，但如出现一些特定情况，比如做出突出贡献，也可实施"股权奖励"，将其划入激励对象范围。

另外，董事会很有必要留一个"口子"，比如在明确激励对象范围时可以加上一句"董事会认为应该激励的其他人员"。留这个"口子"的目的是应对以后可能出现的特定情况，并且也可让员工清楚，只要业绩突出，即使现在不符合激励对象标准，将来也是有可能被激励的。比如，我曾经历这样的情况，公司年会总结表彰环节有一项分量最重的奖项为"突出贡献奖"，往往都是由总裁亲自为员工颁发大红包。但是有一年，公司刚刚推行股权激励计划，年度突出贡献奖的获奖人不是激励对象，我便提议今年不发大红包，提前征得董事会同意后，由总裁现场为获奖人签署股权激励授予协议。这样的奖励产生的效果比发大红包要好得多，既能让获奖人激动不已，也能让全体员工明白，即使你现在不是股权激励对象，你也有可能获授激励股份。当然，由于上市公司在发布股权激励计划时就必须明确所有的激励对象并且需要公示、审查，上述情况只会出现在非上市公司中。

5.2.2 定人三原则

公司在推行股权激励计划中，应遵循以下三项原则来确定激励对象。

1. 价值原则

这里的"价值"是指激励对象对公司的价值，既包括过去的价值，也包括未来的价值，并且后者所占权重更大一些。基于价值原则是由股权激励目的决定的。以下是某企业确定的股权激励目的。

(1) 进一步完善公司治理结构，建立、健全公司长效激励机制。

(2) 吸引和留住优秀人才，建立和完善股东与核心骨干员工之间的利益共享机制。

(3) 为有潜力、有志向的年轻员工提供更好的发展机会和更大的发展空间，逐步实现奋发向上、人才辈出的景象。

(4) 有效地将股东利益、公司利益和经营者个人利益结合在一起，激励与约束并重，提升企业"软实力"，促进愿景目标的实现，并给公司、股东、核心骨干员工带来更高效、更持久的回报。

可以看出，企业推进股权激励的目的，不仅仅是授予激励对象更高的回报。给予激励对象更高回报的目的是进一步调动他们的积极性，激发他们的潜能，从而创造更好的业绩，给公司、股东带来更高、更持久的价值，从而实现激励对象、企业、股东三方的价值共赢。

要真正评估激励对象的价值，可以从两个角度入手：一是业绩考评，这是对结果进行评估，以结果为导向，这是一种很有说服力的价值评估办法。二是岗位评估，这是对岗位价值的评估。岗位评估是对企业各个岗位的相对价值进行衡量的过程。在岗位评估过程中，首先，应根据预先确定的评估标准，对评估要素进行赋值；其次，以评估要素对岗位进行评定、估值；最后，得出各岗位价值。在下一节，我们会讲解岗位评估的常见方法，即岗位评估排序法和岗位评估因素评分法。

2. 划分标准的刚性原则

鉴于价值评估难以做到精确，在实际操作过程中，实施股权激励的企业往往需要确定多个刚性标准来对人员进行划分。那么，这个标准怎么来定就涉及大家的切身利益问题，我们认为较常出现的问题是标准有二义性，不够明确，从不同的角度有不同的理解。比如，"认同公司价值观"就是一个必要的但不刚性的标准，我们难以获得全面的例证来说明激励对象都认同公司价值观，更难获得例证来证明其他人不认同公司价值观，并且不认同公司价值观几乎是一个很严重的"政治性"问题。再如，"担任团队负责人"也是一个带有二义性的标准，总经理是团队负责人，部门经理也是，项目经理在项目存续期间也是。那么极端的情况是，项目经理A由于项目刚结项不符合这个标准，而项目经理B由于项目还在存续期间就符合这个标准。如果项目经理A在能力、贡献方面都超过项目经理B，则会导致项目经理A不服气，甚至受伤害，认为公司制定的规则不公平。

在实践中，有一些标准是刚性的，只要标准确定下来，可否划入激励对象范围便一目了然。比如，司龄3年(含)以上，离退休返聘人员不是激励对象，公司现有股东不是激励对象等。这些都是刚性标准，不会有二义性。如果公司能够建立明确的职位体系和任职资格体系，也可将标准确定为职级多少级及以上人员。

3. 未来人员规划原则

公司推行的股权激励计划往往不是一次性的，不是说赶上了就有、没赶上就没有。一般来说，股东应同时考虑当下和未来3~5年的激励计划。在确立激励对象时，也要有前瞻性，应依据公司经营发展规划，明确未来3~5年的人员规划，并为未来人员规划中可能新进的激励对象预留激励股份。比如，假如未来3~5年公司营业收入翻一倍，人员增长500人，将新设"战略发展中心"和"投融资中心"；预计新增符合现有激励对象标准的人员将有20人。那么现在就应做好这20人进入激励对象范围的准备，并为这20人预留必要的激励股份。

上市公司中也有类似的规定，比如"上市公司在推出股权激励计划时，可以设置预留权益，预留比例不得超过本次股权激励计划拟授予权益数量的20%"。不过由于上市公司的特殊性，要求"上市公司应当在股权激励计划经股东大会审议通过后12个月内明确预留权益的授予对象；超过12个月未明确激励对象的，预留权益失效"。而非上市公司在这一方面的规定就非常灵活，在推进股权激励计划时，就可以考虑更长期的人员需求，也能更方便地追加激励对象和激励股份，再一次实施股权激励计划。

5.2.3 岗位评估排序法

岗位评估排序法是最简单的一种方法，它是根据工作的复杂程度、对组织的贡献大小等标准对各个岗位的相对价值进行整体比较，进而按照整体相对价值的高低排列次序的岗位评价方法。

排序法是一种较为简单的岗位价值评估方法，它根据总体上界定的岗位的相对价值或者岗位对于组织成功所作出的贡献来对岗位进行从高到低或从低到高的排序。排序法可以分为三种类型：直接排序法、交替排序法以及配对比较排序法。

1. 岗位评估排序法的操作方法

(1) 公司组建岗位评估小组，一般由公司主管领导、人力资源主管部门负责人、相关部门领导、岗位直接上级等人员组成。

(2) 评估小组阅读岗位职责和工作说明书等资料，了解岗位的职责、任职条件等信息。

(3) 由评估小组商定针对所有岗位的评价因素，比如重要性、复杂性等。

(4) 由评估小组成员独自依据上述因素从整体上(注：无须依据各个评价因素独自评分)对岗位价值自高到低或自低到高进行排序。比如，一共有15个岗位，则可把价值最高的岗位标定为15，将价值最低的岗位标定为1，然后先找出15号岗位和1号岗位，再找出14号岗位和2号岗位，依次排列，直至标定7号岗位和8号岗位。

(5) 汇总各位评估小组成员的排序结果。把标定为15的序号"15"当作该岗位的等分，计算出共计15个岗位的总分，再除以评估人数，得出每一个岗位的平均得分。

(6) 依据各个岗位等分的高低，得出岗位相对价值的排序。

表5-2就是4位评委对A～K共10个岗位的评价结果，最终的岗位相对价值自高到低的排序是"A、C、J、K、B、G、D、E、F、H"。

表5-2 排序法对岗位价值的评估案例

岗位	A	B	C	D	E	F	G	H	J	K
张三	10	6	8	3	5	2	4	1	7	9
李四	9	4	10	5	2	3	7	1	8	6
王五	10	6	9	4	3	1	5	2	8	7
赵六	9	6	7	4	3	2	5	1	10	8
总分	38	22	34	16	13	8	21	5	33	30
平均分	9.5	5.5	8.5	4	3.25	2	5.25	1.25	8.25	7.5
排序	1	5	2	7	8	9	6	10	3	4

2. 岗位评估排序法的优缺点

1) 岗位评估排序法的优点

岗位评估排序法是通过感知、印象来判定价值的办法，其优点是简单、容易操作、省时省力，适用于较小规模、岗位数量较少的企业。岗位排序法根本不需要有很专业的人士指导，大家均凭借评估小组成员对岗位的认识进行排序，很容易操作，耗费时间短，评估小组成员各自的感觉就是这样，大家相互之间容易理解，也不容易产生分歧。

2) 岗位评估排序法的缺点

(1) 这种方法依赖主观评价，带有明显的主观性，评价者多依据对岗位的主观感觉进行排序，评估是否符合客观事实完全在于评价者对岗位的熟悉程度以及评价者的主观意识。此外，评价结果往往受评价者与该岗位工作的密切程度以及与任职人员的关系的影响。如果评价人员既了解岗位工作，又与任职岗位人员有较好的关系，很容易给出较高的排序。

(2) 对岗位进行排序无法准确得知岗位之间的相对价值关系。排序时，即使不同序列之间的位次差距一样，但不同层级之间的岗位价值相差也会很大。比如，如果被评价岗位排序依次为总经理、副总经理、部门经理、高级工程师和工程师各1名，那么总经理与副总经理之间的位次相差为1，高级工程师与工程师的位次相差为1，那么这两对岗位之间的位次差距"1"所代表的真正的价值差距是不一样的。这时，也难以区分总经理与副总经理以及高级工程师和工程师之间的激励股份相差多少合适。

(3) 主观评价在客观上也受评价者判断、认知能力的影响，并且这种能力与职位等级没有绝对的关系，也有可能CTO(首席技术官)在这方面的能力不如HRM(人力资源经理)，但可能的情况是CTO进入评价小组，而HRM由于职务等级不够而没有进入评价小组。

5.2.4 岗位评估因素评分法

岗位评估排序法无法判定相邻岗位之间的价值差距，为了较准确地评估岗位之间的价值差距，需要运用岗位评估因素评分法。岗位评估因素评分法运用的是明确定义的因素，如责任因素、知识技能因素、能力因素、工作环境因素等，每一个因素被分成几个等级层次，并赋予一定的分数值，把各个因素的分数进行加总即可得到一个工作岗位的总分数值。

岗位评估因素评分法的实施步骤如下所述。

1. 清晰定义职能，明确划分岗位

在对岗位进行因素评分之前，需要对公司所有的岗位进行梳理，清晰定义每一个岗位的职能。职能是岗位价值的基础，如果职能不清，岗位价值评估的基础则不牢。清晰职能的方法是首先清晰组织机构的职能，然后依据组织机构职能的分类进行岗位职能的划分。对于组织机构职能，不能仅仅将其描述为负责哪些事情，而是要从不同角度、不同层级进行职能的梳理和阐述。表5-3为某公司人力资源部门的职能梳理结果。

表5-3　某公司人力资源部的职能梳理结果

一级职能	二级职能	三级职能		
		制定计划与制度（P、A）	负责执行工作(D)	指导、监控工作(C)
人力资源部是公司负责人力资源开发与管理的部门	1. 人力资源战略	制定与完善公司的人力资源战略		
	2. 人力资源规划	制定与完善公司人力资源规划方案与制度		监督、指导各事业部制定与完善人力资源规划方案
	3. 组织架构	制定与完善集团组织结构方案和部门职责		监督、指导各部门制定与完善公司组织结构方案和部门职责
	4. 岗位管理	制定与完善集团岗位管理体系与岗位管理制度	制定与完善公司领导的岗位说明书	监督、指导各部门制定与完善岗位说明书
			组织岗位优化分析，提出建议	根据公司岗位设置控制人员编制
			提出岗位调配建议	
	5. 招聘	制定与完善公司招聘制度	负责公司的统一招聘工作	指导各部门普通员工的招聘工作
		编制公司年度招聘计划	招聘渠道的拓展与维护	
			招聘需求统计分析	
			招聘组织实施	
			人员的甄选、录用	
			人员测评工具设计与完善	

(续表)

一级职能	二级职能	三级职能		
		制定计划与制度(P、A)	负责执行工作(D)	指导、监控工作(C)
人力资源部是公司负责人力资源开发与管理的部门	6.培训	制定与完善公司培训制度	建立与维护公司培训体系	监督、指导各部门的培训工作
		编制公司年度、季度培训计划	组织公司统一培训	
			培训需求调查分析	
			组织内部讲师选拔与评定，设立公司内训课程	
			组织培训效果评估与统计分析	
			拓展外部培训渠道	
			外派培训组织管理	
	7.薪酬福利管理	制定与完善公司薪酬福利方案与制度，并报公司领导审批	依考核、考勤和行政奖惩记录编制员工薪资、津贴表	监督、指导各事业部的奖金计算
		编制公司年度薪资总额计划，并报有关领导审批	计算与发放员工的薪酬福利	根据薪资计划控制各部门人员编制和薪资总额
			对新进员工、人事异动后的员工进行薪资调整	
			办理员工五险一金、医疗保险报销	
			开展体检、慰问等日常福利活动	
			调查外部市场薪资	

(续表)

一级职能	二级职能	三级职能		
		制定计划与制度(P、A)	负责执行工作(D)	指导、监控工作(C)
人力资源部是公司负责人力资源开发与管理的部门	8. 绩效管理	制定与完善公司绩效管理方案与制度	负责公司员工的绩效管理工作	监督、指导各部门员工的绩效管理工作
			组织各部门的绩效考核	组织员工考核申诉核查及处理
			组织部门领导以上员工的绩效考核	
			考核统计分析及考核资料管理	
	9. 员工关系管理	制定与完善公司合同管理、奖惩、争议处理等员工关系方面的方案与制度	办理员工合同签订、续签，入职、转正、离职、调动、升降等人事异动手续	监督、指导各部门处理员工关系
		制定与完善公司员工手册	处理员工投诉、申诉等问题	
			依据标准提出员工奖惩建议并实施	
			办理劳动关系报表与统计分析	
			代表公司处理劳动争议	
			处理员工考勤、休假统计分析	
			组织年度内部满意度调查与统计分析	
	10. 企业文化	制定与完善集团的企业文化方案与制度	组织公司文体活动	监督、指导、评估各部门开展活动
				依据年度经费标准控制活动报销

(续表)

一级职能	二级职能	三级职能		
		制定计划与制度 (P、A)	负责执行工作(D)	指导、监控工作(C)
人力资源部是公司负责人力资源开发与管理的部门	11. 人事信息管理	制定与完善公司人事信息管理制度	管理公司全体员工的人事信息	
			更新与维护员工信息	
			统计与分析人事信息	
			维护人力资源信息化系统	
	12. 党群工会管理	制定与完善公司组织、工会工作计划	协助组织党员、工会活动	
			办理党组织关系	
			办理与员工劳动关系相关的工会事宜	
	13. 图书管理	制定公司管理制度与借阅管理办法	办理图书订购审核	
			办理图书借阅	
	14. 质量管理体系	制定质量目标	定期统计质量目标完成情况	
		分析内审、外审中提出的不符合项和管理评审提出的待改进项的原因及整改措施	贯彻相关的质量管理体系文件	
			配合质量办公室做好质量管理体系内审、外审和管理评审工作	

部门职能梳理清晰后,再来梳理岗位职能就相对容易了。岗位职能梳理完成后,可通过岗位说明书进行固化。表5-4为某公司招聘薪酬主管的岗位说明书。

表5-4 某公司招聘薪酬主管的岗位说明书

记录代号:AAAA/QPR04-08　　　　　　　　　记录编号:

岗位基本情况:			
岗位名称	招聘薪酬主管	岗位编号	
所属部门	人力资源部	岗位人数	1
直接上级	人力资源部经理	人数	1
直接下级		人数	

岗位总体描述:	
负责公司薪酬管理、人员招聘、人力资源信息化及人事月度报表的汇总统计,为公司的人力资源工作提供保障	
主要职责及工作任务	权重
1) 拟定薪酬体系制度并负责具体实施,制订薪资核算和发放计划,依据考勤汇总表准确、及时地进行薪资核算,制订薪资发放计划。 ① 承担薪酬制度的实施并进行检查和监督; ② 参与制定和修改公司薪资结构、等级调整规划和方案; ③ 参与制定和修改奖金激励制度; ④ 薪资文件和资料的管理; ⑤ 承担薪资有关问题的咨询及回复工作; ⑥ 参与薪资及福利成本核算、控制和分析; ⑦ 参与薪酬调查	25%
2) 参与实施公司岗位管理工作,保证公司岗位合理配置。 ① 参与公司岗位管理体系建设工作; ② 策划、拟定与完善岗位管理制度并组织落实; ③ 参与公司岗位优化分析,提出优化建议; ④ 协助人力资源部经理制定与完善公司领导的岗位说明书; ⑤ 指导各部门制定基层人员岗位说明书,根据具体的岗位调整情况完善岗位说明书,保证此项工作的及时性和完整性; ⑥ 汇总各部门岗位说明书,整理存档; ⑦ 根据公司岗位设置,组织各部门制订合理的人员编制计划; ⑧ 提出岗位调配建议,推动岗位调配工作的开展	15%

(续表)

3) 承担经费管理工作，保证相关工作的顺利进行。 ① 编制部门年度预算； ② 调整半年度预算，分解季度预算； ③ 分析预算执行情况，提出预算修改意见； ④ 编制年度企业文化活动经费的预算； ⑤ 对各部门的企业文化费用进行统计、对比、分析； ⑥ 根据本年度企业文化活动的实施情况对下一年度经费进行调整	10%
4) 汇总、编制人工成本预算，统计各种工时，负责个人所得税申报、高级人才奖励等具体工作，保证相关工作的顺利开展。 ① 人工成本预算的编制及汇总； ② 月度人工工时的统计及计算，工程项目预算工时的统计及计算； ③ 申报个人所得税明细，办理员工完税证明； ④ 承担高级人才奖励的具体工作； ⑤ 开具员工各项收入证明； ⑥ 提交公司各项薪酬数据	10%
5) 实施公司管理人员招聘工作，满足公司人力需求。 ① 维护与完善公司招聘体系； ② 制订招聘计划并定期调整、修订； ③ 进行招聘效果分析、评估； ④ 组织各部门招聘工作，为各部门甄选适合的人才提出建议、指导； ⑤ 建立公司人才库，扩充人员储备； ⑥ 招聘渠道的维护、拓展	20%
6) 执行部门质量管理工作，使各项工作符合质量管理要求。 ① 遵循公司质量管理体系要求，完成部门质量管理工作； ② 遵照持续改进的原则，拟定部门质量目标； ③ 定期统计、上报部门质量目标的完成情况； ④ 部门质量管理流程资料的整理、建档； ⑤ 定期接受公司组织的内审和外审检查	10%
7) 完成领导交办的其他工作	10%

内外协调关系

内部协调关系	与各部门沟通工时的统计情况
	与财务部沟通编制预算过程中的相关问题
	与财务部沟通员工手机费报销标准等，做好工作的衔接
	与各部门配合组织实施招聘工作
外部协调关系	与地税局就员工开具完税证明等进行沟通

(续表)

任职资格		
教育背景：人力资源管理等相关专业本科以上学历		
工作经验：5年以上薪酬福利、招聘高级管理人员相关工作经验		
知识技能：熟悉国家人事政策、法律和法规；熟悉与薪酬相关的法律、法规；熟悉薪酬福利管理流程；人力资源管理理论基础扎实；熟练使用相关办公软件		
个性特征：诚实敬业、严谨细心、责任心强、思维敏锐、善于沟通		
岗位任职者签字		日期
直接上级签字		日期

2. 选择和定义因素

清晰定义职能、明确划分岗位是基础工作，目的是为因素评估做好准备。

选择和定义能够概括被评估岗位特征、说明被评估岗位价值的因素是关键的、实质性的第一步。比如，学历水平、知识技能、工作经验、下属人数、督导责任、内部沟通、外部沟通、工作独立性、工作复杂性、工作创新性、工作条件、业绩影响等都可以作为评价因素。世界知名的咨询公司往往有自己独特的评估因素，比如合益(HAY)将评估因素抽象为3个普遍适用的因素，即知识与技能、解决问题的能力和承担的责任。合益认为，一个岗位之所以会存在，是因为它要承担相应的责任，而要有效地承担责任，就必须具有一定的知识与技能，并能够解决问题。美世咨询公司提出4个因素，即影响、沟通、创新和知识。翰威特的评估体系则包括6个因素，分别是知识与技能、影响与责任、解决问题与制定决策、行动自由、沟通技能、工作环境。可以看出，各家公司提出的评估因素虽然不完全相同，但具有共性的因素也不少，只不过是基于不同的角度而已。

3. 因素分级与赋值

评价因素确定后，为了评价的准确性，提高价值的区分度，还应将各个因素按照程度的不同分为不同的级别，并为每一个级别赋值。通常情况下，将每一个因素分为5个级别。表5-5为某公司的知识分级标准。

表5-5 某公司的知识分级标准

级别	知识水平	概括描述	具体描述
一级(1)	了解	学习阶段：了解基本的专业知识	1. 具备该领域最基本的、有限的知识 2. 在充分的帮助下可以开展该知识领域的相关事项 3. 能够描述该知识领域相关的基本概念
二级(2)	熟悉	应用阶段：掌握与业务相关的专业知识	1. 能够独立运用该领域知识，完成一般复杂度的事项 2. 能够解决该知识领域的常见问题 3. 能够在做决定时参考应用自己在该领域的经验
三级(3)	掌握	拓展阶段：熟悉与业务相关的专业知识	1. 能够熟练使用该领域的知识、流程或工具 2. 能够认知在应用该领域知识时可能遇见的潜在风险和机会 3. 能够指导小规模的团队展现该方面的知识
四级(4)	精通	指导阶段：精通某一领域的专业知识	1. 能够被征询意见，解决与该方面知识相关的复杂问题 2. 了解该项专业知识的细节 3. 能够对公司在该项知识领域的发展提出建议
五级(5)	权威	领导创新阶段：精通相关领域的专业知识，并能有所创新，是该领域的权威	1. 能对事物的发展趋势及隐含的问题有足够的预见性和洞察力 2. 能够对该方面的知识、流程或工具提出有建设性的建议或做出调整 3. 能够指导公司在该项知识领域的未来发展方向

有了上述标准，我们能轻易地将某一个岗位所应该具备的知识进行分级并赋值，从而得出每一个岗位在"知识"这个因素上的得分。

那么如何对技能进行分级呢？技能分级显然比知识分级要复杂得多。表5-6为通用技能的分级案例。

表5-6 通用能力分级标准

沟通能力	
级别	分级定义
一级	有沟通的愿望，能够回应他人发出的沟通信号，能基本表达意图；能够参照商务写作的固定格式，并在领导的指导下，几经修改完成工作

(续表)

级别	分级定义
二级	能够耐心倾听他人的观点,基本把握他人谈话的主旨;能比较完整地表达自己的意见和想法,使对方理解;能正确使用商务公文写作的格式、语法、词汇和标点符号,经领导修改较少,并能确保他人理解自己的思想和意图
三级	在与他人交流时能够准确理解他人的观点,积极地给予反馈;表达言简意赅,具有较强的逻辑性,观点清晰明确;能熟练运用本岗位涉及的商务写作技巧,语言简洁,条理清晰,并能起草公司普通文件
四级	能通过一些语言技巧(如使用比喻、排比等)清晰地表达较为深奥而复杂的观点;在表达时能有意识地使用一些肢体语言作为辅助,增强语言表达的感染力;具有较强的说服力和影响力;商务写作文笔流畅,能起草公司重大文件
五级	能预见他人的需要和关注点,根据不同对象采取相应的沟通策略;对不同对象和情境所要求的沟通方式有系统和深入的认识,并能自如地运用和灵活调整;沟通时有较强的个人魅力,影响力极强;精通商务写作,能在不同的场合遵循不同的写作原则,书面沟通时有较强的感染力

学习能力

级别	分级定义
一级	在工作中能够理解和应用上司或同事传授的知识和技能;遇到新的知识,能主动学习,但自己没有有效的学习途径与方法
二级	能从工作中不断总结经验、吸取教训,对工作有所改进;持续学习钻研新的业务知识,积极主动地参加公司安排的有关培训与交流活动
三级	善于虚心请教公司内外专家,调整、修改他人的经验和做法,运用于解决不同的问题;主动寻求各种学习机会,了解业务动态并在实践中运用,对工作有实质性改进
四级	将各方面知识的精髓融为一体,得到处理不同问题的通则或经验方法;能将各方面知识变成自己的东西,用它来分析现实中的工作问题,提出有效的解决办法,促进工作效率的提高
五级	从经历的偶发体验或事件中,亲自总结解决问题的方法并加以运用;在公司工作范围外寻找机会提高自己的知识水平,在公司扮演最新技术的倡导者与"传教士"的角色;能对公司的系统及模式进行改进,为公司带来效益

执行力

级别	分级定义
一级	遵从上级的命令,需要在他人的监督下完成工作任务
二级	遵从上级的命令,能够独立地按照预定计划完成工作任务
三级	准确理解上级交办的工作,主动思考如何按照计划顺利完成任务
四级	面对困难,积极寻求解决方法并采取必要行动,能按照计划很好地完成工作任务

(续表)

五级	面对执行过程中超乎寻常的困难和阻力，能够采取有力措施解决问题，出色地完成工作任务

计划控制能力

级别	分级定义
一级	能够参与制定团队工作目标与工作计划，针对简单任务，组织与协调他人互相配合，在上级的协助下协调一定资源，解决工作中的常规问题，完成简单的团队工作任务
二级	能够基于团队工作目标与工作计划展开工作，依照公司相关规定掌握工作方法，协调相关资源，组织团队成员推进工作，解决团队内部分工协调及相对复杂的问题，确保团队计划按时保质完成
三级	能够基于部门的工作目标与工作计划展开工作，根据经验形成解决方案并有效分工，监督与辅导成员的工作过程，调用内部资源，解决部门内部相对复杂的问题，按时高质量地完成工作计划，参与建立健全部门内部管理流程与制度体系
四级	能够基于业务单元或职能条线的工作目标与工作计划展开工作，设计系统可行的解决方案，并监控与辅导下属成员或部门的工作过程，整合与协调跨部门及业务板块的公司资源，积极获取外部资源，解决计划实施中的复杂问题，推动工作计划的有效达成，建立健全业务条线或职能条线的经营管理与内控体系
五级	能够基于公司整体工作目标与工作计划展开工作，明确工作方向与工作策略，指导分管部门制定可行的解决方案，并监控、检查分管职能与业务板块的工作过程与成果，解决公司层面的复杂性问题，整合与调配公司内外部资源完成工作计划，建立并完善公司整体的经营管理与内控体系

团队管理能力

级别	分级定义
一级	能按公司要求组织团队成员完成团队工作任务，并能有效带领、指导、激励团队小组成员，协调内部关系，完成相对单一的工作目标
二级	团队成员有一定分工，团队成员在合作中无明显冲突，能完成团队任务，并通过有效带领、指导、激励一个专业或业务领域团队，协调内外部关系，促使团队和谐、充满激情地完成相对复杂的工作目标
三级	能够根据团队成员特点合理分工，在工作过程中能对团队成员进行工作指导，工作任务完成较出色，并能有效带领、指导、激励一个部门的团队，协调各方面的关系，促使团队和谐、充满激情按时、高质量地履行部门职能，实现部门工作目标
四级	能够关心、关注、辅导团队成员，并能进行有效的激励，使每位成员获得成长，使部门内部和谐、士气高昂、绩效出色；能通过分权、授权，有效带领、指导、激励多部门工作团队或跨专业团队，协调各方面关系，使团队能够和谐、富有动力地按时、高质量地完成确定的工作目标

(续表)

五级	能够发挥个人影响力,整合团队成员价值取向,积极影响团队氛围,形成良好的团队文化,带领团队成员克服各种困难,取得优异的团队绩效;能够通过多层次分权、授权,有效带领、指导、激励直接和间接下属统一目标、协调一致、和谐而富有动力地完成全局性工作目标

4. 因素加权

在评价因素中,各个因素的重要性、被关注程度是不一样的。因此,在评价得分计算中就有必要对因素进行加权,赋予每一个因素不同的权重。因素加权的原则为:重要的因素权重高,次要的因素权重较低。表5-7为评价因素权重划分案例。

表5-7 评价因素权重划分案例

维度	维度权重	因素名称	因素权重
任职资格	18%	学历水平	5%
		知识技能	6%
		工作经验	7%
管理责任	10%	下属人数	5%
		督导责任	5%
沟通协调	13%	内部沟通	6%
		外部沟通	7%
工作特性	16%	工作独立性	5%
		工作复杂性	5%
		工作创新性	6%
工作条件	3%	工作条件	3%
业绩影响	40%	业绩影响	40%

5. 因素评分

完成职能梳理、评价因素梳理、因素分级、赋值和加权后,可以用每一个因素的得分来对各个岗位进行评分。评分的关键是判定该岗位在该因素上处于什么级别,根据不同的级别赋予不同的分数,然后进行加权,最后将同一岗位在不同因素上的得分进行加总,即可得出该岗位的总分。

当所有的岗位评价结束后,依据各自的得分进行排序,即可得到采用岗位评价因素评分法的评价结果。

依据评分结果，可以将岗位进行分档，即把某一个分数段划分为一档。表5-8中就将38个岗位划分为9个档次，如此，明确进入激励对象范围的档次就比较容易了，最多再通过两步就可实现：第一步，确定哪些档次进入激励对象范围；第二步，由公司决策小组依据评价因素之外的其他考虑对第一步的划分结果进行微调。

表5-8 因素评价结果及档次划分

编号	一级部门	二级部门	岗位名称	得分	档次/等级
1	总裁办公会		总裁	940	12
2	总裁办公会		常务副总裁	850	11
3	总裁办公会		副总裁(分管技术)	800	11
4	总裁办公会		副总裁(分管市场)	793	11
5	总工办		总工	772	11
6	董事会办公室		董事会秘书	626	10
7	事业部	事业部领导	事业部总经理	626	10
8	总裁办公室		总裁办主任	503	9
9	事业部	事业部领导	事业部销售总监	479	9
10	事业部	事业部领导	事业部副总经理	471	9
11	事业部	事业部领导	事业部技术总监	467	9
12	财务部		财务部经理	439	8
13	人力资源部		人力资源部经理	413	8
14	市场部		市场部经理	394	8
15	采购部		采购部经理	372	7
16	事业部	事业部领导	事业部总经理助理	367	7
17	事业部	研发部	研发部经理	341	7
18	董事会审计部		审计部经理	338	7
19	总工办		总工办副主任	332	7
20	业务发展部		业务发展部副经理	305	7
21	事业部	销售部	销售部经理	317	6
22	总裁办公室	行政部	行政部经理	302	6
23	事业部	研发部	项目经理	301	6
24	事业部	管理生产部	管理生产部经理	290	6
25	事业部	研发部	研发部副经理	276	6

(续表)

编号	一级部门	二级部门	岗位名称	得分	档次/等级
26	事业部	销售部	高级销售经理	252	5
27	事业部	研发部	高级软件工程师	251	5
28	财务部		会计主管	223	5
29	总工办		项目管理主管	223	5
30	总裁办公室		信息化主管	216	4
31	董事会办公室		证券事务代表	210	4
32	采购部		采购主管(国际)	206	4
33	总裁办公室		计划主管	205	4
34	事业部	销售部	销售经理	194	4
35	事业部	研发部	中级系统集成工程师	189	4
36	事业部	研发部	中级技术支持工程师	187	4
37	事业部	研发部	中级硬件工程师	184	4
38	事业部	研发部	中级软件工程师	181	4

岗位评估因素评分法能够清楚、客观、系统地定义岗位相关因素，对参评者要求不高，受主观因素影响小，评价结果稳定，准确性高，也容易被大家接受和理解，不容易导致较大的分歧。但是，岗位评估因素评分法的缺陷也是显而易见的，该方法比较复杂，准确提取岗位因素难度较大，因素分级和定义难度大，分级和赋值也难以将定性的职能完全定量化，导致评价结果也会受主观理解等因素的影响。

在实践中，岗位评估排序法和岗位评估因素评分法是较为常见的方法，除此之外还有分类法、要素比较法等。对于规模小、岗位设置相对简单、决策层对核心骨干员工了解清楚的企业来说，需要尽可能简化岗位评估。最简单的方法莫过于将岗位分为三个层面：核心层、中间层、骨干层。核心层包括董事、高管、核心技术人才、核心业务人才；中间层包括中层管理人员、重要技术和业务人员；骨干层包括中间层外围，是企业实现业务目标的必需人才。然后，附加几个刚性条件，比如司龄3年以上等，也能很容易将激励对象的范围确定下来。

通过上述分析，我们还可以得出一点结论——所谓的"定人"其实是"定岗"，然后由岗定人。

5.3 定授予额度

定授予额度即定量，就是确定股权激励的股份数量，包括定总量和定个量两个层面。定总量是指本次股权激励计划拿出多少股份用来激励，包括首期分配额度和预留额度，以及各个组织或单元分别分到多少激励股份；定个量是指每一个激励对象授予多少激励股份。这里涉及两个核心问题，股东要高度重视：一是股权架构设计问题，实股激励额度越大，对原股东的稀释比例就越大。原股东尤其是创始人股东、实际控制人要高度重视股权激励实施后对股权架构的影响，特别要考虑是否危及个人的控制权问题，并且要前瞻性地测算如果再一次实施股权激励计划会产生怎样的后果。二是激励力度问题。这两个问题是相辅相成的，激励额度越大，激励力度越强，但对股东的稀释比例也越大，创始人股东的控制权下降幅度越大。但是，如果激励力度不够，又难以发挥激励约束的作用。这时，我们需要考虑激励力度和约束力度，激励力度可以分为几个层次：没有不满意、满意、比较满意、超出期望、出乎预料、激动、震惊、"崩溃"。如果股权激励的激励力度给激励对象带来的感受仅仅是"没有不满意"，那就说明激励力度不够，则约束力度也不够，或者说"拷不住"。

当然，企业的股权激励计划既不会有绝对的公平，也难以让所有人都满意。一方面，股东要认识到"轻财而聚人，财聚人散、财散人聚"的道理，要从股权激励外驱力和内驱力的角度认识到授予核心骨干人员股份的必要性，这不是施舍，也不是恩惠，是必要的、多赢的。俗话说："薪金百两是外人，身股一厘自己人。"另一方面，在激励对象中，往往有人胃口很大，期望不切实际。在此种情况下，除了加强沟通交流没有好办法，正所谓"升米恩，斗米仇"。

5.3.1 上市公司的总量和个量

在《上市公司股权激励管理办法》中，对上市公司总量和个量有明确的限制性规定。

第十四条　上市公司全部在有效期内的股权激励计划所涉及的标的股票总数累计不得超过公司股本总额的10%。非经股东大会特别决议批准，任何一名激励对象通过全部在有效期内的股权激励计划获授的本公司股票，累计不得超过公司股本总额的1%。

第十五条　上市公司在推出股权激励计划时，可以设置预留权益，预留比例不得超过本次股权激励计划拟授予权益数量的20%。

上市公司应当在股权激励计划经股东大会审议通过后12个月内明确预留权益的授予对象；超过12个月未明确激励对象的，预留权益失效。

上述条款主要对上市公司股权激励"定量"的三个方面的上限作出明确规定：一是仍然在有效期内的全部股权激励计划所涉及的标的股票的总量不超过股本总额的10%。比如，某公司5年前有一个股权激励计划还在有效期内，当初这个计划授予股票总量为5%，即使已经授出4%，那么本期股权激励计划在计算总量时，也要把这个5%计算在内，看看计算结果相当于目前的股本总额的多少，这个结果加上本期股权激励计划的股票总额累计不得超过当期股本总额的10%。二是规定个量，任何人在有效期内被授予的股票数量累计不得超过当期股本总额的1%，股东大会有特别规定的除外。三是预留股票不得超过本期股权激励计划总量的20%。对这三个方面规定上限，有一个明显的目的是保护中小投资者的权益，以免公司为核心骨干员工发放福利时，过多稀释中小投资者的权益。

5.3.2　多元化业务公司的总量确定

多元化业务公司，尤其是规模比较大的集团性多元化公司，在实施股权激励计划时，确定激励总量的分配比较复杂。所谓的总量分配，是指将企业的股权激励总量分配到各业务单元(子公司/事业部)和职能平台的环节，解决的是该业务单元和职能平台总共获得多少激励股份的问题。与总量分配相对应的就是个量分配，是指每一个激励对象获得多少激励股份。如果企业规模比较大，领导不了解很多激励对象的工作情况，甚至都不认识，则在实施股权激励计划时，一般会先进行总量分配，再在各个总量范围内进行个量分配。为了保证企业内部的相对公平性，企业可将个量分配授权给业务单元的负责人,因为他们对人员最了解,但也要制定明确的原则,甚至可以细化到哪个职位层级的人员的平均数量有多少或不得超过多少,并且需要由公司领导小组评审才能最终确定。

在多元化集团公司,进行第一层面的总量分配比较复杂,这种复杂性首先源于各差异化业务单元中,类似的组织机构名称的职能、类似的岗位名称的价值有较大的区别;其次源于不同业务单元处于不同的发展阶段;最后源于不同业务单元的价值定位不同。

在设置组织机构时,各业务的差异性大导致各机构的职能差异性大。比如,同样是生产部,有的生产内容仅仅是组装,有的可能要从模具、零部件开始一直生产出成品;有的需要在高温复杂的条件下完成,有的可能在办公区就能完成。这些差异,导致岗位的设置、同一岗位的任职资格、同一岗位的职能的差异也很大。再如,建筑公司的土建班长和芯片公司的生产部长的工作内容更是有天壤之别。在同一家多元化集团中,建筑公司的土建班长进入激励对象范围的可能性很小,但芯片公司的生产部长进入激励范围就是必然的。又如,代理业务的技术总监和软件业务的技术总监等,岗位名称虽一样,但职能不一样,任职条件也不一样,岗位价值更不一样。

同样,在多元化业务集团中,各差异化业务所处的发展阶段往往不同。有的处于培育阶段,有的处于上升阶段,有的处于成熟阶段,也有的可能处于衰退阶段。那么针对处于不同发展阶段的业务之间的类似岗位,激励的必要性、迫切性也不尽相同。处于培育阶段、上升阶段的业务单元,对其核心骨干员工实施激励的必要性强、迫切性强;处于衰退阶段的业务单元,对其骨干员工实施激励的必要性、迫切性相对较弱。

再者,在多元化业务集团中,各差异化业务的价值定位往往不同。有的肩负创造利润的重任,有的肩负扩大收入的重任,有的肩负扩大公司影响力、塑造公司品牌的重任。价值定位不同,我们对各业务单元的评价标准就不同;评价标准不同,那么得出的价值评价结果就不同。所以,不能说哪个业务单元创造的利润越多,那么它们分得的激励股份就越多;也不能说哪个业务单元的收入越高,那么它们分得的激励股份就越多。当然,对于价值定位相同的业务单元而言,一般可以采用相同或相近的评价标准,并且得分高就代表干得好,就应该比得分低的业务单元分得更多的激励股份。

依据多元化业务在各业务单元之间分配总量时,一般要同时考虑如下几个因素。

(1) 历史贡献。关于历史贡献的评价必须依据上述价值定位，而不能统一标准。即使评价指标接近，指标的权重也会有所不同。业务价值定位为创造利润的，利润指标的权重高；定位为增加收入的，收入指标的权重高；定位为扩大影响力、塑造品牌的，则在这方面的重点工作权重高。

(2) 在现有团队率领下业务单元未来的发展潜力和业绩贡献。这里强调的是现有团队，因为在进行总量分配时我们激励的是团队，评价的也是团队，即团队在业务管理中的贡献。

(3) 业务的品牌影响力。

(4) 相似级别人员的工作差异性(管理幅度、管理难度和技术复杂性)。这一点非常重要，正如前文所述，同样是"总监"，此总监与彼总监可能在任职条件、价值及可替代性方面存在明显差异。

(5) 潜在激励对象的占比。这是一个有点像"大锅饭"的指标，其实也是很重要的指标。有的业务，其特点决定了团队非常精简，但创造的价值很高；有的业务，其特点决定了团队相对复杂、职能链条长、团队规模大，但此业务仍是公司核心业务。所以，在不同的业务单元中，潜在的激励对象数量也是需要考虑的因素。

上述5点中，前3点比较容易理解和被接受，而第4、5点不太好衡量，下面以具体案例来说明第4、5点是如何衡量的。

案例

某科技型上市A公司拥有10个业务单元，各个业务单元的业务内容均不相同，都是该领域的相关多元化业务。A公司在实施股权激励时，也面临如何在业务单元之间进行总量分配的问题。其中，有两个典型的、核心的差异化业务单元，一个是芯片子公司，另一个是国际产品代理的子公司。针对这一现状，该上市公司是这样做的。

首先，明确本次激励对象有哪些人，即正文中的第5点。A公司经过分析，明确了本次股权激励计划的激励对象为业务单元经营班子成员、公司高级管理人员、核心技术人员、经营骨干人员。其中，要重点激励如下几类人员：

第一层级：要特别关注未来几年能够带领业务单元实现发展目标的业务单元第一责任人(公司或子公司总经理)；

第二层级：未来将对公司的经营管理、业务拓展发挥重要作用的高级管理人员；

第三层级：对公司经营业绩和未来发展有重要影响的技术人员、业务骨干和职能部门负责人；

第四层级：有潜力、有志向的年轻后备人员(1980年前后出生，培养3年左右可能成长为业务单元经营班子成员)。

其次，要求两个业务单元的总经理会同其他经营班子成员依据上述标准提出潜在的激励对象名单，并报告各潜在激励对象的基本情况，含学历、经历、司龄、任职经历、业绩情况等，并要求人力资源部门进行初审。

再次，基本确定潜在激励对象后，将他们分为4个系列：管理人员、技术研发人员、市场营销人员和技术支持人员。

然后，依据芯片公司和国际产品代理公司的业务特点对4个不同层级和4个不同系列分别进行赋权，即分配权重。在芯片公司中，技术研发人员权重最高；在国际产品代理公司中，市场营销人员权重最高。

最后，通过二维度计算各自的虚拟激励数量单元。计算结果是国际产品代理公司获得3.275个激励数量单元，芯片公司获得4.02个激励数量单元。这个激励数量单元是可以直接对比的，如可依次针对正文中提及的5个因素中的第4因素、第5因素即"相似级别人员的工作差异性"和"潜在激励对象的占比"计算出各个差异化业务单元的激励数量单元，见表5-9、表5-10。

表5-9　某多元化公司代理业务团队二维评价

层级\职类	权重	管理人员	技术研发人员	市场营销人员	技术支持人员
		××	××	××	××
第一层级	××				
第二层级	××			××	××
第三层级	××			××	××
第四层级	××			××	
其他	××				
总得分	××	××	××	××	××

表5-10 某多元化公司芯片团队二维评价

层级\职类	权重	管理人员	技术研发人员	市场营销人员	技术支持人员
		××	××	××	××
第一层级	××				
第二层级	××	××	××	××	
第三层级	××	××	××	××	
第四层级	××	××			
其他	××				
总得分		××	××	××	××

随后，依据各业务单元的得分占总得分的比例就可以进行总量分配。这是依据前文中提及的5个因素中的第4因素、第5因素进行总量分配的案例。那么针对另外3个因素，我们同样可以进行赋值，然后在核算第4因素、第5因素的基础上进一步衡量或调剂。

通过赋值、付权进行计算的过程似乎禁得住考验，也难以被挑战，但是仅仅依靠计算过程未必能得到合理的结果。所以，在计算的基础上往往还要进行人为调整。关于这方面的调整，没有可参照的绝对标准，一般情况下，可依据创始人、大股东、实际控制人的印象或其关注的因素来调整。

5.3.3 定量的两条红线

所谓"定量的两条红线"是针对实股激励而言的。这是因为，实施虚股激励时，不论是分红权还是增值权对原有股东的股份都不会构成稀释作用；而实施实股激励时，不论是增资扩股的现股、大股东直接转让的现股，还是在二级市场购买的员工持股计划、限制性股票、股票期权，对公司原有股东的股份均会产生稀释作用(注：大股东直接转让现股时，大股东股份相应减少，对其他股东股份没有影响)。股份经稀释之后，原有股东所持股份占比会下降，尤其是在多次实施股权激励计划、反复引入外部资金(天使、A轮、B轮……)的情形下，对原有股东的股份稀释作用会很大。经过多次稀释之后，原有大股东或实际控制人是否还保持对公司的控制权是股权架构安排中面临的非常重要的问题。

51%和67%是股权结构中的两条红线。参照《公司法》的如下规定，大家就会明白为何将51%和67%作为定量的两条红线。

第四十四条　股东会的议事方式和表决程序，除本法有规定的外，由公司章程规定。

股东会会议作出修改公司章程、增加或者减少注册资本的决议，以及公司合并、分立、解散或者变更公司形式的决议，必须经代表三分之二以上表决权的股东通过。

第一百零四条　股东出席股东大会会议，所持每一股份有一表决权。但是，公司持有的本公司股份没有表决权。

股东大会作出决议，必须经出席会议的股东所持表决权过半数通过。但是，股东大会作出修改公司章程、增加或者减少注册资本的决议，以及公司合并、分立、解散或者变更公司形式的决议，必须经出席会议的股东所持表决权的三分之二以上通过。

第一百二十二条　上市公司在一年内购买、出售重大资产或者担保金额超过公司资产总额百分之三十的，应当由股东大会作出决议，并经出席会议的股东所持表决权的三分之二以上通过。

第一百八十二条　公司有本法第一百八十一条第(一)项情形的，可以通过修改公司章程而存续。

依照前款规定修改公司章程，有限责任公司须经持有三分之二以上表决权的股东通过，股份有限公司须经出席股东大会会议的股东所持表决权的三分之二以上通过。

如果没有守住这两条红条，就表明当公司面临重大事项、需要作出重大决策时，大股东不能凭一人之力"一举定乾坤"。董事会、股东大会作为公司的关键议事机构，能发挥重大作用。一般而言，董事、股东议一议，既可兼听则明，也可博采众长，对公司的决策风险有很大的预防作用。但当公司面临重大决策，董事会和股东大会的意见相左，不能达成一致时，就需要有一言九鼎的大股东、实际控制人来决策，否则可能贻误战机、丧失机会。尤其是主要股东之间产生互不信任的矛盾时，对公司的伤害往往是致命性的。

下面，我们引入国美控制权之争来具体说明。

案例

2008年底，黄光裕因涉嫌非法经营、内幕交易、单位行贿罪被羁押。2009年1月18日，黄光裕辞去国美董事局主席职务，随即国美总裁陈晓出任董事局主席。为了解决国美面临的危机以及经营资金困境，国美电器与贝恩资本签订合作协议，贝恩资本认购国美电器发行的2016年到期的价值人民币15.9亿元的可转换债券。如果转股成功，贝恩资本将成为国美第二大股东。贝恩资本提名三名董事入任国美董事局董事。

2010年5月18日，北京市第二中级人民法院认定黄光裕非法经营、内幕交易、单位行贿罪，三罪并罚，决定执行有期徒刑14年，罚金人民币6亿元，没收财产人民币2亿元。

2010年8月4日，在狱中的黄光裕要求召开临时股东大会，并提出5项议案：

(1) 撤销陈晓的董事局主席职务；

(2) 撤销配发、发行和买卖国美股份的一般授权；

(3) 撤销国美现任副总裁孙一丁的执行董事职务；

(4) 提名黄光裕的胞妹黄燕虹进入董事会；

(5) 提名北京中关村科技发展(控股)股份有限公司(股票代码：000931)副董事长邹晓春进入董事会。

随后，双方从暗斗到明争，黄光裕与国美高层博弈控制权。2010年8月，黄光裕先后斥资约4.45亿元通过公开市场增持国美电器股票，直至大股东黄光裕的总持股已经达到35.98%，但是离股东大会通过临时股东大会议案所需要的51%相差还很大。

尽管黄光裕是国美的创始人、第一大股东，但是股东大会是"用脚"投票，黄光裕失去了51%的投票权，除非有5%以上投票权的小股东站在黄光裕一边，否则胜负难料。

果然，2010年9月28日，国美临时股东大会的投票结果是，国美董事局主席陈晓方面获胜。国美大股东黄光裕提出的5项议案，除了撤销配发、发行和买卖国美股份的一般授权获得通过外，撤销陈晓、孙一丁的董事职务，以及委任邹晓春和黄燕虹为执行董事的提案均未通过。

国美的控制权之争为中国企业创始人、大股东对公司的治理及股权架构问题的解决上了生动的一课!

除了67%和51%这两条红线,在与公司治理结构相关的股权结构中,还有几个股权比例也是很重要的。第一,34%。你持有34%的股权,就说明其他所有股东的股份总和不足67%,所以一般来说,我们将34%的持股称为拥有一票否决权,当然这个否决权也仅仅是指针对特别事项的股东会否决权。对于普通事项而言,持股51%即可通过,你持股34%也是否决不了的。第二,10%。单独或者合计持有公司股份10%以上的股东如有请求,公司应该召开临时股东大会,并且可以申请解散公司和变更董事会(注:只是申请权)。

另外,即使不是公司股东,或者是小股东,也有可能实际支配公司行为。按照《公司法》的规定,控股股东,是指其出资额占有限责任公司资本总额50%以上或者其持有的股份占股份有限公司股本总额50%以上的股东;出资额或者持有股份的比例虽然不足50%,但依其出资额或者持有的股份所享有的表决权已足以对股东会、股东大会的决议产生重大影响的股东。实际控制人,是指虽是小股东甚至不是公司的股东,但通过投资关系、协议或者其他安排,能够实际支配公司行为的人。

5.3.4 授予个量的常见四因素

在总量分配结束之后,就要考虑个量分配。一般而言,个量分配相较于总量分配要简单,主要考虑如下因素。

(1) 历史贡献。对历史贡献的衡量可以选择不同的角度,比如,历年考核分数、过去几年中受表彰的次数和所获表彰的等级、司龄等。

(2) 岗位重要性。岗位重要性是指岗位价值。岗位价值需要评估,这在定人环节已经详述。在确定岗位重要性时,如果公司规模比较小,领导对核心骨干员工比较了解,那也有简单的方法。比如,依据职位层级把激励对象分为核心层、中间层和骨干层,然后可以认定核心层为5分、中间层为3分、骨干层为1分。

(3) 可替代性。即该激励对象被替代的难易程度,这与职位层级有关,但也不是职位层级越高就越难被替代,有些层级并不高的职位的可替代性也很低。我们也可以把不可替代认定为5分,把难以替代认定为3分,把较难替代认定为1分,把可替代认定为0分。

(4) 发展潜力。这个指标考虑的是未来的发展,股权激励既关注历史贡献,更关注未来的价值创造。我们可以把高潜力认定为5分,把中潜力认定为3分,把一般潜力认定为1分,把基本没有潜力认定为0分。

在上述4个因素的基础上,可以分别对各个激励对象进行评分。相关的公式为

个人获授股权额=(个人总得分/∑激励对象得分)×激励股总量

最后在个人获授股权额的基础上进行一次调剂,得出分配给每一位激励对象的个量,具体的评分表见表5-11。

表5-11 个量分配评分表

姓名	岗位	历史贡献	岗位重要性	可替代性	发展潜力	个人总得分	得分占比	授予激励股份	调剂后实际股份
A									
B									
C									
D									
E									
F									
G									

5.3.5 "五步"搞定创始人股权分配

曾经有家创业公司叫"千夜",是做旅游的,业内称之为"千夜旅游"。千夜旅游曾经风光无限,但时间不久便了无声息。创始人冯钰反思千夜失败的原因时认为,"其实问题核心还是股份结构不合理"。可见,股权分配问题对于创业企业来说是何等重要的问题,而且如果在开始时没有处理好,后期想要调整是非常难的,甚至很可能为企业倒闭埋下隐患。

1. 衡量股权分配合理与否的标准

那么在企业创设之时,创始人的股份该如何分配呢?分析一些成功和失败的案例后,我们认为其实没有"万能钥匙",再复杂、全面的股权分配分析模型和技术即便有助于创始人之间达成共识,也无法真正解决创始

人之间股权如何分配的问题。因为这是涉及人心的问题、涉及利益的问题，也是涉及公司权利的问题。正因如此，我们总结出两个衡量股权分配是否合理的关键标准。

(1) 排在首位的衡量标准是创始人是否都发自内心地认为股权分配是合理的。创始人都认为是合理的，才不会耿耿于怀，才会集中精力去创业，才会在创业过程中建立并慢慢加强相互之间的信任关系。要让大家都满意，创始人必须在讨论股权分配时开诚布公地谈论自己的想法和期望，任何想法都是合理的，只要能够赢得创业兄弟的由衷认可。

(2) 其次的衡量标准是创始人中是否有"老大"或者大家都是地位平等的兄弟。我们认为，对创业公司而言，"老大"是很有必要的。创始人在开始的"蜜月期"可能不会产生争执，正所谓"可以共苦，难以同甘"。但当公司发展到一定阶段时，难免出现分歧，如果没有一个人拥有控制权，可能谁也不服谁，最终的结果就是分道扬镳，创业失败。前文已经详述公司股权结构中的两条红线51%和67%，这里不再赘述。

2. 搞定创始人股权分配的5个步骤

第一步，商定影响因素。创始人可先研讨一下，哪些因素会影响股权分配，并明确各因素影响的大小如何界定。假设有4个创始人，他们商定影响股权分配的因素为：①投入资金；②投入时间；③召集人；④是否已打下基础；⑤担任角色；⑥成功创业经历；⑦关键资源。

第二步，确定创始人情况。如表5-12所示，假设创始人A、B、C、D都投入50万元资金；A全职投入创业公司，B每周投入3.5天，C每周投入2天，D每周投入1天；A是召集人，并且已经为创业公司打下了基础；4位创始人中，A出任总经理，其余3人为副总经理；B有成功创业经历；A和B有创业公司运营相关的关键资源。在这种情况下，4位创始人的股份应如何分配呢？

表5-12　4位创始人的基本情况(一)

分配要素	创始人			
	A	B	C	D
投入资金	50万元	50万元	50万元	50万元
投入时间	一周7天	一周3.5天	一周2天	一周1天
召集人	√			
已经打下基础	√			

(续表)

分配要素	创始人			
	A	B	C	D
担任角色	总经理	副总	副总	副总
成功创业经历		√		
关键资源	√	√		

第三步，转换为百分数。假设每一个影响因素的权重都是100%，可将4位创始人的基本情况转换为百分数，见表5-13。

表5-13　4位创始人的基本情况(二)

分配要素	创始人			
	A	B	C	D
投入资金	25%	25%	25%	25%
投入时间	52%	26%	29%	7%
召集人	100%			
已经打下基础	100%			
担任角色	40%	20%	20%	20%
成功创业经历		100%		
关键资源	50%	50%		

第四步，赋权。每一个影响因素在股权分配方面的重要性是不一样的，下面我们将每一个因素进行赋权。4位创始人认为，目前对公司而言，投入资金、投入时间和担任角色是较重要的3个因素，所占权重最大，分别占20%、30%和30%。然后，我们将创始人的基本情况所占百分比乘以该因素权重，即可计算出4位创业者在每一个因素上所占的比重。最后，将每位创始人在7个因素上所占的比例加总，即可得出4位创始人各自所占的股权比例，见表5-14。

表5-14　4位创始人的股权分配情况

分配要素	创始人				权重
	A	B	C	D	
投入资金	25%	25%	25%	25%	
投入时间	52%	26%	29%	7%	
召集人	100%				
已经打下基础	100%				

(续表)

分配要素	创始人				权重
	A	B	C	D	
担任角色	40%	20%	20%	20%	
成功创业经历		100%			
关键资源	50%	50%			
总计					

第五步，微调。这是计算的结果，最后大家商量一下，看看是否有必要进行微调，如何微调。

通过上述分析和计算过程，我们发现创始人A占45%、B占26%、C占16%、D占13%。看得出来A是"老大"，但是没有足够的股权。不过，如果A和B结成一致行动人，两人股份合计占71%，就可实现绝对的控股；或者A与C、D结成一致行动人，也可实现相对控股。不过，从4位创始人在7个因素上的基本情况可以看出，A还是具有足够影响力的，是理所应当的大股东、实际控制人。

5.3.6 保障"老大"控制权的4个方法

在公司发展过程中，如果一方面继续融资稀释股东持股比例，另一方面为吸引、招募高端人才而持续实施股权激励，那么创始人股份稀释后的控制权问题就是一个关键问题。

在实践中，如何既满足融资的需要，又满足吸引高端人才的需要，同时保持创始人的控制权呢？通常可采取以下4个方法。

1. 双层股权结构

所谓双层股权结构是相对于单层股权结构而言的，实施双层股权结构的目的是将表决权与分红权、增值权分离。

在单层股权结构中，见图5-3，各位股东基本上直接持有公司的股份，并按照个人所持有的股份行使分红权、增值权、表决权和处置权等。当4位股东的股份比较平均，没有大股东，如果公司有重要事项需要上升到股东会审议，并且4位股东的意见又不完全一致时，表决可能陷入僵局，某一项议案得不到入席会议股东所持表决权1/2以上或者2/3以上通过，该议案就无法通过，不能实施。商场如战场，机会稍纵即逝，公司在面临重大事项决策时，如果不能及时作出决策，可能贻误战机。长此以往，公司的发展前景令人担忧。

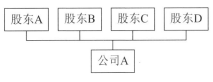

图5-3　单层股权结构

如图5-4所示，是一个双层股权结构。一方面，A、B、C、D共4位股东按照各自所持股份享有相应的股东权利；另一方面，在4位股东之外存在一个作为持股平台的合伙企业，4位股东中的大股东C作为合伙企业一般合伙人(执行事务合伙人)，对合伙企业所持股份享有表决权。这样股东C享有的表决权就是他自己所持股份和合伙企业所持股份，也就是说，加大了他个人的表决权和影响力。

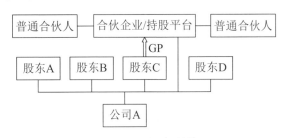

图5-4　双层股权结构

2. AB股模式

AB股模式，即将股票分为A、B两个系列。其中，对外部投资者发行A系列普通股，A股每股拥有1票投票权；而管理层持有的B系列普通股，每股则有N票(通常为10票)投票权。公开资料显示，采用AB股模式的主要明星科技公司包括美国的Google、Facebook，以及中国概念股人人公司、百度公司、京东商城、优酷公司等。

在AB股模式实施过程中，A系列股票的发行对创始人所持股票的表决权的稀释程度很低，目的就是保护创始人团队对公司的控制权。例如，2012年，谷歌又增加了不含投票权的C类股用于增发新股。

由于我国二级市场不成熟，实施AB股模式暂无法律依据。随着法律法规的完善、反腐的推进、相关制度的发布和执行，以及职业规范和职业精神的建立,未来我国上市公司实施AB股模式是一种必然趋势。

3. 表决权代理协议

所谓表决权代理协议是指部分股东尤其是小股东将自己所持股票的表决权委托给其他人,一般由创始人股东行使,以增加创始人股东所持表决权股份,其目的也是加大创始人对公司的控制权。例如,Facebook上市时,除了采用AB股模式外,扎克伯格还和主要股东签订了表决权代理协议。

4. 一致行动人协议

一致行动人协议是指公司股东通过协议安排,共同扩大对上市公司的股份表决权数量的行为。根据证监会发布的《上市公司收购管理办法》(2008年修订)第八十三条的规定,一致行动人是指通过协议、合作、关联方关系等合法途径扩大其对一个上市公司股份的控制比例,或者巩固其对上市公司的控制地位,在行使上市公司表决权时采取两个以上的自然人、法人或者其他组织的相同意思表示。一致行动人应当合并计算其所持有的股份。投资者计算其所持有的股份,应当既包括登记在其名下的股份,也包括登记在其一致行动人名下的股份。

一致行动人以"一致行动人协议"为基础,协议规定一致行动人在向股东大会、董事会行使提案权和在相关股东大会、董事会上行使表决权时保持一致。一般情况下,一致行动人在行使提案权和表决权之前会进行洽商,尽可能达成一致。如果没有达成一致,协议会明确规定以谁的意见为主进行提案或表决。

中国拟上市公司在上发审会前,如果大股东所持公司股份低于50%,通常会签署"一致行动人协议",目的是表明公司有牢固的控制权。同时,也经常在发起人股东限售股份解禁时解除"一致行动人协议",此时解除协议,通常情况下是为了减持股份。例如,合众思壮(002383)在上市前的2007年12月24日,第一大股东郭信平和第二大股东李亚楠就签订了"一致行动人协议",而双方又自2013年5月16日解除了"一致行动人协议"。根据解除协议,自2013年5月16日起李亚楠不再是合众思壮的共同控制人,郭信平为合众思壮唯一的实际控制人。公司控股股东郭信平于5月14日通过深交所集中竞价和大宗交易系统累计减持公司无限售流通股265万股,占公司总股本的1.42%。

采用上述4种方法,目的只有一个,就是保持"老大"对公司的控制权!

5.4 定授予价格

定价在"九定模型"中居于核心地位；一般情况下，定类环节出现问题的可能性较小；在定人环节中，多进入一人或遗漏一人对整个股权激励计划的影响有限，况且也没有绝对的公平；在定量环节中，总量和个量的多少也仅仅是量的问题，难以上升到质的层面。但是定价环节确实非常关键，定价的成败直接决定股权激励计划的成败。主要原因是激励对象的收益源于定价和实际价之间的价差，价差适当才能表明激励计划适当；价差太高只能表明激励过度；价差太低则激励效果有限，尤其是当价差与激励对象的期望有很大的差距时，则可能产生负面影响。最典型的情况是，价差是负数，即实际价格比行权价格还要低。如果出现这种情况，不仅表明激励计划失败，而且可能导致人员的集中流失。

此外，定价还能反映老板的品格和对人员价值的认可度，如果老板认为公司之所以会有目前的成绩，与员工风雨同舟、不离不弃、相生相伴是密不可分的，就可能会在定价时接受较低的价格；如果老板认为公司的成就主要是自己的功劳，员工因拿了工资而做出贡献是应该的，就可能希望制定较高的价格，或者在定量时确定一个较低的量。

5.4.1 上市公司激励股票的定价

上市公司股权激励计划主要包括股票期权和限制性股票。对于这两种股权激励计划的定价，《上市公司股权激励管理办法》有明确的规定。

第二十三条 上市公司在授予激励对象限制性股票时，应当确定授予价格或授予价格的确定方法。授予价格不得低于股票票面金额，且原则上不得低于下列价格较高者：

(一) 股权激励计划草案公布前1个交易日的公司股票交易均价的50%；

(二) 股权激励计划草案公布前20个交易日、60个交易日或者120个交易日的公司股票交易均价之一的50%。

上市公司采用其他方法确定限制性股票授予价格的，应当在股权激励计划中对定价依据及定价方式作出说明。

第二十九条 上市公司在授予激励对象股票期权时，应当确定行权价格或者行权价格的确定方法。行权价格不得低于股票票面金额，且原则上不得低于下列价格较高者：

(一) 股权激励计划草案公布前1个交易日的公司股票交易均价；

(二) 股权激励计划草案公布前20个交易日、60个交易日或者120个交易日的公司股票交易均价之一。

上市公司采用其他方法确定行权价格的，应当在股权激励计划中对定价依据及定价方式作出说明。

5.4.2 非上市公司激励股权的定价"六法"

非上市公司股权的定价是一个既简单又比较复杂的问题。简单在于没有法律法规的强制性规定，股东怎么定都不会有大问题；复杂在于没有可以参照的依据，定多少合适完全需要股东衡量。定价不仅涉及员工获授激励股份后的收益问题，而且涉及激励对象的纳税负担问题。其中的一个核心问题是，激励股权的定价与企业股权的公平市场价格之间的关系。从实践来看，非上市公司股权的公允价格是比较难以确定的，除非公司近期有融资或增资而形成公允价格。从税收法规来看，我国税务法律法规并没有规定股权激励的定价与公允价格之间的关系，更没有强制规定不得低于公允价格。

《财政部 国家税务总局关于完善股权激励和技术入股有关所得税政策的通知》(财税〔2016〕101号)涉及非上市公司股权激励问题，但是也没有明确的定价规定，仅仅提到"本通知所称股票(权)期权是指公司给予激励对象在一定期限内以事先约定的价格购买本公司股票(权)的权利；所称限制性股票是指公司按照预先确定的条件授予激励对象一定数量的本公司股权，激励对象只有工作年限或业绩目标符合股权激励计划的规定条件才可以处置该股权；所称股权奖励是指企业无偿授予激励对象一定份额的股权或一定数量的股份"。

为贯彻落实《财政部 国家税务总局关于完善股权激励和技术入股有关所得税政策的通知》(财税〔2016〕101号)，《国家税务总局关于股权激励和技术入股所得税征管问题的公告》(国税公告〔2016〕62号)针对非上市公司的递延纳税提到了"非上市公司股票(权)的公平市场价格,依次按照净资产法、类比法和其他合理方法确定。净资产法按照取得股票(权)的上年末净资产确定"。这也不是对非上市公司股权激励定价的强制性规定。

既然法律法规并无强制性规定,那么非上市公司既可以选择授予日的市场价格,也可以选择该市场价格的折扣价格,还可以选择按照事先设定的计算方法约定的价格。在实践中,我们总结出事先设定的计算方法通常有"注册资本法""净资产定价法""内在价值法""并购价值法""并购价值折扣法"以及"混合定价法"6种办法。

5.4.2.1 注册资本法

注册资本为公司在登记机关登记的全体股东认缴的出资额,股东不论是以货币出资,还是用实物、知识产权、土地使用权等可以用货币估价并可以依法转让的非货币财产作价出资,都以货币计价。所谓注册资本法就是以注册资本作为股本总额,其中每股的价格相当于购买1元公司注册资本所支付的对价。注册资本法的定价就是每股为1元。比如,A公司注册资本为5 000万元,就假定A公司为5 000万股,每股的价格为1元。有限责任公司的股东以其认缴的出资额为限对公司承担责任;股份有限公司的股东以其认购的股份为限对公司承担责任。绝大多数非上市公司都是有限责任公司,对于有限责任公司而言,股本是多少完全可与股东和激励对象商定,通常将每元注册资本当作1股,也可以将每元注册资本当作10股,或者其他数额。

5.4.2.2 净资产定价法

净资产定价法是指依据企业的净资产来确定企业的价值。所谓的净资产是指企业的资产总额减去负债以后的净额,它由两大部分组成:一部分是企业开办之初投入的资本,包括溢价部分;另一部分是企业在经营中创造的,也包括接受捐赠的资产,属于所有者权益。净资产定价法的主要缺陷是忽略了企业的无形资产价值,如品牌价值、知识产权价值等。而对于科技型企业尤其是轻资产的科技型企业而言,无形资产价值才是其核心价值。所以以净资产定价,对激励对象而言是相较于公司价值更低的定价方法。

5.4.2.3 内在价值法

所谓的内在价值法就是要看企业实实在在的价值是多少，企业价值等于现有的净资产和未来的获利能力，用公式表示为

$$企业价值=净资产+获利能力$$

如果企业获利能力很强，内在价值就高。但是对于企业获利能力，尤其是对于未来获利能力的评估，投资方与员工之间肯定难以达成共识。一般是以现有的获利能力为基础，通过分析企业的竞争力、市场潜力等因素来预估获利能力。假设A企业现有的净资产是1 000万元，当年盈利500万元，未来3年净资产不变但是利润将以30%的比例增长，则第一年的企业价值为1 500万元，第二年的企业价值为1 650万元，第三年的企业价值为1 845万元。

5.4.2.4 并购价值法

所谓并购价值通常是指企业在引入外来投资时，对这家企业的评估价值，或者是股东向企业增资时对企业的评估价值。当然，通常情况下，外部资金进入往往会给企业带来10倍左右的杠杆，即如果企业注册资本是1 000万元，当年盈利500万元，可能外部投资会给予5 000万元左右的估值，也就是说每股5元。当然，这一估值的高低取决于多种因素，处于核心地位的因素是企业的核心团队和未来获利能力。

当然，如果每股5元是给外部投资人的价格，那么以相同的价值来对股权激励的激励股份定价，激励对象的感受会不好，会认为这不是激励，而是一种融资。当年SP行业的华友世纪就是以这个规则来授予激励股权的，不曾想华友世纪在美国上市时，二级市场的价格反而低于激励对象的行权价格，也就是说，激励对象不仅没有受到激励，反而亏了行权本钱。在后来的一年中，华友世纪的核心骨干员工大量流失，企业也面临大幅度的业务转型，不得不对没有主动辞职的员工采取解聘的措施。正是在这种情况下，出现了"并购价值折扣法"。

5.4.2.5 并购价值折扣法

并购价值折扣法是指在实施股权激励计划的过程中确定激励股份的定价，在并购价值的基础上，给予一定的折扣。操作要点为：第一，在引进

投资中对企业价值进行评估，或通过专业机构评估，确定企业的并购价值。假如企业并购价值为2亿元，对应2亿股，则每股定价1元。第二，确定实施内部股权激励时认购或行权价格的优惠幅度。假如优惠幅度为50%，则员工认购或行权的价格为每股0.5元。相对于外部投资者，其实员工已经获得每股0.5元的收益空间。

此方法的运用焦点是企业并购价值的评估。假如企业面临引入外来投资(风险投资或战略投资)，则会产生一个令股东方和员工方均信服的"并购价值"。并购价值折扣法体现了股权激励中的"激励"的性质。

5.4.2.6 混合定价法

混合定价法就是在上述几种定价方法的基础上，同时运用两种或多种方法进行综合比较后定价。比如，某公司的股权激励计划中就规定激励股份的认购价格为每购买1元公司注册资本所支付的对价和每股净资产价格之间的孰高者，这就是混合定价法。

当然，市场上也有很多创始人股东免费赠送激励股份的案例，在这种情况下，激励对象不需要支付任何对价。据报道，中小板公司启明星辰(002439)于2010年6月23日上市前，公司大股东王佳采用免费赠予的方法向核心骨干员工实施股权激励。不过，我们并不鼓励这样操作，因为如果激励对象支付一定的价格，他会更加关注、更加重视激励股份，也更能感受到激励股份的价值。

5.5 定时期安排

5.5.1 实施股权激励计划的决策

股权激励计划是一把双刃剑，一方面，可能给公司的发展注入强劲的动力，有助于企业吸引人才、留住人才，激发人才的积极性；另一方面，如果实施不当，也可能刺痛很多核心骨干员工的心，给企业带来无穷的伤害，造成不可挽回的损失。所以，"定时"首先要考虑要不要实施股权激励计划,然后考虑何时实施股权激励计划。

要不要实施股权激励计划,首要的判断标准是人才在企业发展过程中的作用,是否有必要也有可能通过股权激励来吸引、保留、激励人才,具体包括以下几个方面。

(1) 从行业的角度看,高新技术行业更加依赖人才的作用,更有必要实施股权激励;而对于人才的创造性作用相对较小的传统行业来说,实施股权激励的必要性较小。股票期权等股权激励模式首先是在高新技术行业兴起的,尤其是一些互联网、尖端技术型创业公司。实施股权激励后,一旦企业发展成功,激励对象在市场杠杆的作用下,所持股票的价值将迅速得到提升,股权激励就变成一台"造富机器"。

(2) 从企业发展前景来看,如果企业正处于上升阶段,则有必要实施股权激励;如果企业发展呈"日落西山、朝不保夕"的状态,则实施股权激励的必要性较小。处于上升阶段的企业往往资金短缺,不可能有充足的资金来支付高额工资,实施股权激励可促使核心骨干员工立足长远,一起刻苦努力将企业推上一个新台阶。如果企业获得成功,则核心骨干员工所持股份的价值也会得到大幅度提升。

(3) 从市场竞争态势来看,如果市场竞争激烈,人才相对短缺,则有必要实施股权激励;如果市场化水平低,甚至处于垄断阶段,则没有必要实施股权激励。

(4) 从企业发展阶段来看,不同阶段需要配合不同的激励手段,股权激励只是一种长期激励手段,除此之外还有其他的短期、中期激励手段。

总之,对于是否实施股权激励计划的决策,要从需求出发,需要企业综合衡量,既不要盲目追随,也不要对实施股权激励计划犹豫不决,以免贻误战机。

5.5.2 实施股权激励计划的时间

什么时候实施股权激励计划?我们认为还是要从需求出发,既要考虑员工的需求,也要考虑企业的需求,一切由需求推动。如果没有需求,企业股东也不会或也没有必要付出更多现金或稀释自己的股份去实施股权激励计划。

从企业需求层面看，一般来说，企业实施股权激励计划的目的主要有以下几个。

(1) 贯彻业绩导向的绩效文化。在股权激励计划的实施中，必然会将股权的授予、行权甚至出售与业绩挂钩，这里所说的"业绩"一般既包含企业或激励对象所在业务单元的经营业绩，也包含激励对象个人的业绩。业绩达到约定的标准，就可以全部授予或行权；业绩没有达到约定的标准，就可能部分授予或行权，甚至不能授予或行权。通过这种机制贯彻业绩导向的绩效文化，最终的目的还是要推动企业业绩的提升。

(2) 把员工利益和企业利益、股东利益捆绑在一起，培育企业长远发展所需要的良好团队精神。在第2章中，我们详细分析了委托代理制带来的企业和经营者利益不一致而导致的逆向选择和道德风险问题，以及偷懒、机会主义的风险。要解决这些问题，可采取以下三种措施：一是加强信息交流，避免信息不对称；二是建立社会诚信体系，一旦职业经理人做出这种行为并且被发现，便将其纳入社会诚信体系，导致经理人付出高昂的代价；三是激励手段，通过价值分享来捆绑员工利益、企业利益和股东利益，使三方利益一致，相当于在三者之间建立了利益共享机制。在采用第三种措施时，股权激励就是很有效用的长期激励措施。

(3) 通过股权激励吸引优秀人才加盟。优秀人才是否加盟某企业，既要考虑平台、股东是否合适，也要考虑所获利益是否令人满意。股权激励是企业和优秀人才都愿意选择的满足优秀人才利益诉求的方式。对企业来说，既可以少支出现金又可以对优秀人才进行利益捆绑，促使优秀人才立足长远，工作更稳定、服务更长久。对优秀人才来讲，工资很高也有两个弊端：一是个人所得税很高，应税所得额8万元以上就要缴纳45%的税，导致税后收入减少。二是工资太高，在企业内部会打破平衡，让自己处于"高高在上"的境地。俗话说"高处不胜寒"，在一个团队里面如果自己的业绩未必最好、岗位未必最重要，而工资却最高，对个人而言也不是件好事。如果能够拿到激励股份，未来企业做好了，个人的收益肯定比工资更高。

(4) 构建优秀的企业核心经营团队，为企业的长远发展奠定基础。通过股权激励不断吸引优秀人才，有助于企业构建或优化核心经营团队，为老员工的退出和企业的长远发展奠定基础。

(5) 解决核心员工的后顾之忧。企业核心员工大多在35岁及以上，处于这一年龄阶段的人一般上有老、下有小，生活压力比较大。他们的后顾之忧无非对父母尽孝、对老婆孩子尽责。如果企业核心员工的后顾之忧没有得到解决，要求他们为企业的发展尽心尽力是很困难的，此时企业的战略目标是老板的梦想，难以内化为核心员工的梦想。目前，部分国内老板之间有一种论调，他们认为不能轻易让核心员工解决后顾之忧，否则就会失去工作动力；也不能让核心员工手中有钱，否则他们就可能离开企业自己创业。这反映了部分老板的心胸，反映了部分老板对核心员工的关爱与否。我相信，不关注核心员工的后顾之忧甚至阻止核心员工解决后顾之忧的老板不可能真正获得核心员工的信任和倾情的投入，这样的老板可能一直是个"小老板"，难以成为"大家"。

对实现上述部分或全部目标感到很迫切的时候，就是企业实施股权激励的时机。

5.5.2.1　非上市公司：创业期、上市前夕、转型期

对非上市公司而言，一般在创业期、上市前夕和转型期会产生实施股权激励的强烈需求。创业期是企业风险最大、经营前景最不确定、最缺乏资金的时刻，而此时创业者心中有一个梦想，并且坚信这个梦想能够实现。为了吸引同样相信这个梦想的合伙人和优秀人才加盟，在不能给他具有市场竞争力的工资的情况下，唯一的办法就是让出部分股份，大家一起挽起袖子干，把企业当作实现梦想的共同平台，只有这样，员工才会有工作动力，即便没日没夜、加班加点，也无怨无悔。

当企业度过生存期，进入上市前夕，面临的情况又不一样了。此时企业有几个明显的诉求：一是为了满足上市的需要，企业还需要吸引高端人才，比如董事会秘书、财务负责人等；二是为了满足上市后进一步发展的需要，企业需要网罗一批技术、业务方面的高端人才，进一步提升核心团队的能力；三是企业需要回报自设立到现在为企业做出贡献的人员。基于这三个方面的需要，此时企业实施股权激励计划非常有必要。在此时实施股权激励计划，激励模式往往以股票期权为主，授予后的行权等待期不宜过长，因为按照目前国内法律法规的要求，公司上市前必须明确股权，不能采用股票期权。此时企业的做法一般是加速行权，尽快将激励股份落实在激励对象名下。

企业的发展没有一帆风顺的，很多企业都曾面临痛苦的转型期。转型期使企业再一次进入生存期或者在生存期转型而进一步延长生存期。有很多企业实现多次转型，更多的企业在转型期消亡。此时实施股权激励计划的目的，一是将员工利益、企业利益和股东利益紧紧捆绑在一起，共渡难关；二是针对新业务、新情况吸引适应新业务、新情况的优秀人才加盟，进一步构建企业的核心团队。

5.5.2.2 上市公司：上市成功时、二次创业期

对上市公司而言，常见的情况是在上市成功时和二次创业期实施股权激励计划。一旦上市成功，发起人股东的价值将得到放大和具体体现，此时为了回报没有成为发起人股东的核心骨干员工，也为了激励核心骨干员工在分享企业上市价值的同时继续保持奋斗的精神，往往很快就实施一期股权激励计划。上市公司在二次创业时期，往往面临老员工退出、核心班子重新构建以及进一步吸引符合二次创业时期需求的核心骨干人才等情况，此时通过实施股权激励来吸引人才并进行利益捆绑既有可行性，也有必要性。

5.5.3 授予、锁定与限售、行权与解除限售、禁售期的选择

一个股权激励计划在实施、授予、行权或解除限售、变更、终止等整个生命周期内，涉及多个时期的选择。对股票期权而言，涉及股票期权的授权日、等待期或锁定期、可行权日、行权安排、禁售期；对限制性股票而言，涉及限制性股票的授予日、限售期、解除限售、解除限售安排、禁售期。

这里我们主要针对上市公司的上述时期安排来说明，对非上市公司而言相对要简单一些，至于股权激励方案的审批程序参见本书第7章。

1. 授予日

授予日或者授权日在股权激励计划经公司股东大会审议批准后由公司董事会确定。公司应在股东大会审议通过本计划之日起60日内向激励对象授予股票期权或限制性股票并完成公告、登记，届时由公司召开董事会对

激励对象就本激励计划设定的激励对象获授限制性股票或股票期权的条件是否满足进行审议。

授予日必须为交易日，且不得为下列期间。

(1) 公司定期报告公告前30日内，因特殊原因推迟定期报告公告日期的，自原预约公告日前30日起算，至公告前1日。

(2) 公司业绩预告、业绩快报公告前10日内。

(3) 自可能对公司股票及其衍生品种交易价格产生较大影响的重大事件发生之日或者进入决策程序之日，至依法披露后2个交易日内。

(4) 中国证监会及证券交易所规定的其他时间。

2. 锁定与限售，行权与解除限售

锁定期又称为等待期，是指自股票期权授权日起至股票期权首个可行权日的期间。股票期权在等待期内不得转让、用于担保或偿还债务。锁定期后就进入可行权日。

限售期是指授予的限制性股票自完成登记之日起至解除限售日的期间。在限售期内，限制性股票不得转让、用于担保或偿还债务。限售期后就进入解除限售期。

限制性股票授予日与首次解除限售日之间的间隔不得少于12个月。在限制性股票有效期内，上市公司应当规定分期解除限售，每期时限不得少于12个月，各期解除限售的比例不得超过激励对象获授限制性股票总额的50%。

股票期权授权日与获授股票期权首次可行权日之间的间隔不得少于12个月。在股票期权有效期内，上市公司应当规定激励对象分期行权，每期时限不得少于12个月，后一行权期的起算日不得早于前一行权期的届满日。每期可行权的股票期权比例不得超过激励对象获授股票期权总额的50%。

上述解除限售日或行权日与授予日之间，以及每期解除限售日或行权日之间按规定都不得少于12个月，这就意味着多于12个月是可以的。是否要多于12个月应依据企业的实际情况来确定，一般而言多于12个月意味着对激励对象的约束期更长，当然对激励效果也会产生影响，但关键还是要看预期的可能收益有多大。另外，当企业同时实施两个股权激励计划时，比如限制性股票计划和股票期权计划，那么就可以错开解除限售日和行权日，这样既能让激励对象很快感受到股权激励的利益，又能延长股权激励的约束时间。

3. 禁售期

上市公司还对解除限售或行权后的股票设置了禁售期。禁售期是指对激励对象解除限售或行权后所获股票进行售出限制的时间段，上市公司一般有如下规定。

(1) 激励对象转让其持有公司的股票，应当符合《公司法》《证券法》《交易所股票上市规则》等法律、法规、规章以及《公司章程》的有关规定。

(2) 激励对象为公司董事和高级管理人员的，其在任职期间每年转让的股份不得超过其所持有本公司股份总数的25%；在离职后半年内，不得转让其所持有的本公司股份；激励对象持有的本公司股票在买入后6个月内不得卖出，或者在卖出后6个月内不得又买入，否则由此所得收益归公司所有，公司董事会将收回其所得收益。

(3) 在激励计划的有效期内，如果《公司法》《证券法》等相关法律、法规、规范性文件和《公司章程》中对公司董事和高级管理人员持有股份转让的有关规定发生了变化，则这部分激励对象转让其所持有的公司股票时应符合修改后的《公司法》《证券法》等相关法律、法规、规范性文件和《公司章程》的规定。

以上规定对上市公司的董事、高管而言是强制性规定。对非上市公司而言，完全可以在股权激励计划管理办法或股权激励计划协议中设置禁售期，对激励对象解除限售或行权后出售所持公司股权进行限制，并且既可以是对时期的限制，也可以是对出售对象的限制。对禁售期的限制，目的是加强约束，延长激励对象的服务时间；对出售对象的限制，目的是避免因公司股份被外人持有而影响公司今后的商业秘密保护和导致股份的分散。

5.5.4　授予时机的选择

向激励对象授予激励股份，到底是一次性授予好还是分次授予好，一直是很多人争论的一个话题。其实，我们所认为的好或不好都不是绝对的，关键要看需求，一切由需求推动。一次性授予操作简单，但缺乏灵活性；多次授予肯定要复杂一些，但更有灵活性。我们将在第6章"股权激励方案设计的艺术：从'心'开始"中专门详述"刚柔并济，避免产生特权阶层"。

比如，某家软件企业设置的股票期权激励计划中，规定首次授予目标授予额度的80%，另外的20%分为4年，每年依据考核业绩来决定5%的授予额度，也就是将每一位激励对象的目标授予额度分成5次授予。如果这5次授予的等待期、可行权日是一样的，则这种授予方式将导致核算工作量的增加。其实对于非上市公司而言，即便采用一次性授予，公司也可以通过设置业绩条件来决定行权额度的多少，从而达到分多次授予同样的效果。所以，简化股权激励计划，把握时间的限制和业绩的要求，是我们一直倡导的理念。

5.6 定股份来源

股份来源是针对实股模式而言的，即针对现股、员工持股计划、股票期权、限制性股票，只有在实股模式下才涉及股份来源问题。虚股模式下的各种股权激励方式，不论是分红权还是增值权，仅仅以股权权益来计量，并不涉及相应的股份问题。当然，在先分钱再转股的模式下，也涉及股份来源问题，只是在分钱环节不涉及股份来源，而在转股环节需要明确股份来源问题。

5.6.1 上市公司激励股份来源

对于上市公司的激励股份来源，《上市公司股权激励管理办法》第十二条明确规定，拟实行股权激励的上市公司，可以下列方式作为标的股票来源：①向激励对象发行股份；②回购本公司股份；③法律、行政法规允许的其他方式。由于第二种方式需要消耗上市公司的现金，很少被采用，绝大多数上市公司实施股权激励时都采用第一种方式，即向激励对象定向增发股份。这种方式对股东的股份有稀释作用，但一般来说，稀释比例有限，并且企业可以收到激励对象认购或行权时支付的现金。现金对上市公司而言，可是很宝贵的资源！

2014年6月20日，中国证监会制定并发布《关于上市公司实施员工持股计划试点的指导意见》，在上市公司实施员工持股计划试点。该指导意见规定，实施员工持股计划可以通过以下方式解决股票来源：①上市公司回购本公司股票；②从二级市场上购买；③认购非公开发行的股票；④股东自愿赠予；⑤法律、行政法规允许的其他方式。从实际实施的情况来看，应用最多的方式还是认购非公开发行股票，并且往往是在配合公司重大资产重组的同时认购公司非公开发行的股票。其次是从二级市场上购买，并且往往是由大股东担保向银行等金融机构借贷解决资金需求问题。

5.6.2 非上市公司激励股份来源

非上市公司激励股份的来源相对来说比较单纯，主要有以下几种方式。

(1) 大股东让渡。通过大股东转让的方式来获得激励股份是比较常见的方式，但这种方式往往出现在一股独大的企业中。也就是说，在企业创始人中，有一个人所持股份相对较多，至少在50%以上甚至更多，他有可能直接转让股份并不影响他对企业的控制权。另外，大股东转让股份时也涉及定价的问题，一般情况下，如果大股东愿意直接转让，转让对象往往是对企业来说非常重要的人员，转让的价格往往相对比较低。如果企业设立时合伙人较多，导致股份比较分散，往往就不存在大股东直接转让股份的可能，此时一般会采用增资扩股的方式。

(2) 增资扩股。即股权激励对象出资认购企业的股份，激励对象的出资会相应增加公司的注册资本，激励对象以个人的出资比例持有公司的股份。增资扩股与大股东转让有三点重要的区别：第一，增资扩股会对现有所有股东的股份产生稀释作用，并且是同比例稀释，但是所有股东所持股份的绝对数量不会发生变化。也就是说，因为企业的总股本增加了，所有股东所持股份的比例降低，但绝对股数不会变化。第二，如果大股东直接转让股份，企业的总股本不会发生变化，但大股东的绝对股数和持股比例会下降，而其他股东的绝对股数和持股比例不变。第三，采用大股东转让股份的方式时，激励对象支付的对价应该给大股东；而如果采用增资扩股的方式，则激励对象的认购款应该支付给企业。

(3) 预留激励期权池。在企业设立时，创始人股东预想到今后会产生吸引高端人才的需要而预留激励期权池。但更多时候，当有外部资金进入时，投资人一方面立足企业长远发展，出于引进人才的考虑，另一方面也是担心在人才进入后公司才设置股权激励计划会稀释自己的股份，从而对企业股东提出预先设置激励期权池的要求。预留激励期权池的大小没有统一的法定规定，一般情况下为10%～15%，当然也可定为5%甚至20%，主要还是取决于企业的需求，企业对未来引进人才的需要，以及各股东的意愿。激励期权池今后如果不够用，也可以采用增资扩股的方式获得激励股份，再次设置激励期权池。期权池在设立时如果没有全部授出，一般由创始人股东或大股东代持。

5.7 定约束条件

很显然，股权激励不是免费的午餐，也不是发福利，股权激励是一副"金手铐"，是激励与约束相结合的机制。实施股权激励也不仅仅是为了激励核心骨干人员，其终极目的还是捆绑核心骨干人员的利益，实现激励对象、企业、股东三方的利益共赢。正因如此，无论是上市公司还是非上市公司，在实施股权激励计划的时候，往往都会确定约束条件。这个约束条件一般包含两个方面，一是对禁止行为的规定，二是对业绩条件的规定。

5.7.1 对禁止行为的规定

实施股权激励计划不能缺少对禁止行为的规定，设置禁止行为的目的是约束激励对象的行为，使激励对象在获取利益的同时保护、提升企业的利益和股东的利益。如果仅仅关注单方面的利益，股权激励机制不会持久。一般来说，禁止行为包含两个方面的内容：一是不得损害公司利益的要求，二是在规定的服务期内不得离职的要求。在禁止行为中，还需要详细规定，如果出现这两类行为，激励股份该如何处置。这些内容需要写入与激励对象签订的书面股权授予协议中，并且需要严格执行。

1. 不得损害公司利益的要求

损害公司利益的行为，一般包括但不限于如下行为。

(1) 重大渎职行为。

(2) 重大失职导致公司利益受到重大损失。

(3) 对于尚未行权的股权认购权，私自转让、出售、交换、抵押、担保、偿还债务等。

(4) 受贿索贿、贪污盗窃、泄露公司经营和技术秘密、损害公司声誉等。

(5) 未经公司许可，在任何其他营利性单位或组织工作或兼职，或在公司安排的工作时间内从事非公司安排的其他工作。

(6) 参与和公司的业务经营有竞争性的活动，或为其他单位谋取与公司有竞争性的利益；从事任何有损公司声誉、形象和经济利益并给公司利益造成侵害或损失的活动。

(7) 向任何第三人透露、披露、告知、交付、传递公司的商业秘密；未经公司许可，以任何形式使之公开(包括发表、网上发布、申请专利等)。本款所指的"商业秘密"，系指不为公众所知悉的，能为公司带来经济利益，使公司与其他人相比具有优势地位，具有实用性并经公司采取保密措施的技术信息和经营信息，包括但不限于：

① 技术、信息、解决方案、技术诀窍、新成果与工艺流程等；

② 经营信息，包括客户名单、供应商名单、销售渠道、广告策划创意和计划、促销计划、市场计划和渠道、经营计划、融资计划和渠道等。

(8) 有损公司利益的其他行为。

公司可以在股权激励授予协议中明确规定，激励对象从事上述禁止行为的，公司与其签订的股权激励协议自动失效，其尚未获得授予的激励股权不再授予；其已被授予的全部失效；其已经通过行权获得的股权应予以全部转让。公司可以通过法律途径追索其造成的经济损失，并取消该员工享受后续股权激励的权利。

2. 在规定的服务期内不得离职的要求

在规定的服务期内离职的情形主要有如下几种。

(1) 离职或聘期结束未获续聘的。

(2) 因为不胜任工作而降级导致岗位责任降低并且不再在本计划参与人范围之内的。

(3) 任期内辞职并获得公司批准的。

(4) 公司主动将之辞退或解聘的。

出现上述在服务期离职的行为，可以规定其尚未获得授予的股权不再授予；其已被授予但未行权的股权全部失效；其已经通过行权(含出资)而获得的股权，应予以全部转让。

激励对象正常病休、退休或因公司需要而调动的，情况与上述情形下的离职不同，可以规定其尚未获得授予的股权不再授予；其已被授予但未行权的股权全部失效；其已经通过行权(含出资)获得的股权，可以视同在职激励对象而在有退出机会时实现退出。

5.7.2 对业绩条件的规定

1. 上市公司股权激励的业绩条件

上市公司股权激励的业绩条件是有明文规定的，《上市公司股权激励管理办法》第十条、第十一条中明确规定业绩条件既要考虑公司的业绩目标，也要考虑激励对象个人的业绩目标。公司的业绩目标主要有净资产收益率、每股收益、每股分红等能够反映股东回报和公司价值创造的综合性指标，以及净利润增长率、主营业务收入增长率等能够反映公司盈利能力和市场价值的成长性指标。

第十条　上市公司应当设立激励对象获授权益、行使权益的条件。拟分次授出权益的，应当就每次激励对象获授权益分别设立条件；分期行权的，应当就每次激励对象行使权益分别设立条件。

激励对象为董事、高级管理人员的，上市公司应当设立绩效考核指标作为激励对象行使权益的条件。

第十一条　绩效考核指标应当包括公司业绩指标和激励对象个人绩效指标。相关指标应当客观公开、清晰透明，符合公司的实际情况，有利于促进公司竞争力的提升。

上市公司可以公司历史业绩或同行业可比公司相关指标作为公司业绩指标对照依据，公司选取的业绩指标可以包括净资产收益率、每股收益、每股分红等能够反映股东回报和公司价值创造的综合性指标，以及净利润增长率、主营业务收入增长率等能够反映公司盈利能力和市场价值的成长性指标。

以同行业可比公司相关指标作为对照依据的，选取的对照公司不少于3家。

激励对象个人绩效指标由上市公司自行确定。

上市公司应当在公告股权激励计划草案的同时披露所设定指标的科学性和合理性。

对上市公司来说，首先要看公司的业绩是否达标，如果公司业绩不达标，则该年度所有激励对象都不得行权或解锁；如果公司业绩达标，则要看个人业绩如何，公司可以规定个人业绩考核达多少分以上方可全部行权或解锁，多少分至多少分可以部分行权或解锁，多少分以下则不得行权或解锁。另外，《上市公司股权激励管理办法》针对上市公司实施股权激励计划的业绩条件授予了上市公司自我选择的权限，但必须说明设定业绩指标的科学性和合理性。以下是某公司公告的对业绩目标的科学性和合理性的说明。

案例

股权激励计划绩效考核指标设定科学性、合理性的说明

公司限制性股票与股票期权考核指标分为两个层次，分别为公司层面业绩考核、个人层面绩效考核。

公司层面业绩指标体系以营业收入为主，兼顾净利润。公司设定此指标体系综合考虑了未来几年北斗导航产业的发展趋势与市场状况、公司自身发展阶段以及相关经营策略等方面。

……

(行业形势分析略)

基于对行业发展趋势及市场状况的判断，公司制定了……的发展战略规划，并致力于用三年时间(即2016—2018年)着重推动公司规模化发展，以扩大收入规模、提高市场占有率、树立市场品牌为首要目标，以此推动公司价值和盈利能力的提升。在此期间，公司将加大研发投入，加大管理基础设施和管理能力投入，以满足公司规模化发展的需要，并打造核心竞争力、提升管理水平。因此，结合本次股权激励计划的具体安排，在本次股权激励计划中，拟定……的业绩指标(相当于年均复合增长率为25.99%)，以此作为限制性股票的公司层面业绩考核指标。在增强公司成长性的同时，

公司致力于通过股权激励计划，最终提高股东回报。因此，在本次股权激励计划中，2019年的公司业绩指标同时包括营业收入指标与净利润(扣除非经营性损益后)。净利润指标的取值标准是基于行业特征及公司的实际经营情况确定的，公司取得的与业务相关的政府补助收益多源于公司承担各类以及各级政府卫星导航科研、产业化应用项目，与公司经营紧密相关，且能够较好地体现公司业务发展状况及价值增长。

本次股权激励的公司业绩目标的设定符合公司的现状和发展策略，有助于巩固公司在业内的领先地位，提升公司竞争力，使公司进入规模化、均衡化发展的"快车道"，并能大力促进公司成为"受人尊重、员工自豪、国家信赖、国际一流"的导航产业集团这一愿景目标的实现。

除公司层面的业绩考核外，本计划还针对激励对象设置了严密的绩效考核体系，并根据激励对象的绩效考评结果，确定激励对象个人是否达到行权条件以及实际可行权数量。

综上，公司对上述业绩指标的设定充分考虑了公司的历史业绩、经营环境、行业状况，以及公司未来的发展规划等因素。本次激励计划的考核体系具有全面性、综合性及可操作性，考核指标设定具有良好的科学性和合理性，在树立公司较好的资本市场形象的同时，可以对激励对象产生约束效果，从而达到本次激励计划的考核目的。

2. 非上市公司股权激励的业绩条件

非上市公司股权激励业绩条件与上市公司雷同，只不过没有强制性规定，公司可以依据企业发展目标而设置，大体上也分为企业或所在业务单元的业绩目标和个人的业绩目标两大类。两类目标可以通过设置权重来进行考核，得出最后的考核分数，并规定多少分以上方可全部行权或解锁。以下是某公司关于激励对象个人考核的指标和分数计算方法，仅供参考。

案例

一、考核指标

激励对象的个人层面绩效考核内容，遵照公司《激励计划考核管理办法》和公司绩效考核的相关规定，包括企业经营业绩指标和个人关键业绩指标(以下简称KPI)两个方面。

1) 企业经营业绩指标

企业经营业绩指标主要是指衡量激励对象所在公司或业务单元的营业收入、净利润、经营性净现金流(OCF)等经营业绩完成情况的指标，根据年度经营计划分解而确定。

具体的考核方式如下所述，且得分不超过100分，相关的计算公式为

企业经营业绩指标考核得分=年度实际营业收入/年度计划营业收入×30+年度实际净现金流/年度计划净现金流×20+年度实际净利润/年度计划净利润×50

2) 个人KPI

个人KPI主要是衡量激励对象关键工作成果完成情况的指标，根据公司年度经营计划分解和岗位职责而确定，原则上由直接上级对直接下级进行评价，且得分不超过100分。

在每一个考核年度，由公司或各业务单元制定股权激励对象年度工作业绩目标，年终依据业绩目标完成情况进行评价。如果激励对象有月度或季度考核的，也可依据各月度或季度的考核得分，在计算考核平均分的基础上，再由考核人依据激励对象(被考核人)全年的业绩及表现情况进行加减分，从而得出全年的考核得分。

二、个人层面考核指标权重

公司激励对象的个人层面绩效考核，采取分级分类的方式，相关的计算公式为

$$激励对象绩效考核得分=企业经营业绩指标考核得分×权重+个人KPI考核得分×权重$$

各类激励对象考核指标的权重分配方案如表5-15所示。

表5-15 考核指标的权重分配方案

单位	层级	企业经营业绩指标考核权重	个人KPI考核权重
公司总部	董事、高级管理人员	50%	50%
	中层管理人员、核心技术(业务)人员	30%	70%
业务单元	董事、高级管理人员	70%	30%
	中层管理人员、核心技术(业务)人员	30%	70%

备注：

(1) 公司总部中兼任业务单元董事长或高管的人员，其经营业绩指标考

核应包括其所任职业务单元的经营业绩；

(2) 如果激励对象不承担具体的总部职能，其经营业绩指标考核的对象就是其所任职业务单元的经营业绩；

(3) 如果激励对象同时承担具体的总部职能，其经营业绩指标考核应依据其时间投入等因素划分公司和其所任职业务单元的经营业绩考核的权重。

三、个人层面绩效考核结果应用

只有当公司层面业绩考核达到要求时，激励对象方可根据个人层面绩效考核结果进行行权，相关的计算公式为

激励对象每个行权期内实际可行权额度=当年计划行权数量×考核系数

绩效考核得分与系数对照如表5-16所示。

表5-16 考核得分与考核系数对照表

考核结果	得分≥70	70>得分≥60	得分<60
考核系数	1	0.7	0

5.8 定持有方式

激励对象通过认购或行权获得股份后，该以何种方式持有激励股份呢？股份持有方式涉及股权架构，也涉及公司控制权，所以是一个重大的问题。如果所有激励对象都是个人直接持有，那么公司的股权架构就比较分散，每一位激励对象都有完全的股东权限，不仅仅是分红权、增值权，还有表决权和处置权。公司开一次股东大会就会惊动所有的大小股东，还得邀请他们出席；出具一份股东会决议要去找每位股东签字，操作起来比较烦琐，管理成本也是比较高的。如果激励对象比较多，还会受限于有限责任公司由50个以下股东出资设立，或设立股份有限公司应当由2人以上200人以下为发起人的股东人数的限制。

5.8.1 非上市公司的持有方式

非上市公司确定持有方式相对来说比较简单，激励对象与创始人股东

往往已建立信任关系，常常以兄弟姐妹相称，大家不会特别关注持有方式，甚至有的股权激励计划也停留在口头承诺上，没有签订协议，企业董事会、股东会以创始人为中心，一切决议由创始人决定。但股权激励毕竟是大事，还须落实在书面上，对于相关的关键因素还是要有明确的界定，其中就包含持有方式。在非上市公司中，常见的持有方式有以下几种。

(1) 直接持有。激励对象获得股份后进行工商变更，在公司章程中，股东列表上显示激励对象的姓名和所持有股份，变成法定股东，拥有股东的完全权益。这是非常正规的方式。

(2) 间接持有。这里所谓的"间接持有"是指不是由激励对象直接持有企业的股份，激励对象在企业的股东名册中没有显示，而是与其他激励对象一起通过合伙企业或有限责任公司而持有企业的股份。这也就是前文所述的双层股权结构，这种方式可以通过分红权、增值权与表决权的分离而使创始人股东不失去对企业的控制权。目前，设立合伙企业来作为股权激励的持股平台已经是非常常见的方式，设立合伙企业的好处是不仅不会降低创始人股东的表决权，而且当出现激励对象变更时操作更简单，只需在合伙企业内部通过变更合伙协议就可以完成，免除对公司做工商变更等烦琐手续，并且激励对象通过合伙企业间接持有公司的股份不会增加激励对象的税收，丝毫不影响激励对象的收益。在合伙企业法规颁布之前，也有的公司设立有限责任公司间接持有公司的股份，但是设立有限责任公司间接持股有一个重大缺陷，就是在股份退出时，有限责任公司需要先缴纳企业所得税，然后将收益分配给激励对象时，激励对象还要缴纳个人所得税。双层纳税，导致激励对象的收益大打折扣。所以，目前已经很少有企业设立有限责任公司作为持股平台。另外，有限责任公司股东都是以其个人出资为限承担有限责任，而合伙企业的设立要有一名普通合伙人，俗称GP，GP需要承担无限连带责任。有限责任公司和合伙企业都是以50名股东或合伙人为上限，如果激励对象较多并且大家都希望股份在个人名下，设立股份有限公司作为持股平台也是一个选项。股份有限公司发起人股东的上限为200人，但是也面临双层纳税问题。

(3) 代持方式。激励对象获得的股份由其他人代为持有，在公司章程中的股东名册上不显示该激励对象，这个代持人在多数情况下是创始人。在具体实施时，代持人给激励对象写个书面说明，表明个人名下的多少股份属于激励对象所有。也可能只做出一个口头承诺，但口头承诺往往存在风险，如果企业发展超出大家意料，几年时间后公司评估价格很高，此时有些创始人股东会开始反悔，认为当年承诺的股份太多了，激励对象不应该获得如此高的股份权益。代持的另外一个风险是，当企业面临IPO前改制时，代持股份无法以代持的理由而直接划转给激励对象，根据被代持人实名制的规定，只能由代持人转让，而由于公司此时的公允价值很高，转让会面临高额的税收，从而使代持人和被代持人陷入困难境地。

在代持方式中，有一种非常正规的代持方式，即委托信托公司持有激励股份，类似下文阐述的上市公司信托持股。

5.8.2 上市公司的持有方式

上市公司实施股权激励计划时，激励对象获授股份在认购或行权后会直接持有，成为上市公司真正的股东，不得由人代持。对上市公司激励对象的审查比较严格，为了预防违法违规的情形出现，《上市公司股权激励管理办法》规定，"上市公司应当在召开股东大会前，通过公司网站或者其他途径，在公司内部公示激励对象的姓名和职务，公示期不少于10天。监事会应当对股权激励名单进行审核，充分听取公示意见。上市公司应当在股东大会审议股权激励计划前5日披露监事会对激励名单审核及公示情况的说明"。

股权作为财产权的一种，也可以成为信托财产，上市公司可以通过信托方式来实施股权激励。股权信托是指委托人将其持有的公司股权转移给受托人，或委托人将其合法所有的资金交给受托人，由受托人以自己的名义，按照委托人的意愿将该资金投资于公司股权。股权信托中，如果受益人为企业的员工或经营者，则称为员工持股信托或经营者持股信托，其实这就类似实施股权激励。通过信托的方式引入第三方，更有公信力，缺点则是委托信托公司需要支付一定的托管费用。

另外，在实际操作过程中应注意，证监会原有备忘录和《上市公司股权激励管理办法》中都规定监事不得成为激励对象，原因在于监事应该对上市公司经营层、董事会是否遵守上市公司法律法规起到监督作用，并对上市公司实施股权激励计划的各环节实施监督审查，所以不得成为激励对象。我们理解这项立法的宗旨和目的，但现实就是现实，除监事会主席之外，上市公司的监事一般都是兼职的，在这项规定之下，作为上市公司的监事由于附加了这个责任，反而不得享受股权激励，这对监事来讲会产生负面影响。比如，有的监事明确表示不想兼职监事，明确多干了一个岗位、多承担了一份责任，不仅不会多发工资，反而没有资格享受股权激励。监事的心声说明了一个问题，既然他们不能成为股权激励对象，那么就应该有相应的激励措施来补偿。目前，在没有补偿激励措施的情况下，强行规定监事不得成为股权激励对象，显示了法律法规的有待完善之处。有些上市公司迫于现实和无奈，采用代持的办法来解决监事的股权激励问题。这明显是违规行为，上市公司决策层也很清楚，但又找不到其他解决方法，这就是现实！

5.9 定退出机制

退出机制是股权激励计划的核心环节之一。有了退出机制，才能让股权激励机制内含的权益得以实现；有了退出机制，才能让激励对象更清晰地盘算个人通过努力达成目标后可能获得的利益；有了退出机制，才能真正产生激励作用；有了退出机制，才能产生约束作用。没有退出机制，股权激励就是"画饼充饥"；没有退出机制，激励对象不会把股权激励当回事；没有退出机制，股权激励的激励、约束作用就无法显现。那么，退出机制什么时候确立？只能在股权激励授予时确立，不能口头允诺今后再定，并且授予时一并写入股权激励授予协议书中，这样才能让激励对象放心，一心一意撸起袖子加油干，待到业绩达成、退出条件成熟时，激励对象可以自由地选择是及时退出而换取现金还是继续持有。

对于上市公司的股权激励计划而言，退出机制是现成的，是自然而然的，个人股票期权行权后或限制性股票解除限售后即可通过二级市场自由退出。当然，对于上市公司的董事、高管而言有禁售期的限制；而其他激励对象可以随时在二级市场开市期间售出所持股权。对于非上市公司的股权激励计划而言，退出机制的便利性虽然不及上市公司，但也有多种退出机制可供选择。

5.9.1 上市后通过二级市场退出

上市,几乎是所有创业型公司的梦想,这个梦想属于创始人,也属于股权激励计划中的激励对象。他们一起在企业这个梦想平台上努力,一朝上市,几乎功成名就,至少实现了第一阶段的功成名就。上市后由于市盈率这一市场杠杆的作用,发起人股东的身价得到几十倍的升值,所以IPO是最佳的退出机制。但是,在中国深沪两市上市还是不太容易的,虽然今年加快了发行审核,但毕竟还需通过审核机制,排队拟上市的企业多达几百家,被喻为拟上市企业"堰塞湖"。如果今后实施注册制,上市会比较容易,可能会让更多的非上市公司的股权激励计划获得通过IPO退出的可能。

但是,并非企业一上市就可以退出股权激励。《公司法》明文规定:"公司公开发行的股份前已发行的股份,自公司股票在证券交易所上市交易之日起1年内不得转让。"上交所规定:"发行人向本所申请其首次公开发行股票上市时,控股股东和实际控制人应当承诺:自发行人股票上市之日起36个月内,不转让或者委托他人管理其直接和间接持有的发行人首次公开发行股票前已发行的股份,也不由发行人回购该部分股份。"深交所也明文规定:"发行人向本所提出其首次公开发行的股票上市申请时,控股股东和实际控制人应当承诺:自发行人股票上市之日起36个月内,不转让或者委托他人管理其直接或间接持有的发行人公开发行股票前已发行的股份,也不由发行人回购其直接或间接持有的发行人公开发行股票前已发行的股份。发行人应当在上市公告书中公告上述承诺。自发行人股票上市之日起1年后,出现下列情形之一的,经控股股东或实际控制人申请并经本所同意,可豁免遵守上述承诺:①转让双方存在实际控制关系,或均受同一控制人所控制;②因上市公司陷入危机或者面临严重财务困难,受让人提出的挽救公司的重组方案获得该公司股东大会审议通过和有关部门批准,且受让人承诺继续遵守上述承诺;③本所认定的其他情形。"但是,发起人股东为了向公司及全体小股东表明承担责任的决心,目前几乎所有的拟上市公司的发起人股东(不仅仅是交易所规定的控股股东和实际控制人)都在招股说明书中主动承诺限售期为36个月。

上市，意味着企业的发展经历了第一个关键里程碑，但上市不是终点，上市后企业变成了一个公众公司，应该担负起更大的责任，对所有股东负责。很多有远大理想的企业家都曾提到，企业上市时自己虽然很高兴，但也能冷静地自省，虽然自己的身价提高了，但是企业股票上市交易前后，企业还是那家企业，团队也还是那个团队，只是企业变成了公众公司，个人的身价得到了体现，但同时，需要承担的责任也更大了。

5.9.2 被并购或融资时以收购或融资价格退出

企业要上市并不容易，天时、地利、人和均不可缺少。据说，金山软件历时8年才完成上市，更有甚者需历经10年艰辛。最终能够上市算是幸运的，在上市途中夭折的企业还不知有多少。所以，通过上市退出是小概率事件。目前，有不少"独角兽"类的公司，曾实施很大规模的股权激励，至今仍在上市途中。公共出行行业的国际巨头Uber成立于2009年，自成立之日起，一直是资本追逐的对象。据报道，这家创业公司巨头已经完成超过170亿美元的融资，估值近700亿美元，但至今还没有列出上市时间表。据媒体报道，Uber于2013年、2014年、2015年和2016年的增长率分别为537%、332%、280%和194%。与此同时，同样惊人的是Uber的亏损额。国外媒体报道了Uber允许符合条件的员工通过公司回购兑现员工激励股权的做法。回购完成后，公司可以在后续融资中以更高的价格向投资人出售股份。也有的公司在融资的同时会帮助一些员工出售手中部分股票套现。前者所得融资款进入公司账户，而后者所得款项会进入员工的腰包。滴滴自从与快的合并后，作为国内公共出行市场中唯一的一家"巨无霸"，在国内市场上已没有强劲的竞争对手，市场份额很高，上市一定是其迫切的、坚定的目标。但是滴滴因其高额的市场占有率一直被媒体报道需要接受垄断调查，并且国内公共出行政策的日益规范，对滴滴而言也不是有利的政策方向，所以滴滴也希望能尽快上市，使投资人得以退出，使股权激励对象找到退出途径。另一个例子是小米。2014年12月，小米完成11亿美元融资，估值达到450亿元，但此后小米遭遇种种问题，手机的销量以及市场占有率也不如前几年那么高。此外，美团点评、快手、搜狗、蚂蚁金服等"独角兽"类公司，被收购的可能性极小，那么对于他们来说，如在公司内部实施股权激励计划，上市之前可能采取的退出办法就是在融资时以融资价格退出，或者等到上市后从二级市场退出。

近几年来，国内上市公司利用高额的市盈率高举收购的大旗，掀起了一轮又一轮的收购浪潮，很多优秀的创业公司被上市公司纳入怀中。与此同时，这些创业公司股东、激励对象也通过重组实现了上市，换取了上市公司的股票或现金，更多是股票加现金，从而实现完美的退出。这种被收购而退出，促使一批"75后""80后"的年轻人实现了财务自由。

5.9.3 通过上市母公司平台退出

通过上市母公司平台退出是指在上市公司控股子公司实施股权激励计划时，激励对象认购或行权后获得的股份，可以由激励对象所在公司的大股东即上市公司回购，从而实现退出。这种退出方式有得天独厚的便捷性，借助上市公司的平台，退出价格相对较高，并且对上市公司而言，增持子公司的股份对上市公司在二级市场的股票价格也可能产生利好。相对于上市公司几十倍甚至上百倍的市盈率而言，回购激励对象股份的价格可能比较高，从而实现激励对象和上市公司的双赢。

以下是BDS公司发布的关于其子公司UNI科技(北京)有限公司实施股权激励计划的公告(摘选)，其中第6章"退出机制与发起人股东承诺"中就有发起人股东BDS承诺回购激励对象通过股权激励计划持有的子公司股份的内容。

案例

UNI科技(北京)有限公司
核心员工股权认购权计划及管理办法
(2014年6月修订版)(节选)

第1章　总则
第2章　管理机构
第3章　激励对象和执行价格
第4章　股权认购权计划的实施

......

4.16 本计划的执行股权认购权所需股权为800万份,每份股权认购权在行权后享有公司1元注册资本所享有的公司权益。

4.17 本计划首期授予的股权认购权于2012年内授予完毕。预留部分应在本计划有效期内实施完毕。

4.18 股权认购权授予时,公司与被授予人签署《股权认购权授予协议》,作为授予股权认购权的证明文件。

4.19 激励对象的股权认购权发生调整时,公司股权激励管理机构应当向该激励对象发出《股权认购权调整通知书》。《股权认购权调整通知书》为《股权认购权协议》的附件,与《股权认购权协议》具有同等效力。

4.20 激励对象被授予的股权认购权在行权之前,不享有针对该笔股权认购权所指向股权的相应的股东权利。

4.21 本计划于2012年授予的股权认购权在2014年可行权一次,数量为被授予总额的1/3;2015年可行权一次,数量为被授予总额的1/3;2016年可行权一次,数量为被授予总额的1/3。每年的行权时间集中在当年的8月份,每年可行权而未行权部分,即未在当年8月31日前行权部分,自动失效。2012年之后授予的,行权时间顺延,即2013年授予的股权认购权的第一次行权时间为2015年,每次行权的比例不变,仍为被授予总额的1/3。

4.22 公司应组织于本计划每一个行权期年份的9月1日开始根据本计划当年的行权情况集中办理工商注册变更手续,并应于计划实施年份的12月31日前完成工商注册变更手续,公司股本变动和工商变更登记以股权认购权的实际行权数量为准。

4.23 公司应当在完成变更登记手续后10个工作日内将变更结果书面通知激励对象。

4.24 本计划指向的股权认购权只接受现金行权;本计划执行过程中如果出现特别情况需要本计划加速执行时,经股东会审批后,本计划加速执行。

4.25 激励对象因为不胜任工作而降级,导致岗位责任降低并且不再在本激励对象范围之内的,自不胜任工作认定之日起自动退出本计划;已经授予且并未行权的股权认购权不予以保留,自动放弃。

4.26 当公司发生资本公积金转增公司资本、盈余公积金转增公司资本、未分配利润转增公司资本等事项,应对股权认购权数量和行权价格进行相应的调整。

第5章 禁止及约束

5.1 本章节所述"禁止及约束"专指股权认购权计划中针对激励对象出现下述若干禁止行为或离职等情况时的约束机制和相关退出机制的规定。

5.2 激励对象必须避免危害公司利益的行为发生。

5.3 激励对象发生下述情况，无5.2条款规定的禁止行为时，其尚未获得授予的股权认购权不再授予；其已经获得授予尚未行权的股权认购权自动失效；其已经通过行权获得的股权应予以全部转让。

1) 离职或聘期结束未获续聘的；

2) 因为不胜任工作而降级导致岗位责任降低并且不再在本激励对象范围之内的；

3) 任期内辞职并获得公司批准的；

4) 公司主动将之辞退或解聘的；

5) 退休或病休的；

6) 在任职期间加入他国国籍的(此种情形下，激励对象在申请加入他国国籍之前，其已经通过行权获得的股权应予以全部转让)。

5.4 发生5.2、5.3条款规定的行为时，激励对象已经通过行权获得的股权，除了符合规定且转让部分之外，其他通过行权获得股权的转让价格为行权价加上银行同期贷款利息。"同期"是指自激励对象行权起至发生5.2、5.3条款规定的行为时止的期限。

5.5 对于失效的股权认购权，授权董事会可依据需要授予其他激励对象，但授予股权认购权的总量不得超过800万份。

第6章 退出机制与发起人股东承诺

6.1 在本计划有效期内，激励对象通过行权取得的公司股权，无论在什么情况下转让，在同等条件下，发起人股东享有第一优先受让权，且其他转让对象只能是公司股权认购权激励范围之内的公司正式员工。

6.2 发起人股东承诺，在国家法律法规允许且满足股东(含激励对象)价值最大化的情况下，努力创造各种机会，确定本激励对象已认购股权的退出机制。

6.3 针对激励对象已认购股权，如果没有其他更优的退出方式，公司发起人股东BDS承诺按持股比例同比例进行购买；如果其他股东没有意愿按持股比例同比例购买，BDS可全部购买。

6.4 每股的购买价格参照当时的市场价格，也可参照信息技术行业和电子行业企业市场估值水平合理确定。若BDS购买股权，应严格履行相应的批准程序。

6.5 若本激励对象向发起人股东转让已认购股权，应同时符合如下条件：
……

6) 向发起人股东提出购买申请时，激励对象仍在UNI任职；

7) 向发起人股东提出购买申请的频率，每年集中进行，且每年仅限一次；

8) 向发起人股东提出购买申请的数量，每次不超过激励对象被授予股权认购权总额的1/3。

第7章 其他

7.1 公司发生下列情况之一的，经公司股东会通过，可暂停或终止本计划：

1) 因经营亏损导致破产或解散的；

2) 出现重大违法、违规行为；

3) 公司发展过程中发生重大事件，有必要终止该计划；

4) 由于不可抗力导致无法按约定实施本计划或完全丧失激励价值。

7.2 公司实施股权认购权计划发生的各种管理费用由公司承担。

7.3 股权认购权计划的参与人取得收益时应根据国家税务法律的有关规定纳税。

7.4 本计划有效期为10年，自首期股权认购权授予之日起计算。

7.5 本计划由公司董事会提出并报送股东会审批通过后生效。

5.9.4 非正常退出

非正常退出的情形主要包括：违反禁止行为而退出；离职(辞职或被辞退或不续聘)而退出；因正常病休、退休、公司内部调动而退出。

在定规环节我们已经谈到退出的方式，激励对象从事有损公司利益的禁止行为的，公司与其签订的股权激励协议自动失效，其尚未获得授予的股权认购权不再授予；其已被授予的股权认购权全部失效；其已经通过行权获得的股权应予以全部转让。公司可以通过法律途径追索其造成的经济损失，并取消该员工享受后续股权激励的权利。

激励对象在服务期离职的，其尚未获得授予的股权不再授予；其已被授予但未行权的股权全部失效；其已经通过行权(含出资)而获得的股权，应予以全部转让。

激励对象正常病休、退休或因公司需要而调动的，其尚未获得授予的股权不再授予；其已被授予但未行权的股权全部失效；其已经通过行权(含出资)获得的股权，可以视同在职激励对象而在有退出机会时实现退出。

做出有损公司利益行为或在服务期内离职而退出的，其已经行权或认购的股份全部转让，转让的价格为该激励对象原认购或行权的出资额，如果公司亏损，可以设定出资额按照一定的折扣退出；对正常病休、退休或因公司需要而调动的，如果本人希望提前退出，可以按照激励对象原认购股权的出资额+银行同期存款/贷款基准利率，或者按每股净资产价格，或者按一定的溢价，或者按外部资金进入的每股估价，或给予一定的折价实现退出。

以上退出规定和转让定价应该在股权激励管理办法和股权激励授予协议中写明。还可以写明，"激励对象不配合办理转让手续的，公司和合伙企业有权冻结其股东权利，包括但不限于分红权、表决权、股东知情权等"。

5.10 股权激励的财税问题

5.10.1 股权激励的成本费用：会计准则中的股份支付

股份支付，是"以股份为基础的支付"的简称，是指企业为获取股权激励对象提供的服务而授予权益工具或者承担以权益工具为基础确定的负债的交易。股份支付分为以权益结算的股份支付和以现金结算的股份支付。对于可行权日在首次执行日或之后的股份支付，应当根据《企业会计准则第11号——股份支付》的规定，以权益结算的股份支付，即企业为获取服务以股份或其他权益工具作为对价进行结算的交易。授予后立即可行权的、换取激励对象服务的、以权益结算的股份支付，应当在授予日按照权益工具的公允价值计入相关成本或费用，相应增加资本公积。授予日，是指股份支付协议获得批准的日期。

完成等待期内的服务或达到规定业绩条件才可行权的、换取激励对象服务的、以权益结算的股份支付，在等待期内的每个资产负债表日，应当以对可行权权益工具数量的最佳估计为基础，按照权益工具授予日的公允价值，将当期取得的服务计入相关成本或费用和资本公积。

以现金结算的股份支付，应当按照企业承担的以股份或其他权益工具为基础计算确定的负债的公允价值计量。授予后立即可行权的以现金结算的股份支付，应当在授予日以企业承担负债的公允价值计入相关成本或费用，相应增加负债。

股份支付有如下几个特点。

(1) 股份支付是企业与激励对象之间发生的交易。只有发生在企业与其员工或向企业提供服务的其他方之间的交易，才可能符合股份支付的定义。

(2) 股份支付是以获取员工或其他方服务为目的的交易。企业在股份支付交易中意在获取其员工或其他方提供的服务(费用)或取得这些服务的权利(资产)。企业获取这些服务或权利的目的是用于正常生产经营，不是转手获利等。

(3) 股份支付交易的对价或其定价与企业自身权益工具未来的价值密切相关。股份支付交易和企业与员工间其他类型的交易的最大不同，是交易对价或其定价与企业自身权益工具未来的价值密切相关。在股份支付中，企业要么向员工(激励对象)支付其自身权益工具，要么向员工支付一笔现金，而金额的高低取决于结算时企业自身权益工具的公允价值。对价的特殊性可以说是股份支付定义中最突出的特征。

案例

某公司为非上市公司，2012年1月发布股权认购权计划，总共授予600万份股权，等待期2年，行权价1元/股，可行权时间分别为2014年8月、2015年8月、2016年8月，每次行权1/3。2012年2月，大股东按1.8元/股增资；2016年11月，大股东以2.8元/股购买小股东股份。

请问：

(1) 2012—2016年股权支付的公允价值是多少？

(2) 2012—2016年每年股权支付的成本费用是多少？

计算过程：

(1) 2014年8月为第一个行权期，行权600万份的1/3即200万份，每份的公允价值为1.8元/股，股权支付的成本费用共计160万元[(600×1/3×(1.8-1.0)]，分摊至2012年1月份，共32个月，每月5万元，则产生2012年和2013年各60万元、2014年40万元股权支付的成本费用。

(2) 2015年8月为第二个行权期，行权600万份的1/3即200万份，每份的公允价值为1.8元/股，股权支付的成本费用共计160万元[(600×1/3×(1.8-1.0)]，分摊至2012年1月份，共44个月，每月3.6万，则产生2012年、2013年、2014年每年43.2万元，2015年30.4万元股权支付的成本费用。

(3) 2016年8月为第三个行权期，行权600万份的1/3即200万份，每份的公允价值为1.8元/股，股权支付的成本费用共计160万元[(600×1/3×(1.8-1.0)]，分摊至2012年1月份，共56个月，每月2.86万元，则产生2012年、2013年、2014年、2015年每年34.3万元，2016年22.8万元股权支付的成本费用。

依据上述案例和计算过程，可以得出：

第一，2012年至2016年11月间，股权支付的公允价值是1.8元/股；2016年11月后，公允价值为2.8元/股。前一个公允价值是由大股东增资形成的，后一个公允价值是由大股东回购激励对象的股份形成的。

第二，2012年的成本费用为137.5万元(60+43.2+34.3)；2013年的成本费用为137.5万元(60+43.2+34.3)；2014年的成本费用为117.5万元(40+43.2+34.3)；2015年的成本费用为64.7万元(30.4+34.3)；2016年的成本费用为22.8万元。

如果是上市公司，计算要更加复杂一些。如果是限制性股票，公允价值=授予日市价-授予价-认沽期权价值，其成本分摊自授予日起到每一个解锁期的最后一天，按月份平均分摊。假设授予日为2016年3月18日，第一个解锁期为2017年3月18日—2018年3月18日，则分摊到24个月。如果是股票期权，公允价值=认购期权价值(BS模型)，其成本分摊自授予日起到每一个行权期的最后一天，按月份平均分摊。假设授予日为2016年3月18日，第一个行权期为2017年3月18日—2018年3月18日，则股份支付分摊到24个月。

5.10.2 认购股权/股份的税收政策

《国家税务总局关于个人认购股票等有价证券而从雇主取得折扣或补贴收入有关征收个人所得税问题的通知》(国税发〔1998〕9号)规定,从其雇主以不同形式取得的折扣或补贴(指雇员实际支付的股票等有价证券的认购价格低于当期发行价格或市场价格的数额),属于该个人因受雇而取得的工资、薪金所得,应在雇员实际认购股票等有价证券时,按照《中华人民共和国个人所得税法》及其实施条例和其他有关规定计算缴纳个人所得税;有困难的经当地主管税务机关批准后,自其实际认购股票等有价证券的当月起,在不超过6个月的期限内平均分月计入工资、薪金所得计算缴纳个人所得税。

《关于完善股权激励和技术入股有关所得税政策的通知》(财税〔2016〕101号)规定,员工在取得股权激励时可暂不纳税,递延至转让该股权时纳税;股权转让时,按照股权转让收入减除股权取得成本以及合理税费后的差额,适用"财产转让所得"项目,按照20%的税率计算缴纳个人所得税。该通知自2016年9月1日起施行,被称为史上最优惠的股权激励纳税政策。

5.10.3 转让股权/股份的税收政策

《股权转让所得个人所得税管理办法(试行)》(国税发〔2014〕67号)(以下简称《办法》)规定,个人转让股权,以股权转让收入减除股权原值和合理费用后的余额为应纳税所得额,按"财产转让所得"缴纳个人所得税(20%税率)。合理费用是指股权转让时按照规定支付的有关税费。

在实践中,以股权转让方为纳税人,以受让方为扣缴义务人。股权转让收入是指转让方因股权转让而获得的现金、实物、有价证券和其他形式的经济利益,包括违约金、补偿金以及其他名目的款项、资产、权益等。

此外,《办法》第十二条规定,符合下列情形之一的,视为股权转让收入明显偏低:申报的股权转让收入低于股权对应的净资产份额的;低于初始投资成本或低于取得该股权所支付的价款及相关税费的;低于相同或类似条件下同类行业的企业股权转让收入的。

《办法》第十三条规定，符合下列条件之一的股权转让收入明显偏低，视为有正当理由：因国家政策调整，生产经营受到重大影响，导致低价转让股权；继承或将股权转让给承担直接抚养或者赡养义务的抚养人或者赡养人；相关法律、政府文件或企业章程规定，并有相关资料充分证明转让价格合理且真实的本企业员工持有的不能对外转让股权的内部转让；股权转让双方能够提供有效证据证明其合理性的其他合理情形。

第6章　股权激励方案设计的艺术：从"心"开始

> 以利相交，利尽则散；以势相交，势去则倾；以权相交，权失则弃；唯以心相交，方成其久远。
> ——王通《中说·礼乐篇》

美国导演约翰·拉塞特说过这样一句话："艺术挑战技术，技术启发艺术。"在本书的第5章，我们基于"九定模型"详细讲解了股权激励方案设计的技术，如果您掌握这些技术，就能设计出一个股权激励方案。但是，这个方案只能说是没有技术缺陷，并不代表可以落地。古话说得好，"以利相交，利尽则散；以势相交，势去则倾；以权相交，权失则弃；唯以心相交，方成其久远"。如果想要让股权激励方案接"地气"，还必须掌握股权激励方案设计的艺术性。这里所说的"艺术性"，就是要从"心"开始，也就是从激励对象的心理感受开始，要想让股权激励方案向下落地、向上升华，技术和艺术缺一不可，让技术和艺术共舞！股权激励方案设计的五大艺术性(见图6-1)是我们首次提出的，它源于实践、根植于实践。

图6-1 股权激励方案设计的五大艺术性

6.1 激励对象的"认知度"决定他是否把股权激励当回事

6.1.1 神奇的认知——认知不是事实

认知，是一个心理学概念，但它时时刻刻存在于我们的现实生活中。

认知是指通过心理活动(如形成概念、知觉、判断或想象)获取的知识。

习惯上将认知与情感、意志相对应。认知是个体认识客观世界的信息加工活动，感觉、知觉、记忆、想象、思维等认知活动按照一定的关系组成一定的功能系统，从而实现对个体认识活动的调节作用。认知也称为认识，是指人认识外界事物的过程，或者说是对作用于人的感觉器官的外界事物进行信息加工的过程，它包括感觉、知觉、记忆、思维等心理现象。

我们平时常说的"感觉"是一个简单的心理现象，是人脑对直接作用于感受器的客观事物的个别属性的反映。客观事物有着各不相同的颜色、声音、味道、气味、温度等属性，当客观事物直接作用于感受器时，各种感受器能够区别适宜的刺激，从而使大脑产生对这些事物个别属性的反映，这种反映就是感觉。通过感觉，我们获得了关于事物的颜色、声音、味道、气味、冷热、粗糙、光滑等感觉信息。人类有8种感觉，它们分别是视觉、听觉、味觉、嗅觉、肤觉、运动觉(肌肉收缩，身体各部分位置变化)、平衡觉、机体觉(内脏器官活动变化时的物理化学刺激，如疲劳、饥、渴等)。

当您第一次吃葡萄时，您尝出味道是酸的，这就是感觉！当您尝过很多次后，每次都感觉味道是酸的，那么您就形成了对葡萄的认知，即葡萄是酸的！

知觉同感觉一样，也是人脑对直接作用于感受器的客观事物的反映，但不是对事物个别属性的反映，而是对事物整体的反映。比如，给您一盒葡萄，您能感觉到葡萄的颜色、大小、形状、味道等个别属性，而通过这些个别属性，您能从整体上感觉到这是一盒玫瑰香葡萄，后者就是知觉。

认知有以下几个基本特征。

(1) 每个人的认知是基于其看到和听到的信息而形成的。

(2) 不同的人对同样的事物会形成不同的认知。

(3) 同一个人对不同的事物会形成不同的认知。比如，同样是有力的握手，当对方是一位男士时，你会认为他自信；当对方是一位女士时，你却认为她有点粗鲁。

(4) 认知是行为的基础，引导认知，才可能引导行为。

(5) 认知一旦形成就很难改变。

认知并不一定是事实，认知的差异性决定了认知并非"实事求是"，所以才会有所谓的"情人眼里出西施"！

针对股权激励而言，不同的激励对象对同一个股权激励方案也会产生不同的认知。如果激励对象对激励方案没有正面的认知，再好的股权激励方案也不可能产生应有的激励作用，更不会产生激励效果。所以在股权激励方案设计、实施过程中，常常会听到老板无奈地感叹："我本想为员工办件好事，哪想到员工根本不当回事！"

这正是很多技术先进、设计周全的股权激励方案最终失败的根源所在！

要想让员工把股权激励当回事，积极引导他对股权激励的认知才是正道！

6.1.2 "认知为王"的管理智慧

这是一个"认知为王"的时代，商业行为更是如此。人们的消费行为主要是由人们的认知左右的。"百度一下"、眼球经济、体验经济、NBA实际上变成了娱乐产业等，都是认知在商业领域的应用或体现。

在管理领域，尤其是在人力资源管理领域，认知原理也能大显身手。有人甚至提出，对人才的管理，其核心就是管理人才的认知！

引导认知，就要指向他心中的"赢"，也就是他的期望、他的关注、他的梦想。如果您不了解、不能清晰认识员工心中的"赢"，您就不会成为一位优秀的管理者！如果有位下属表现得一无所求，而您也认为他一无所求，那是危险的，只能说明您还不了解他。《潜伏》中的主人公翠萍是一位地下党员、游击队队长，同时是一位没有上过学的女人。促使她走上革命道路并成为一位出色革命者的根源是她"认知"了"打土豪，分田地"的革命口号，因为在她的家乡，地主给她的家人带来了无法忘却的痛苦记忆，在她的内心深处，她参加革命的意图就是要报仇雪恨。

但是，要想更好地引导认知，仅仅指向他心中的"赢"还不够，还要"超越期望一点点"。1的N次方=1；1.0000001的N次方=∞；0.9999999的N次方=0。

所以，我们认为管理的高境界，**不是High-Tech(高科技)，不是High Return(高回报)，而是High Feeling(高感受)**。

High Feeling(高感受)包括以下5个层次：

第一层次，给他需要的；

第二层次，给他想要的；

第三层次，给他的是他满意得不适应的；

第四层次，给他的是让他震惊的；

第五层次，给他的是让他"崩溃"的。

如果您的股权激励方案注重如何让技术更完善，说明您对股权激励的认识还停留在High-Tech(高科技)这个层次上。

如果您的股权激励方案注意如何让激励对象获得高收益，说明您对股权激励的认识还停留在High Return(高回报)这个层次上。

技术与艺术共舞的股权激励方案，就是要让激励对象有High Feeling(高感受)，通过High Feeling去激发他们的斗志、发掘他们的潜能，从而实现实施股权激励的目标，达成激励对象、企业、股东三赢的局面。

技术与艺术共舞的股权激励方案，就是要给激励对象需要的、想要的、不适应的、震惊的、感到"崩溃"的，不完全是收益，还包括感觉！

在股权激励这件事上，您无法与员工的认知争辩！

You cannot argue with perception！

6.1.3 股权激励案例分析：如何提高激励对象的认知度

我们来看这样一个股权激励案例。

案例

1. 公司基本情况

(1) B公司是一家研发柔性屏幕的高科技创业公司。柔性屏幕又称为OLED。柔性屏幕不仅重大利好于新一代高端智能手机的制造，也因其低功耗、可弯曲的特性为可穿戴式设备的应用带来深远的影响，未来柔性屏幕将随着个人智能终端的不断渗透而得到广泛应用。相较于传统屏幕，柔性屏幕优势明显，不仅在体积上更加轻薄，功耗上也低于原有器件，有助于提升设备的续航能力。同时，基于其可弯曲、柔韧性佳的特性，其耐用程度也大大高于以往的屏幕，能有效降低设备意外损伤的概率。配备柔性显示屏的智能手机曾被称为手机行业的"下一件大事"。柔性屏幕将彻底颠覆现有屏幕产业！

(2) 目前，针对这项前沿科技产品的研发，世界上该领域的研发人员稀少，国内该领域的高端研发人才几乎稀缺。

(3) 这项产品的研发成本高昂，目前B公司已经试生产出样品。经检测，被评价为国际一流水平。

(4) B公司目前在大量"烧钱"，亏损严重。同时，很多风险投资机构都在排队等待，渴望能够参与投资。

2. B公司实施股权激励的"九定模型"

B公司正是典型的适合采用股票期权模式的公司，目前处于已经成功试生产产品的阶段，其股权激励方案应该是极具吸引力的。

(1) 定式。股票期权。

(2) 定人。公司中级及以上职级的研发人员、中层及以上的管理人员、主管及以上的生产技术人员，共计58人。

(3) 定量。相当于目前总股本的10%。

(4) 定价。1元/股。

(5) 定时。授予后行权等待期为2年。等待期满后，分3年行权，每年行权比例分别为30%、30%、40%。

(6) 定源。激励对象的激励股份源于增资扩股。

(7) 定规：

- 关于业绩考核。实际可行权数量与年度所在部门绩效、个人绩效挂钩，综合业绩85分及以上者，全额行权；综合业绩70~84分者，行权70%；综合业绩70分(不含)以下者，不得行权，已授予且当年可行权的激励股份取消。

- 关于禁止行为。触犯法律、违反职业道德、泄露公司机密、因失职或渎职等行为损害公司利益或声誉者，已授予而未行权的激励股份取消；已行权的，由公司以原行权价回购而进入"激励池"。

- 关于离职。离职者，已授予而未行权的激励股份取消；已行权的，由公司以原行权价加同期银行存款基准利率回购而进入"激励池"。

- 正常病休、退休。已授予而未行权的激励股份取消，已行权的激励对象可以保留。

(8) 定式。公司设立合伙企业代持所有激励对象的激励股份，合伙企业的执行事务合伙人由公司实际控制人担任，且其他合伙人所持股份的投票权永久授予执行事务合伙人行使。

(9) 定退出机制。公司IPO或被收购时才能退出。

3. 对B公司股权激励方案的评价

(1) 激励力度很大。

(2) 虽然规则很严格，但从数量、价格等方面看，创始人股东是很慷慨的、很有胸怀的。

但出乎创始人意料的是，股权激励方案推出后，由于宣传不够，加之曾接触股权激励的员工很少，缺乏对股权激励的正确认知，导致员工的质疑声很大。他们主要质疑的是：公司前途未卜，公司负债很多，激励对象还要缴纳1元/股，持股后不仅没有溢价，还要与创始人股东分摊债务。有很多激励对象甚至直接表明不接受股票期权的授予。无奈之下，股权激励方案暂停。创始人股东感叹："本来想为员工办件好事，分享企业的经营成果，哪知好心被当作驴肝肺！"

股权激励方案暂停后，公司进行A轮融资，公司估值15亿元，相当于每股35元，公司还清6亿元的债务后还结余9亿元作为流动资金。

这时，A轮投资人要求设置期权池，原来的那些激励对象也强烈要求公司授予期权。

同样是该公司的股权，投资机构和原来的激励对象对公司股权价值的认知存在天壤之别。投资机构看到的是公司的光明前景，而员工看到的是公司目前的负债。正是因为员工缺乏远见的认知，导致他们前期抵制前途大好的股权激励方案。

员工毕竟是员工，从客观上来讲，股权激励离他们很远，他们中的大多数，可能从未接触过，俗话说"隔行如隔山"。从主管的角度来讲，对他们的见识和眼光也无法提出更高的要求，当公司实施股权激励时，公司负责人要在方案形成后加强宣传，让员工充分了解股权激励的内容，理解公司实施股权激励的目的，并详细分析在公司不同的经营业绩下的股权收益，且详述公司未来的发展路径。如此，才能让激励对象理解股权激励对他们的好处，以及可能带来的收益，从而激发员工的积极性，把股权激励的作用充分发挥出来,既让员工在未来获得可观的收益,也能充分调动员工的主动性和积极性,大家撸起袖子加油干,推动公司的业绩迈上新台阶。

6.2 激励对象的"获得感"决定他能否感受到激励

6.2.1 缺乏获得感,把"金块"当"泥巴"

"获得感"表示获取某种利益后所产生的满足感。"获得感"一词的迅速流行源于习近平总书记的一次讲话。2015年2月27日上午,中共中央总书记、国家主席、中央军委主席、中央全面深化改革领导小组组长习近平主持召开中央全面深化改革领导小组第十次会议并发表了重要讲话。他强调,要科学统筹各项改革任务,协调抓好党的十八届三中、四中全会改革举措,在法治下推进改革、在改革中完善法治,突出重点,对准焦距,找准穴位,击中要害,推出一批能叫得响、立得住、群众认可的硬招实招,处理好改革"最先一公里"和"最后一公里"的关系,突破"中梗阻",防止不作为,把改革方案的含金量充分展示出来,让人民群众有更多获得感。

"获得感"不仅包含物质层面,也包含精神层面;既有看得见的,也有看不见的。

"获得感"首先是要感受到改革带来的物质生活水平的提高。比如,人民群众有房住,收入增加,能接受优质教育,能看得起病,养老有保障等,这些都是看得见、摸得着的"获得感"。

在精神层面,要让每个人有梦想、有追求,同时活得更有尊严、更体面,能够享受公平公正的同等权利。

一方面,"获得感"有别于"幸福感",它强调一种实实在在的"得到"。如果不讲"获得"而一味强调幸福,就容易流于空泛。另一方面,"获得感"的提出,使人民得到的利好有了进行指标衡量的可能,而幸福是不可衡量的。所以,在当下的中国,"获得感"更加贴近民生、体贴民意。这种"获得感",一般来说能够转化为幸福感。

让百姓更多地获得,也是一个激发市场活力、培育新的消费增长点的机会。比如医疗,大家都希望得到更高水准的诊疗,这就呼吁政府在医改的同时建设更多好医院,建立完善的医疗网络,提供更加人性化的医疗服务。再如,加大投入提高教育水平,让百姓得到更好的教育,国家就可以获得丰厚的人力资本,使创新驱动成为可能。可见,"获得感"包含"给"与"得"的辩证法。对各级政府来说,要改变单纯"给予",或者投入了就一定要马上见到回报的急功近利心态。

(注:以上内容引自2015年3月1日中国新闻网国内新闻《两会前瞻:民众期待哪些"获得感"》,以及2015年3月16日共产党员网时事要闻《你需要了解的新词:"获得感"》)

对于股权激励而言,在激励对象认知到股权激励是值得拥有的前提下,还可以看看激励对象能否同时产生获得感。

股权激励的获得感首先在于激励对象如果兢兢业业、全身心投入并且达成业绩目标,他所获得的激励股份的价值能否带来物质生活水平的大幅度提高?能否还清房贷?能否对父母尽孝、对妻儿尽责?能否解决自己的后顾之忧?即使不能全部解决,能否部分解决这些个人需求?其次,能否体现对自身价值的认可?能否让自己产生梦想?能否让自己成为公司的一分子?能否让自己更有尊严、更体面、更有事业心?

前者属于物质层面,后者属于精神层面,两个层面都不可缺少!

同样都是黄金,但金块和金粉是不一样的。拥有者可能会珍藏金块,而对于手中的金粉,由于无法判断其与金块的重量是否一样,也许心里感觉很少而不加珍惜。激励对象如果把"金块"当作"泥巴",只能说明我们没有充分引导激励对象的认知,没有让激励对象产生正向的心理认知、没有产生获得感。

影响股权激励获得感的因素主要有以下两个。

(1) 激励股份的数量。激励对象往往会下意识地衡量自身在公司的价值,然后估计自己可能获得的激励股份的数量。如果激励对象不是公司的最高经营决策者,往往更关注绝对数量;如果公司规模比较大,一般也会更关注绝对数量。

(2) 激励股份的行权价格。激励对象也往往会下意识地衡量公司股份的价值，如果实际的行权价格高于自己的预期，则获得感会降低；如果实际的行权价格低于自己的预期，则获得感会提升。另外，如果公司的股份价格有个参照值，当实际行权价格高于参照值时，获得感会降低；当实际行权价格低于参照值时，获得感会提升。

在既定的条件下，要提升激励对象的获得感，是要运用智慧的！

6.2.2　股权激励案例分析：如何提升获得感

在前文的案例中，对于同样的股权激励方案，之所以开始没有激励对象愿意接受，主要原因在于价值判断。在A轮融资前，B公司是负债经营的，每股债务大约为1.2元，而员工还要花1元/股去认购激励股份。在这种情况下，员工认为认购1股就亏了2.2元，买10万股就亏了22万元。在这种认知下，员工没有获得感，所以他们不愿意接受。相反，当投资机构以35元/股的价格进入时，激励对象不再认为公司每股负债1.2元，而是相信投资机构比自己更有眼光，认为公司每股的价值就是35元，这样自己以1元/股的价格进入，买1股就会产生隐性(潜在)利润34元，买10万股就会产生隐性(潜在)利润340万元。在这种情况下，员工的认知发生了变化，他们的获得感大大提升，所以会强烈希望获得股票期权。

在这个案例中，公司亏损及行权价格影响了激励对象的获得感。

在下面的案例中，我们来看看激励股份的数量是怎样影响激励对象的获得感的。

案例

湖北崇机锻压机床有限公司(以下简称"崇机锻压")是一家民营机械制造公司，专门生产剪板机、折弯机，创始人为夫妇两人，经过多年不辞辛劳的积累，目前已经小有规模并且在市场上塑造了良好的形象。公司经营稳健，在宏观经济环境不良的情况下，公司经营也未见恶化。2015年，一家规模数倍于崇机锻压的公司由于经营不善，负债过大而停产整治，并面临破产。该公司几位核心技术和业务人员希望加盟崇机锻压，但是要求以合伙人身份加入，投入一定的资金，获得相应的股份。

崇机锻压当时有净资产3 800万元，公司创始人将公司股本虚拟为3 800股，每股10 000元，同时拿出10%的股份合计380股转让给拟加盟的人员，分配情况如表6-1所示。

表6-1 崇机锻压合伙人加盟原有方案

合伙人姓名	认购股份数量/股	每股价格/元/股	需投入资金/万元
A	190	10 000	190
B	95	10 000	95
C	42.5	10 000	42.5
D	42.5	10 000	42.5
合计	380		380

双方谈妥各自的股份数量、价格，并约定了缴纳资金、更改章程的安排。但没想到的是，谈好的第二天，拟加盟的4位合伙人不约而同地告诉崇机锻压的创始人，自己的老婆不同意缴纳那么多钱而仅仅认购那一点点股份。

我们了解这件事后，即认识到拟加盟合伙人和他们的老婆对这个持股方案没有产生获得感，于是将崇机锻压的现股激励方案略作小的调整。崇机锻压净资产还是3 800万元，我们说服创始人将公司股本虚拟为3.8亿股，每股价格为0.5元，同时拿出10%的股份合计3 800万股转让给拟加盟的人员，分配情况变更见表6-2。

表6-2 崇机锻压合伙人加盟调整后方案

合伙人姓名	认购股份数量/万股	每股价格/元/股	需投入资金/万元
A	1900	0.5	190
B	950	0.5	95
C	425	0.5	42.5
D	425	0.5	42.5
合计	3800		380

最后，双方顺利执行了这个方案！

获得感就是这么神奇，其实上述两个方案中4位拟加盟合伙人所获得的股份占比、价值以及投资的资金都没有变化，但是两个方案所带来的获得感，也就是心理感受是有很大区别的。激励股份的绝对数量影响了激励对象的获得感！在执行一项股权激励计划过程中，可能还有其他因素也会影响激励对象产生获得感，我们要时刻敏锐地感受激励对象的心理感受，要让激励对象产生正向的认知，同时产生强烈的获得感，这些都是保证股权激励计划成功实施的必要因素。

6.3 激励方案的"刚柔并济"避免产生特权阶层

"刚柔并济"源于道家哲学，意思是刚强的和柔和的互相补充，以达到恰到好处的效果。现在很多人都在追求刚柔并济的行事风格，股权激励是否也可以呢？是否也有必要呢？

6.3.1 股权激励方案的"刚"

股权激励方案中的"刚"主要表现在如下几个方面。

1. 遵守法律法规不容置疑

实施股权激励涉及较为复杂的法律法规，我们将在第8章将核心的法律法规摘录、整理出来，以便于读者学习。这些法律法规是刚性的，遵守它们是不容置疑的，对上市公司而言更是如此，正所谓"红线不能碰、底线不能破"。比较常见的触犯或忽视刚性规定的情况有以下几种。

（1）关于纳税。激励对象通过股权激励获得的收益视同"工资、薪金"项目，符合条件的非上市公司股权激励收益按照"财产转让所得"项目需要缴纳个人所得税。这在我国相关法律、法规、规范及司法解释中有具体、明确的规定，不按照规定纳税，就可能构成偷税、漏税，甚至逃税的嫌疑。另外，针对股权激励对象的纳税，公司是代扣代缴义务人，有代扣代缴的义务。不管激励对象是不知道需要缴纳还是知情而不愿缴纳，只要公司没有尽到提醒、核算并代扣代缴的义务，则激励对象个人和公司都触犯了相关的税收法律法规。

（2）关于股份支付。常见的现象是，上市公司有意规避而尽可能少计算；非上市公司不管知情与否，尽可能不算。依据《企业会计准则第11号——股份支付》的规定，股份支付，是指企业为获取职工和其他方提供服务而授予权益工具或者承担以权益工具为基础确定的负债的交易。这在

第5章"5.11 股权激励的财税问题"中已经有详细的论述。

(3) 关于对小股东利益的保护。股权激励往往是由公司大股东或实际控制人牵头发动的,在这个过程中,小股东可能不知情,也可能知情但无法施加影响,处于弱势地位。股权激励方案规定要经过董事会审议后报送股东大会批准,就是要以信息公开的方式来保护小股东的知情权及其他权益。对上市公司而言,更是要求在董事会审议、股东大会批准、董事会经授权授予以及激励股份登记等各个阶段,必须公告相关的议案。

(4) 不容利益输送。这主要是针对上市公司而言的,上市公司实施股权激励必须严格执行《上市公司股权激励管理办法》的规定。尤其是其中的关于总量累计不得超过总股本的10%。此外,除非股东大会特别批准,个量累计不得超过总股本的1%。此外,行权价格的明确确定,对业绩条件的科学性和合理性的要求,窗口期的规定以及信息披露的明确要求等,都有防止上市公司进行利益输送的目的。

2. 选择激励对象的标准要具有刚性,避免二义性

确定激励对象的选择标准是一个棘手的问题,往往有一些人处于进入或不进入的边缘,如果激励对象的选择不具有刚性,不仅会给操作带来困难,而且容易导致矛盾。

刚性的标准不可能绝对公平,尤其是对处于边缘地带的人员,但是刚性的标准会杜绝质疑。

《上市公司股权激励管理办法》对激励对象的刚性有如下规定。

(1) 激励对象可以包括上市公司的董事、高级管理人员、核心技术人员或者核心业务人员,以及公司认为应当激励的对公司经营业绩和未来发展有直接影响的其他员工。

(2) 在境内工作的外籍员工任职上市公司董事、高级管理人员、核心技术人员或者核心业务人员的,可以成为激励对象。

(3) 独立董事和监事不得成为激励对象。

(4) 单独或合计持有上市公司5%以上股份的股东或实际控制人及其配偶、父母、子女,不得成为激励对象。

(5) 最近12个月内被证券交易所认定为不适当的人选不得成为激励对象。

(6) 最近12个月内被中国证监会及其派出机构认定为不适当的人选不得成为激励对象。

(7) 最近12个月内因重大违法违规行为被中国证监会及其派出机构行政处罚或者采取市场禁入措施的人选不得成为激励对象。

(8) 具有《公司法》规定的不得担任公司董事、高级管理人员情形的人选不得成为激励对象。

除此之外，上市公司的其他人员以及非上市公司的激励对象的划分标准都由企业自主裁量。比如，公司针对激励对象规定的如下标准就是一些刚性标准：

- 退休返聘人选不得成为激励对象；
- 入职不满2年的人选不得成为激励对象；
- 公司创始人股东不得成为激励对象；
- 被公司收购的标的公司的原股东不得成为激励对象。

我们也可以依据第5章"定人"环节中详述的岗位评估排序法、岗位评估因素评分法来划分激励对象。总之，每一条标准都应该是具体、明确、可衡量、没有二义性的。

3. 个量的分配要有刚性标准，避免拍脑门

在股权激励方案中，总量相对好确定，但是个量比较难以确定。在设置个量的核算标准时，这些指标必须具有刚性。比如，司龄满2年计1分，每增加1年加0.5分，最高5分；核心层5分、中间层3分、骨干层1分。这些都是比较刚性的标准。

当然，个量的分配一般难以靠数学公式计算得出，多数情况下，在通过数学公式或数学模型得出的结果的基础上，会进行综合衡量并做微量的调剂而确定。

6.3.2 股权激励方案的"柔"

股权激励方案中的"柔"，主要意思是不要一成不变，要始终留有灵活性。既表现为对激励对象的灵活性，也表现为对激励股份授予数量的灵活性。"柔"的运用目的主要包括避免产生特权阶层，把激励股变成业绩股这两个方面。

1. 避免产生特权阶层

股权激励对象就是股权激励授予的对象，或者说是股权激励的受益人。确定谁为股权激励对象，简单地说，就看谁能为公司、为股东创造更多的效益。《上市公司股权激励管理办法》规定，激励对象可以包括上市公司的董事、高级管理人员、核心技术人员或者核心业务人员，以及公司认为应当激励的对公司经营业绩和未来发展有直接影响的其他员工；在境内工作的外籍员工任职上市公司董事、高级管理人员、核心技术人员或者核心业务人员的，也可以成为激励对象。在非上市公司的股权激励计划中，激励对象的范围一般是参照上述标准确定的，但并没有强制性的法律法规规定什么人不得成为激励对象，这完全取决于公司的制度，有更多的灵活性。

一般的做法是，在颁布股权激励计划时，就已确定股权激励对象和激励对象授予的全部激励股权。在上市公司的股权激励计划中，激励对象在审议时需要公示、登记；在股权激励计划实施的几年中，激励对象只能减少，不能增多。激励对象减少的主要原因是离职，或者每一个行权或解除限售年度考核都不合格！

几年的时间并不短，这几年内会有不少员工成长起来，甚至在能力、业绩方面超越原有的部分激励对象。除非公司再次实施股权激励计划，否则这些成长起来的人员无法进入激励对象行列，而已经进入激励对象行列的人员，即使业绩平平、不思进取也还是激励对象，这是不合理的。

这种做法和现象，其实就是将业绩平平、不思进取的激励对象塑造成一个没有活力甚至有点僵化的"特权层级"，我们且将他们谑称为"奴隶主"。

一个柔性的股权激励计划，就是要能够推翻"奴隶主"，将新成长起来的董事、高级管理人员、核心技术人员或者核心业务人员及时纳入激励对象行列，并及时给予股权激励。

为实现这种设想，在上市公司股权激励计划中，只能为新进入者预留激励股份。但是，也只能在股权激励计划实施1年内将部分新人纳入激励对象行列，而一个股权激励计划的实施过程少则3年、多则5年甚至更长，在第2年、第3年及以后就无能为力了，除非再次实施股权激励计划。可以稍作弥补的是，严格激励对象个人考核，对于业绩平平、不思进取的激励对象，如果考核不达标则可以取消其本考核期内已经授予还未行权的激励股份，以消除"不公"！

在非上市公司中，完全可以通过业绩考核、职级调整而在每一个行权年度中对激励对象进行调整，完全消灭"奴隶主"阶层。同时，把激励股变成业绩股，以实现激励对象和激励股份两个层面的灵活性。

2. 把激励股变成业绩股

在股权激励计划中，一般的做法是，在确定激励对象的同时，确定整个激励计划实施周期内每一位激励对象被授予的激励股份总额，只要激励对象在每一个行权年度业绩达标就可以全部行权。我们认为，这种做法也是僵化的、不够灵活的，对激励对象授予的激励股份也应是柔性的。

如果通过业绩考核、职级调整，在每一个行权年度中对激励对象进行调整，在完全消灭"奴隶主"阶层的同时，规定不同层级、不同业绩的激励对象每年度可以授予的激励股份数量，我们就可以将激励股份变成柔性的业绩股份，详细的操作办法参见以下案例。

6.3.3 股权激励案例分析：如何将激励股变成业绩股

在我们设计的案例中，仅仅确定第一年的激励对象和每位激励对象在第一年授予的激励股份，以后每年经过业绩考核、职级调整重新确定激励对象及其层级和当年计划授予的激励股份数量。通过这种办法，就可将激励对象和激励股份柔性化。

> 案例

北京××××科技有限公司股权激励方案

1. 定类

现股激励。

2. 定人

……

3. 定量

……

4. 定价

……

5. 定式

激励对象通过合伙企业间接持有公司股份。

……

6. 分红

……

7. 激励股份授予方式

1) 首批激励对象出资250万元，合计持有250万股，列入合伙人名单。

2) 执行事务合伙人代表未来的激励对象团队借款750万元，代持750万股作为后续激励股份分批授予的激励池。

3) 每年根据当年净利润实际完成情况计算当年的授予额度。

4) 执行事务合伙人与合伙企业签订《信托持股协议》，代持后续分批授予的股权。

5) 每年的激励授予额度、激励对象名单及对应的激励份额由新设公司总经理办公会提出建议报公司董事会审批，并报母公司备案。

8. 激励股份退出

1) 退出条件。从2016年度开始计算，公司合并实现分红前扣非净利润累计达到1亿元后次年可以退出。

2) 股权退出时，员工依然在公司或其子公司任职。

3) 退出方式。

(1) 达到退出条件后次年开始退出。

- 退出时若由母公司现金回购，则分两年退出，母公司每年回购股权的50%。

……

- 退出时若上市公司采取新发股票方式回购，则可以一次性退出。

……

其中，PE值参考退出前3年内母公司在境内收购非上市且有盈利企业股权的平均PE值，PE值暂定为不低于6，但分红前累计扣非净利润-激励对象累计分红-××××购买所支付现金>0。

(2) 持股对象提前退出的(正常病休、退休或因公司需要而调动的除外),由合伙企业的其他合伙人受让股权;若其他合伙人无意愿购买,由母公司全部回购。每股受让价格为最近一个会计年度经审计公司合并财务会计报告期末每股所对应的净资产值。

(3)截至2020年未达到业绩条件,合伙企业合伙人有要求退出的,则优先转让给其他合伙人;若其他合伙人无意愿购买,由母公司全部回购。回购价格为最近一个会计年度经审计的合并财务会计报告期末每股所对应的净资产值。

6.4 激励方案的"实在性"赢得员工的信任

实在,意思是指真实,不夸张,现实存在的,不是浮夸的。2013年12月,习近平总书记在中央经济工作会议上强调:"我们要的是实实在在、没有水分的速度,是民生改善、就业比较充分的速度,是劳动生产率同步提高、经济活力增强、结构调整有成效的速度,是经济发展质量和效益得到提高又不会带来后遗症的速度。"

股权激励涉及核心骨干员工的切身利益,是公司、股东对核心骨干员工的一份承诺,是极其严肃的事情。如果不真实、浮夸,后果很严重。正所谓"得民心者得天下",相反,"失民心者失天下"!

核心骨干人员要的是实实在在、没有水分、在约定条件达成后就能兑现的股权激励。

6.4.1 一诺千金,拒绝反悔

一诺千金,从字面意思来看,是指许下的一个诺言有千金的价值,形容说话算数,言而有信,言出必行,说到做到。比喻自己说过的话,答应别人的事情,如同千金般贵重。通俗一点可理解为,一个人说话要算话,不能出尔反尔。在当今社会,无论做人做事,从事什么行业,"一诺千金"都尤为重要。《史记·季布栾布列传》中有记载,秦朝末年,在楚地有一个叫季布的人,性情耿直,为人侠义好助,只要是他答应过的事情,无论有多大困难，他都会设法办到，因而受到大家的赞扬，在当时便有"得黄金百斤，不如得季布一诺"的说法。该说法流传至今，人们便用"一诺千金"来形容一个人说话做事非常守信用。

一诺千金可谓我们中华民族自古以来备受推崇的传统美德，在当今社会中，诚信越来越被重视，社会信用档案也在逐步建立，不论是个人还是组织，不诚信所付出的代价将会越来越大。诚信既体现于一个人的个性、价值取向之中，又与企业的声誉价值紧密相关。从传统的角度来看，诚信就是一个人的可靠程度和可信任程度，它是人品的核心部分。现代企业言必讲诚信，有的企业真正将诚信落实在行动上，但还有许多企业将诚信"挂在墙上"。企业的股东、创始人也需要讲诚信，无论是对待客户还是对待核心骨干人员一样重要。

尤其在股权激励这件事上，更应讲诚信！

笔者曾经见过一家上市公司投资的知名软件企业，在创业之初创始人就宣传"平台创业、团队创业"的精神，并将这种创业精神纳入公司的核心价值观。从此以后，公司各级干部尤其是人力资源部门，不论是在招聘、培训中，还是在员工大会上均会大力宣传"平台创业、团队创业"的理念，甚至落实了公司薪酬战略为略低于社会平均水平的政策。公司从最初的10几个人发展到1 000多人，历经5年，这个理念深入人心。为了让公司满足上市条件，作为大股东的上市公司将大部分股份以MBO(管理层收购)方式以每股1元的低价转让，由企业的CEO先支付收购价并代持。此后，公司决定进行股份制改造，准备冲击IPO。核心骨干员工都很兴奋，干劲很足，都相信创始人会兑现承诺，让大家拿到公司的股份，实现"平台创业、团队创业"的夙愿。但结果是，创始人只拿出1%的股份让大家认购，这远远低于核心骨干员工的预期，最高份额也不足0.1%，不过是万分之几的额度。此时，CEO公开宣称，如果激励对象觉得激励股份不够，可以以外部投资人同等的价格优先认购CEO所持股份。试问，如果公司老板在公司核心骨干人员面前都不讲信誉，如何让人安心工作？如何让人尽心尽力？后来，在公司改制准备上市材料的过程中，券商发现，CEO从原大股东即上市公司购买股份的资金全部是挪用企业的资金，并且一直隐瞒至今。挪用企业资金一直是上市公司治理的重大违规事件。此事导致券商毫不迟疑地解除服务协议，公司上市也泡汤了。至此，核心骨干员工怨声载道、离心离德，不足半年，约有20%的核心骨干人员流失，公司业绩也一落千丈。如今此事已经过去多年，据说该公司还在IPO的路上！

6.4.2 规则实实在在，拒绝朦朦胧胧

股权激励的规则实实在在，拒绝朦朦胧胧，意思是股权激励的条款要全面、具体、准确，并通过宣传让激励对象的理解一致并达成共识。

《上市公司股权激励管理办法》第九条对上市公司股权激励计划的内容做了详细的阐述，非上市公司在拟制股权激励计划时也可以参照。

第九条 上市公司依照本办法制定股权激励计划的，应当在股权激励计划中载明下列事项：

(一) 股权激励的目的；

(二) 激励对象的确定依据和范围；

(三) 拟授出的权益数量，拟授出权益涉及的标的股票种类、来源、数量及占上市公司股本总额的百分比；分次授出的，每次拟授出的权益数量、涉及的标的股票数量及占股权激励计划涉及的标的股票总额的百分比、占上市公司股本总额的百分比；设置预留权益的，拟预留权益的数量、涉及标的股票数量及占股权激励计划的标的股票总额的百分比；

(四) 激励对象为董事、高级管理人员的，其各自可获授的权益数量、占股权激励计划拟授出权益总量的百分比；其他激励对象(各自或者按适当分类)的姓名、职务、可获授的权益数量及占股权激励计划拟授出权益总量的百分比；

(五) 股权激励计划的有效期，限制性股票的授予日、限售期和解除限售安排，股票期权的授权日、可行权日、行权有效期和行权安排；

(六) 限制性股票的授予价格或者授予价格的确定方法，股票期权的行权价格或者行权价格的确定方法；

(七) 激励对象获授权益、行使权益的条件；

(八) 上市公司授出权益、激励对象行使权益的程序；

(九) 调整权益数量、标的股票数量、授予价格或者行权价格的方法和程序；

(十)股权激励会计处理方法、限制性股票或股票期权公允价值的确定方法、涉及估值模型重要参数取值合理性、实施股权激励应当计提费用及对上市公司经营业绩的影响;

(十一)股权激励计划的变更、终止;

(十二)上市公司发生控制权变更、合并、分立以及激励对象发生职务变更、离职、死亡等事项时股权激励计划的执行;

(十三)上市公司与激励对象之间相关纠纷或争端解决机制;

(十四)上市公司与激励对象的其他权利义务。

在前文的案例中,就存在规则不清、不全的情况,仅仅宣传"平台创业、团队创业",而到底创业后会怎么样、公司会落实什么制度、大家预期利益有多少等方面的内容都是朦朦胧胧的,没有说清楚。直接导致的结果是大家的预期与创始人能够、愿意兑现的利益差距巨大,由此埋下隐患。

6.4.3 利益预测靠谱,拒绝画饼

利益预测是股权激励计划的核心环节之一,非常重要,也不可缺失。一方面,这是因为很多核心骨干人员没有接触过股权激励,即使接触过也可能理解得不深、不透;另一方面,员工看中的、重视的不是股份本身,而是这些股份背后的价值,是能够以货币衡量的收益。

常见的问题是,创始人给激励对象"画饼充饥",比如"什么市盈率100倍""身家几千万"都是吹出来的,基本上不可能兑现,导致后患无穷,并且"石头"还在创始人背上,大家都盯着,看到底能不能兑现。2008年,曾经有家公司老板拟请我,与我大谈他的上市计划,慷慨承诺给我多少股份,并且预测我将获得的股份价值。依据这个预测价值,我简单一算就明白他的假设前提是:公司按计划上市,业绩年年翻倍,并且市盈率在100倍以上。我心里想,这是在"放卫星"呀,一个在拟加盟的核心人员面前"放卫星"的老板是值得信赖的吗?因此,我婉言谢绝了这个所谓的机会。今天再看这家公司,现实情况与这位老板当年向我描绘的蓝图相差千里!

其实,利益预测也不难,通过如下几个公式和若干假设即可计算出股

份的价值

每股价格＝市盈率×每股税后净利（上市公司）

每股收益＝当前公司市值/总股本－每股行权价格（上市公司）

每股收益＝当前公司净值/总股本－每股行权价格（非上市公司）

当年期末净值＝上年度期末净值+本年度净利润

在利益预测中，难以左右或不能左右的是市场行情，能够左右的是公司业绩。所以，经营层的业绩规划以及各个子利润中心的业绩计划是其中的重中之重，也可以通过业绩规划和业绩计划向经营层和子利润中心负责人施加压力，要让他们明白：利益多少关键要看你们的业绩，业绩低则利益少，业绩高则利益多。这样，就将"球"踢到了激励对象脚下，大家撸起袖子加油干吧！

6.5 激励对象的"个人梦"是激励作用的源泉

6.5.1 共同的梦想平台

创始人创办一家企业，都有一个梦想——创业梦想。这家企业就是梦想实现的平台，是创始人埋下的梦想的种子。梦想是对未来的一种期望或是可以达到但必须努力才能够达到的境况。梦想就是一种让你感到坚持就是幸福的东西，甚至可以将其视为一种信仰。那些核心骨干员工也有梦想，也许正在琢磨应到何处去追寻梦想。

企业主最宝贵的资源是什么？就是这个梦想平台，它由股份铸造。各位企业主最想补充的资源是什么？是核心骨干人员。企业主追寻核心骨干人员，核心骨干人员追寻梦想平台，两者在一起，相得益彰！

正是在这种情况下，企业创始人与有梦想的核心骨干人员走到了一起。企业创始人有一个梦想平台，他要实现梦想，需要网罗一批志同道合的出色人员一同前行；有梦想的核心骨干人员要实现梦想，需要寻找一个合适的实现梦想的平台。这样，企业就变成了双方共同的梦想平台！

在这个梦想平台上，企业主要让核心骨干人员拥有个人的梦想，并且把梦想放在企业的梦想平台上来实现，否则企业的梦想仅仅是企业主的梦想，企业也仅仅是企业主的梦想平台。核心骨干人员要兢兢业业、全身心投入，在这个梦想平台上助力企业主实现梦想，同时实现个人梦想！

6.5.2 股权激励案例分析：总经理3000万的财富梦想

案例

有一家比较传统的制造企业，历经10年的创业之旅，有比较好的团队、产品和企业名誉。创始人操劳多年，自感精力不济，希望引进一位总经理，并由他组建一支二次创业的经营班子，踏上第二次创业之旅。

为此，公司拟订了如下股权激励方案框架。

(1) 定模式。期权激励模式。

(2) 定人员。首先是总经理，其次是公司经营班子其他成员和核心技术、业务人员，共计20人。

(3) 定价格。公司净资产6 000万元，当年收入1.2亿元，净利润1 000万元，总股本3 000万股，确定每股2元的价格(注：公司盈利能力不错，这个价格是很低的)。

(4) 定数量。创始人直接转让10%的股份，合计300万股。其中，分配总经理100万股。

(5) 定规则，具体包括：

① 等待行权期2年。

② 等待期满后一次性行权。

③ 股份的退出方式为公司上市或被收购。

④ 激励对象在公司上市或被收购前离职，股份按照离职前一年每股净资产价格由创始人回购。

(6) 定经营目标。具体见表6-3。

表6-3 经营目标

时间	收入目标/万元	回款目标/万元	利润目标/万元
2015年	15 600	14 000	1 300
2016年	20 280	20 000	1 625
2017年	26 364	23 000	2 031

(7) 收益预测：

① 公司顺利实现了2015年、2016年的经营目标，新的经营班子信心大涨，创始人也很满意。经双方协商，做出决定：创始人向企业无息借款5 000万元，解决公司流动资金短缺的问题，并向银行贷款1亿元；将于2017年进行股份制改造。

② 2017年公司每股净利润约0.7元，预计2018年至少达到0.8元。

③ 如果公司于2019年上市，假设市盈率为40倍，则每股价格约为32元。

④ 总经理所持股份的价值约为3 200万元。

这就是总经理的3 000万元财富梦想。总经理在2016年年度总结会上半开玩笑、半认真地训话说："谁不好好干，谁就是跟公司过不去；跟公司过不去，就是跟我的3 000万过不去；不论是谁，跟我的3 000万过不去，我就跟他过不去！"

祝愿创始人、总经理以及其他激励对象的梦想都能如愿实现！

第7章 股权激励方案的审批程序及文书模板：这样动手

> 对于21世纪的企业来说，流程将非常关键。优秀的流程将使成功的企业与其他竞争者区分开来。
> ——企业再造之父 迈克尔·哈默

总体来讲，股权激励计划可以划分为四大阶段，对应的四大程序分别是计划实施、计划授予、解除限售或行权、计划变更和终止。

计划实施阶段的主要任务有四个：第一，从技术和艺术两个层面进行设计并形成股权激励方案(计划)草案文稿；第二，同时提出详细的关于激励对象、授予数量等的建议方案；第三，董事会、监事会对以上内容进行审议，股东大会对授予激励计划(主要包括《股权激励计划管理办法》、《股权激励计划授予协议》、《股权激励计划绩效管理办法》、激励对象名单及职位、每一位激励对象授予数量等文件)进行表决；第四，对激励对象进行公示，对股权激励计划进行公告(上市公司)。

计划授予阶段的主要任务有两个：第一，董事会经股东会授权向激励对象授予股权激励；第二，与激励对象签订股权激励授予协议。当然，在这个阶段，还需要就股权激励计划向激励对象进行详细的宣讲，并拟订激励周期内每年的经营规划和各个利润中心的经营计划，预测如果按计划实现经营规划和经营计划，激励对象可能获得的收益，以此引导激励对象的认知，使激励对象产生强烈的获得感。

解除限售或行权阶段的任务主要有三个：第一，董事会或其薪酬与考核委员会审核实施股权激励的公司业绩条件和个人业绩条件是否达成；第二，如果业绩达成即解除限售或行权，如果业绩未达成则作出期权不得行权或注销本年度限制性股票的决定；第三，如果行权的是实股，则需要去工商登记部门办理公司变更事项的登记手续。

计划变更和终止往往是在出现了导致股权激励实施条件发生重大变化时作出的特别程序。在这种情况下，决策机构分两种情况：提交股东大会审批前由董事会决策；提交股东大会审批后，如果股权激励计划需要变更或终止，需要由股东大会最终决策。

下面我们以上市公司为例，来详细介绍股权激励计划的四大流程以及主要文件模板。非上市公司可以借鉴，如果也按照以下流程、模板进行审批，应该更加规范、更加严谨。

7.1 股权激励计划的实施程序

(1) 董事会薪酬与考核委员会负责拟定本激励计划草案、《考核管理办法》和激励对象名单,并提交公司董事会审议。

(2) 公司董事会应当依法对本激励计划及相关议案作出决议。董事会审议本激励计划时,作为激励对象的董事或与其存在关联关系的董事应当回避表决。董事会应当在审议通过本激励计划并履行公示、公告程序后,将本激励计划提交股东大会审议;同时提请股东大会授权,负责实施股票期权的授予、注销以及限制性股票的授予、解除限售和回购等工作。

(3) 独立董事及监事会应当就本计划是否有利于公司持续发展,是否存在明显损害公司及全体股东利益的情形发表意见。独立董事或监事会认为有必要的,可以建议公司聘请独立财务顾问,对股权激励计划的可行性、是否有利于上市公司的持续发展、是否损害公司利益以及对股东利益的影响发表专业意见。

(4) 公司将在召开股东大会前,通过公司网站或者其他途径,在公司内部公示激励对象的姓名和职务,公示期不少于10天。监事会应当对激励名单进行审核,充分听取公示意见。公司应当在股东大会审议激励计划前5日披露监事会对激励名单审核及公示情况的说明。

(5) 公司应当对内幕信息知情人在股权激励计划草案公告前6个月内买卖本公司股票及其衍生品种的情况进行自查,说明是否存在内幕交易行为。知悉内幕信息而买卖本公司股票的,不得成为激励对象,法律、行政法规及相关司法解释规定不属于内幕交易的情形除外。泄露内幕信息而导致内幕交易发生的,不得成为激励对象。

(6) 公司应当聘请律师事务所对股权激励计划出具法律意见书,根据法律、行政法规及《上市公司股权激励管理办法》的规定发表专业意见。

(7) 公司召开股东大会审议股权激励计划时,独立董事应当就股权激励计划向所有股东征集委托投票权。

(8) 股东大会应当对本次激励计划内容进行表决,并经出席会议的股东所持表决权的2/3以上通过。除上市公司董事、监事、高级管理人员、单独或合计持有上市公司5%以上股份的股东以外,其他股东的投票情况应当单独统计并予以披露。公司股东大会审议本次激励计划时，拟为激励对象的股东或者与激励对象存在关联关系的股东，应当回避表决。

(9) 董事会根据股东大会的授权为激励对象办理具体的限制性股票和股票期权的解除限售/行权、回购、注销等事宜。

7.2 股权激励计划的授予程序

(1) 股东大会审议通过本激励计划后，授权董事会办理具体的股权激励授予事宜。

(2) 公司股东大会审议通过本计划之日起60日内，公司召开董事会对激励对象授予激励股权。公司董事会须确定本计划授予日/授权日，确认公司/激励对象已满足本计划规定的授予条件等相关事宜。监事会核查激励对象的名单是否与股东大会批准的激励计划中规定的对象相符。

(3) 公司与激励对象签订《授予协议书》，约定双方的权利与义务。

(4) 激励对象将认购限制性股票的资金按照公司要求缴付于公司指定账户，并经注册会计师验资确认，否则视为激励对象放弃认购获授的限制性股票。

(5) 授予激励对象限制性股票后，涉及注册资本变更的，由公司向工商登记部门办理公司变更事项的登记手续。

(6) 公司董事会应当在授予的限制性股票登记以及股票期权行权完成后及时披露相关实施情况的公告。

7.3 股权激励计划解除限售或行权程序

1. 限制性股票解除限售程序

(1) 在限制性股票解除限售前，董事会应当就本计划设定的激励对象解除限售条件(经营业绩条件和个人业绩考核结果)是否成就进行审议，独立董事及监事会应当同时发表明确意见，律师事务所应当对激励对象解除限售的条件是否成就出具法律意见。对于满足解除限售条件的激励对象，由公司统一办理解除限售事宜；对于未满足条件的激励对象，由公司回购并注销其持有的该次解除限售对应的限制性股票。公司应当及时披露相关实施情况的公告。

(2) 在限制性股票解除限售前，公司应当向证券交易所提出申请，经证券交易所确认后，由登记结算公司办理登记结算事宜。

2. 股票期权行权程序

(1) 公司有关主管部门在可行权期内对公司及个人行权条件的达成情况(经营业绩条件和个人业绩考核结果)进行考核，并将激励对象考核报告提交董事会薪酬与考核委员会。

(2) 在行权期内，确认达到行权条件后，激励对象在董事会确定的可行权日内，确认行权的数量和价格，并交付相应的购股款项。

(3) 激励对象的行权申请经董事会薪酬与考核委员会确认后，由公司向证券交易所提出行权申请。

(4) 经证券交易所确认后，公司向登记结算公司申请办理登记结算事宜。

(5) 激励对象行权后，涉及注册资本变更的，由公司向工商登记部门办理公司变更事项的登记手续。

7.4 股权激励计划的变更和终止程序

1. 激励计划的变更程序

(1) 公司在股东大会审议通过本激励计划之前可对本激励计划进行变更，变更需经董事会审议通过，公司应当披露董事会决议公告，同时披露变更原因、变更内容及独立董事、监事会、律师事务所的意见。

(2) 公司对已通过股东大会审议的激励计划进行变更的，应当及时公告并提交股东大会审议，且不得包括下列情形：

- 导致加速行权或提前解除限售的情形；

- 降低行权价格或授予价格的情形。

(3) 独立董事、监事会应当就变更后的方案是否有利于公司的持续发展，是否存在明显损害公司及全体股东利益的情形发表独立意见；律师事务所应当就变更后的方案是否符合《上市公司股权激励管理办法》及相关法律法规的规定、是否存在明显损害公司及全体股东利益的情形发表专业意见。

2. 激励计划的终止程序

(1) 公司在股东大会审议本激励计划之前拟终止实施本激励计划的，需经董事会审议通过。

(2) 公司在股东大会审议通过本激励计划之后终止实施本激励计划的，应当由股东大会审议决定。

(3) 律师事务所应当就公司终止实施激励计划是否符合《上市公司股权激励管理办法》及相关法律法规的规定、是否存在明显损害公司及全体股东利益的情形发表专业意见。

(4) 本激励计划终止时，公司应当回购尚未解除限售的限制性股票，并按照《公司法》的规定进行处理。

(5) 公司回购限制性股票前，应当向证券交易所提出申请，经证券交易所确认后，由登记结算公司办理登记结算事宜。

7.5 股权激励计划的相关议案及文件模板

7.5.1 关于股权激励计划及其摘要的议案及模板

以下是我们经手的某上市公司股权激励计划(草案)及其摘要的议案。

关于北京××××有限公司
股票期权计划(草案)及其摘要的议案

各位董事：

　　为了进一步……拟定了股票期权激励计划。

　　本次股权激励计划拟向激励对象授予权益总计×××万股。其中，首次授予股票期权合计×××万股，占本次激励计划签署时公司股本总额的××%，占本计划授出权益总数的××%；预留××××万股，占本计划授出权益总数的××%。本股权激励计划首次授予的激励对象总人数为××人，激励对象包括公司董事、中高级管理人员和核心技术(业务)人员、子公司中高级管理人员与核心技术(业务)人员，以及公司认为应当激励的对公司经营业绩和未来发展有直接影响的其他员工。

股票期权计划(草案)及其摘要的具体内容详见本议案附件。

该议案尚需提交股东大会审议，请各位董事审议。

北京××××有限公司

董事会

2016年10月13日

以下是我们经手的上述议案所对应的某上市公司股权激励计划中的股票期权计划(草案)摘要，股权激励计划草案略。

北京××××股份有限公司
股票期权激励计划(草案)摘要

本公司及全体董事、监事保证本激励计划及其摘要不存在虚假记载、误导性陈述或重大遗漏，并对其真实性、准确性、完整性承担个别和连带的法律责任。

一、股权激励目的

……

二、股权激励计划拟授予数量

股票期权激励计划：公司拟向激励对象授予××××万股股票期权。其中，首次授予××××万股股票期权，占本次股权激励计划拟授予权益总数的××%；预留××××万股股票期权，占本次股权激励计划拟授予权益总数量的××%。

三、激励对象

(一) 本计划涉及的激励对象共计××人，包括：

1. 公司董事、中高级管理人员、核心技术(业务)人员；

2.子公司中高级管理人员、子公司核心技术(业务)人员；

3.公司认为应当激励的对公司经营业绩和未来发展有直接影响的其他员工。

(二)授予的权益(股票期权)在不同激励对象间的具体分配情况见表7-1。

表7-1 权益分配表

所属层级	获授权益总数/万股	占本次计划授予权益比例	占公司当前股本比例
公司董事、高级管理人员(共7人)			
公司除董事、高级管理人员以外的其他管理人员以及子公司中高级管理人员(共69人)			
核心技术(业务)人员(共211人)			
预留部分			
合计			

四、具体方案

(一)激励对象获授权益的条件

1.公司未发生以下情形：

……

2.激励对象未发生以下情形：

……

(二)股权激励计划有效期

股票期权激励计划的有效期自股票期权授权之日起至激励对象获授的股票期权全部行权或注销之日止，不超过60个月。

(三)主要环节

主要环节包括股票期权的授权日、等待期、可行权日、行权安排、禁售期。

1.授权日。授权日在本计划经公司股东大会审议批准后由公司董事会确定，授权日必须为交易日。公司应在股东大会审议通过本计划之日起60日内向激励对象授予股票期权并完成公告、登记，届时公司需召开董事会对激励对象就本激励计划设定的激励对象获授股票期权的条件是否达成进行审议，公司独立董事及监事会应当发表明确意见，律师事务所应当对激励对象获授股票期权的条件是否达成出具法律意见。公司未能在60日内完成上述工作的，将终止实施本激励计划。

2. 等待期。等待期为股票期权授权日至股票期权首个可行权日之间的期间，本激励计划的等待期为24个月。

3. 可行权日。在本计划通过后，授予的股票期权自授权日起满24个月后可以开始行权。可行权日必须为交易日，但不得在下列期间行权：

(1) 公司定期报告公告前30日内，因特殊原因推迟定期报告公告日期的，自原预约公告日前30日起算，至公告前1日；

(2) 公司业绩预告、业绩快报公告前10日内；

(3) 自可能对公司股票及其衍生品种交易价格产生较大影响的重大事件发生之日或者进入决策程序之日，至依法披露后2个交易日内；

(4) 中国证监会及证券交易所规定的其他期间。

4. 行权安排。股权激励计划首次授予的股票期权自授权日起满24个月后，在可行权日内，若达到规定的行权条件，激励对象可在未来36个月内分三期行权。首次授予的股票期权行权期安排如表7-2所示(根据《股权激励管理办法》等相关规定，该日不得行权的除外)。

表7-2 行权安排(一)

行权期	行权时间	行权比例
第一个行权期	自首次授权日起24个月后的首个交易日起至首次授权日起36个月内的最后一个交易日当日止	30%
第二个行权期	自首次授权日起36个月后的首个交易日起至首次授权日起48个月内的最后一个交易日当日止	30%
第三个行权期	自首次授权日起48个月后的首个交易日起至首次授权日起60个月内的最后一个交易日当日止	40%

本计划预留股票期权，应当自首次股票期权授权日次日起12个月内授予，自预留期权授权日起满24个月后，激励对象可在未来24个月内分两期行权，具体安排如表7-3所示。

表7-3 行权安排(二)

行权期	行权时间	行权比例
第一个行权期	自预留部分授权日起24个月后的首个交易日起至预留部分授权日起36个月内的最后一个交易日当日止	50%
第二个行权期	自预留部分授权日起36个月后的首个交易日起至预留部分授权日起48个月内的最后一个交易日当日止	50%

当期行权条件未成就的，股票期权不得行权或递延至下期行权，并由公司注销。股票期权各行权期结束后，激励对象未行权的当期股票期权应当终止行权，公司应当及时注销。

5. 禁售期。禁售期是指对激励对象行权后所获股票进行售出限制的时间段，具体规定如下：

(1) 激励对象转让其持有公司的股票，应当符合《公司法》《证券法》《深圳证券交易所股票上市规则》等法律、法规、规章以及××××《公司章程》的有关规定。

(2) 激励对象为公司董事和高级管理人员的，其在任职期间每年转让的股份不得超过其所持有本公司股份总数的25%；在离职后半年内，不得转让其所持有的本公司股份；其持有的本公司股票在买入后6个月内卖出，或者在卖出后6个月内又买入，由此所得收益归本公司所有，公司董事会将收回其所得收益。

(3) 在本激励计划的有效期内，如果《公司法》《证券法》等相关法律、法规、规范性文件和《公司章程》中对公司董事和高级管理人员持有股份转让的有关规定发生了变化，则这部分激励对象转让其所持有的公司股票应当在转让时符合修改后的《公司法》《证券法》等相关法律、法规、规范性文件和《公司章程》的规定。

(四) 价格

1. 股票期权行权价格：×××元/股。

股票期权行权价格不得低于下列两个价格中的较高者：

(1) 股权激励计划草案公布前1个交易日公司标的股票交易均价，即×××元/股。

(2) 股权激励计划草案公布前20个交易日公司股票交易均价，即×××元/股。

2. 预留部分的股票期权行权价格的确定方法同首次授予价格的确定方法。

(五) 股票期权的授予条件、解除限售/行权条件

1. 股票期权的授予条件。公司和激励对象需同时满足下列条件，公司方可依据本激励计划向激励对象进行股票期权的授予：

(1) 公司未发生以下任一情形(略)。

(2) 激励对象未发生以下任一情形(略)。

2. 股票期权行权条件。行权期内，当同时满足下列条件时，激励对象获授的股票期权方可行权：

(1) 持续满足授予条件。激励对象获授的股票期权申请行权，需在授权日后至行权前持续满足上述"1.股票期权的授予条件"。

如公司发生不满足授予条件的情形，所有激励对象根据本激励计划已获授但尚未行权的股票期权由公司注销；如某一激励对象发生不满足授予条件的情形，则该激励对象根据本激励计划已获授但尚未行权的股票期权由公司注销。

(2) 公司业绩考核要求及个人绩效考核要求。本计划对所授股票期权实行分期行权，并分年度进行公司业绩考核和激励对象绩效考核，以两个层面考核作为激励对象股票期权行权的条件。

① 公司业绩考核要求。首次授予股票期权的各年度业绩考核目标如表7-4所示。

表7-4　首次授予期权年度考核目标

行权期	业绩考核目标
第一个行权期	以××××年净利润为基数，××××年净利润增长率不低于××%
第二个行权期	以××××年净利润为基数，××××年净利润增长率不低于××%
第三个行权期	以××××年净利润为基数，××××年净利润增长率不低于××%

预留部分股票期权的各年度业绩考核目标如表7-5所示。

表7-5　预留部分股票期权年度考核目标

行权期	业绩考核目标
第一个行权期	以××××年净利润为基数，××××年净利润增长率不低于××%
第二个行权期	以××××年净利润为基数，××××年净利润增长率不低于××%

以上"净利润"指标以扣除非经常性损益后(但不扣除与公司业务相关的政府补助收益)的净利润作为计算依据，各年净利润指归属于上市公司股东的净利润。

公司未达到上述业绩考核目标的,所有激励对象对应考核当年可行权的股票期权均不得行权,由公司注销。

② 个人绩效考核要求。薪酬与考核委员会将根据《北京××××股份有限公司股权激励计划考核管理办法》对激励对象分年度进行考核打分,激励对象依照个人绩效考核得分确定个人绩效考核系数,进而确定其实际可行权数量,计算公式为

激励对象当年实际可行权数量=当年计划行权数量×个人绩效考核系数

个人绩效考核系数与考评得分的关系如表7-6所示。

表7-6 激励对象个人绩效考核评价表

等级	A	B	C
个人绩效考核系数	1	0.7	0
考核得分	评分≥70	70>评分≥60	评分<60

激励对象考核得分需达到60分及以上方可行权。激励对象考核得分大于70分的,可按照当年计划行权数量全额行权;考核得分大于等于60分小于70分的,可按表7-6所示比例部分行权;考核得分小于60分的,不能行权。激励对象当年未行权部分的期权由公司注销。

五、会计处理

按照《企业会计准则第11号——股份支付》和《企业会计准则第22号——金融工具确认和计量》的规定,公司选取Black-Scholes模型作为定价模型来计算期权的公允价值及股票期权摊销费用。

假设股票期权授权日为2016年11月,则2016—2021年股票期权的预计成本摊销情况见表7-7。

表7-7 股票期权预计成本摊销情况

期权份额/万份	期权总成本/万元	2016年/万元	2017年/万元	2018年/万元	2019年/万元	2020年/万元	2021年/万元
××××	××××	××××	××××	××××	××××	××××	××××

7.5.2 关于股权激励计划实施考核管理办法的议案及模板

以下是我们经手的某上市公司股权激励计划实施考核管理办法的议案。

关于北京××××有限公司股权激励计划考核管理办法的议案

各位董事：

为保证股权激励计划顺利实施，根据《公司法》等法律法规以及《公司章程》的相关规定，并结合公司实际情况，公司拟定了《北京××××有限公司股权激励计划考核管理办法》，具体内容详见本议案附件。

该议案尚需提交股东大会审议，请各位董事审议。

北京××××有限公司董事会
2016年10月13日

以下是上述议案对应的公告版股权激励计划考核管理办法。

北京××××股份有限公司股权激励计划考核管理办法

北京××××股份有限公司(以下简称："××××""公司")为进一步完善公司法人治理结构，建立、健全公司长效激励机制，吸引和留住优秀人才，更好地调动人员的主动性、积极性和创造性，确保实现公司发展战略规划目标，实现股东权益价值最大化，制定了《北京××××股份有限公司股票期权激励计划(草案)》，拟授予激励对象股权期权。为保证股权激励计划顺利实施，现根据《公司法》等法律法规以及《公司章程》的相关规定，结合公司实际情况，特制定本考核管理办法。

一、考核目的

……

二、考核原则

……

三、考核范围

……

四、职责权限

1. 公司董事会负责制定与修订本办法，并授权董事会薪酬与考核委员会(以下简称"薪酬与考核委员会")负责审核、考核工作。

2. 薪酬与考核委员会负责领导和组织对激励对象的考核工作，应在股权激励计划期间每年度组织综合考核评价一次。

3. 公司人力资源主管部门在薪酬与考核委员会的指导下负责组织执行具体的考核工作，保存考核结果，并在此基础上形成绩效考核报告上交薪酬与考核委员会。

4. 公司及子公司各级人力资源部门、财务部门等相关部门负责协助搜集并提供相关考核数据，并对数据的真实性和可靠性负责。

5. 本计划激励对象考核评价的具体工作按照公司现有考核管理机制进行，由其所在公司的人力资源部门负责组织执行，其中子公司激励对象的考核评价工作由其所在子公司人力资源部门在公司人力资源主管部门的指导下具体组织执行，经所在子公司总经理审核、董事长审批后形成绩效考核结果，并上报公司人力资源主管部门审核并备案。

五、考核评价指标及标准

激励对象需同时满足公司层面业绩考核要求及个人层面绩效考核要求，其获授股票期权方可行权。

(一)公司层面业绩考核要求

首次授予股票期权的各年度业绩考核目标如表7-8所示。

表7-8 首次授予股票期权的各年度业绩考核目标

行权期	业绩考核目标
第一个行权期	以××××年净利润为基数，××××年净利润增长率不低于××%
第二个行权期	以××××年净利润为基数，××××年净利润增长率不低于××%
第三个行权期	以××××年净利润为基数，××××年净利润增长率不低于××%

本计划授予的股票期权，在行权期内，分年度进行业绩考核并行权，以达到绩效考核目标作为激励对象的行权条件。

预留部分股票期权的各年度绩效考核目标如表7-9所示。

表7-9 预留部分股票期权的各年度绩效考核目标

行权期	业绩考核目标
第一个行权期	以××××年净利润为基数，××××年净利润增长率不低于××%
第二个行权期	以××××年净利润为基数，××××年净利润增长率不低于××%

以上"净利润"指标以扣除非经常性损益后(但不扣除与公司业务相关的政府补助收益)的净利润作为计算依据,各年净利润指归属于上市公司股东的净利润。

(二) 个人层面绩效考核要求

激励对象个人层面绩效考核遵照公司绩效考核制度的相关规定,即个人层面绩效考核指标包括个人关键业绩指标、企业经营业绩指标两个方面,且个人关键业绩指标与经营业绩指标相对权重根据不同激励对象所在岗位、职级等情况确定。

个人关键业绩指标主要是衡量各岗位员工关键工作成果完成情况的指标。关键业绩指标根据公司年度经营计划分解和岗位职责而确定,不同的岗位对应不同的业绩指标。

企业经营业绩指标主要是衡量各岗位员工所在公司营业收入、净利润、经营性净现金流等经营业绩完成情况的指标。公司董事、高级管理人员的经营业绩指标考核,主要以合并口径下归属上市公司股东的相关经营业绩指标为标准。其中,兼任子公司董事长或高管的,其经营业绩指标考核应包括其所任职子公司的经营业绩;其他激励对象的经营业绩考核以其所在公司的经营业绩指标为标准。各年度经营业绩指标根据公司年度经营计划分解和岗位职责而确定,不同的岗位对应不同的经营业绩指标。

六、考核结果应用

1. 只有公司层面业绩考核达标时,激励对象方可根据个人绩效考核结果进行股票期权行权。

2. 个人考核得分与股票期权行权的关系用公式表示为

激励对象每个行权期内实际可行权额度=当年计划行权数量×个人业绩考核系数

个人业绩考核系数与考评得分的关系如表7-10所示。

表7-10 激励对象个人业绩考核评价表

等级	A	B	C
个人业绩考核系数	1	0.7	0
考核得分	评分≥70	70>评分≥60	评分<60

激励对象考核得分需达到60分以上方可行权或解锁。激励对象考核得分大于70分的,可按照当年计划可行权数量全部行权;考核得分大于等于

60分小于70分的，可按表7-10所示比例部分行权；考核得分小于60分的，不能行权。激励对象当年未行权部分的期权由公司注销。

七、考核程序

1. 每一考核年度根据公司年度经营计划，由公司与考核对象沟通后制定被考核对象年度工作绩效目标。

2. 考核年度结束后，公司各级人力资源部门与财务部门对激励对象进行个人关键业绩考核与企业经营业绩考核，形成考核数据并报人力资源主管部门。

3. 人力资源主管部门形成绩效考核报告，报薪酬与考核委员会审批，并保存考核结果。

4. 根据前述考核结果确定各激励对象的考核得分，以此作为股票期权行权的依据。

八、考核期间及次数

1. 考核期间。激励对象股票期权行权前一会计年度。

2. 考核次数。股票期权行权期间每年度一次。

九、考核结果的管理及应用

……

十、附则

本办法由董事会负责制定、解释及修改，自股东大会审议通过之日起开始实施。

北京××××股份有限公司董事会
二〇一六年十月十三日

其实，考核管理办法具有一定的原则性，但在真正实施过程中，要让考核起到应有的作用，还应该制定一个对应的《考核实施细则》，详细规定不同层级的激励对象的考核指标、权重、得分计算方式等内容。比如，可以作出如下详细规定：

(1) 激励对象绩效考核得分=企业经营业绩指标考核得分×权重+个人KPI考核得分×权重。

(2) 各类激励对象考核指标的权重分配方案如表7-11所示。

表7-11 考核指标权重分配

单位	层级	企业经营业绩指标考核权重	个人KPI考核权重
公司总部	董事、高级管理人员	50%	50%
	中层管理人员、核心技术(业务)人员	30%	70%
业务单元	董事、高级管理人员	70%	30%
	中层管理人员、核心技术(业务)人员	30%	70%

(3) 企业经营业绩指标考核得分=营业收入完成率×30%+净现金流完成率×20%+净利润完成率×50%。

这些内容源于公司的经营策略和经营目标的分解，充分反映公司当前的经营重心，有助于通过股权激励来真正促进公司经营重心的达成。我们要时刻牢记，股权激励不是福利，我们在激励核心骨干员工增加收益的同时，也要通过他们的业绩来推动公司的发展，以此才能将公司利益、员工利益、股东利益有机结合起来。

7.5.3 关于提请股东大会授权董事会办理相关事宜的议案及模板

鉴于股权激励计划在授予、实施过程中涉及方方面面的内容，为了执行的便捷性，一般都会提请股东大会将相关事宜授权董事会来决策。

以下是一份提请股东大会授权董事会办理相关事宜的议案模板。

**关于提请股东大会授权董事会
办理公司股票期权激励计划相关事宜的议案**

各位董事：

根据《中华人民共和国公司法》《中华人民共和国证券法》等法律法规以及《公司章程》的有关规定，公司董事会提请公司股东大会授权董事会在有关法律法规范围内全权办理与本次股票期权激励计划有关的全部事宜，包括但不限于：

一、提请公司股东大会授权董事会负责具体实施股票期权激励计划的以下事项。

1. 授权董事会确定股票期权激励计划的授权日\授予日。

2. 授权董事会在公司出现资本公积转增股本、派送股票红利、股票拆细或缩股、配股等事宜时，按照本次股权激励计划规定的方法对股票期权数量及所涉及的标的股票数量进行相应的调整。

3. 授权董事会在公司出现资本公积转增股本、派送股票红利、股票拆细或缩股、配股等事宜时，按照本次股权激励计划规定的方法对股票期权的行权价格、数量进行相应的调整。

4. 授权董事会在激励对象符合授予条件时向激励对象授予股票期权并办理与之相关所必需的全部事宜。

5. 授权董事会对激励对象的股票期权行权的资格与条件进行审查确认，并同意董事会将该项权利授予薪酬和考核委员会行使。

6. 授权董事会决定激励对象股票期权是否可以行权。

7. 授权董事会按照本次股权激励计划的规定，为符合条件的激励对象办理行权、解除限售的全部事宜(包括但不限于向证券交易所提出行权、解除限售申请、向登记结算公司申请办理有关登记结算业务、修改公司章程、办理公司注册资本的变更登记等)。

8. 授权董事会决定股票期权激励计划的中止、变更与终止，包括但不限于取消激励对象的行权资格，对激励对象尚未行权的股票注销，办理已死亡的激励对象尚未行权、尚未解除限售的股票的补偿和继承事宜，终止公司股票期权激励计划等。

9. 授权董事会对公司股票期权激励计划进行管理和调整，在与本次激励计划的条款一致的前提下不定期制定或修改该计划的管理和实施规定。但如果法律、法规或相关监管机构要求该项修改需得到股东大会或/和相关监管机构的批准，则董事会的该项修改必须得到相应的批准。

10. 授权董事会签署、执行、修改、终止任何和股票期权激励计划有关的协议。

11. 授权董事会为股票期权激励计划的实施，委任收款银行、会计师、律师等中介机构。

12. 实施股票期权激励计划所需的其他必要事宜，但有关文件明确规定需由股东大会行使的权利除外。

13. 在符合公司股票期权激励计划所确定的激励对象范围及授予条件等相关要求的基础上，办理预留部分权益的激励对象确定、权益授予等事宜。

二、提请公司股东大会授权董事会，就股票期权激励计划向有关政府、机构办理审批、登记、备案、核准、同意等手续；签署、执行、修改、完成向有关政府机构、组织、个人提交的文件；修改《公司章程》、办理公司注册资本的变更登记；做出其认为与本次股权激励计划有关的必须、恰当或合适的所有行为。

三、提请公司股东大会同意，向董事会授权的期限为本次股票期权激励计划有效期。

该议案尚需提交股东大会审议，请各位董事审议。

北京××××股份有限公司董事会
2016年10月13日

7.5.4　股权激励计划法律意见书、激励对象承诺函

在股权激励计划实施过程中，有三份重要的法律文件：一是激励对象承诺函；二是律师的法律意见书；三是公司与激励对象签订的《授予协议书》。

以下是激励对象承诺函的模板。

承　诺　函

鉴于北京××××公司(以下简称"公司")拟实行股票期权激励计划(以下简称"本次激励")，本人_____(身份证号码：_____)作为本次激励的激励对象，就本次激励有关事项作出如下承诺：

1. 本人担任_____公司_____职务，本人已经与该公司签署劳动合同或聘任合同。

2. 本人不是单独或合计持有公司5%以上股份的股东或实际控制人及其配偶、父母、子女，不存在《上市公司股权激励管理办法》第八条规定

的不得成为激励对象的情形,包括:①最近12个月内被证券交易所认定为不适当人选;②最近12个月内被中国证监会及其派出机构认定为不适当人选;③最近12个月内因重大违法违规行为被中国证监会及其派出机构行政处罚或者采取市场禁入措施;④具有《公司法》规定的不得担任公司董事、高级管理人员情形的;⑤法律法规规定不得参与上市公司股权激励的;⑥中国证监会认定的其他情形。

3.本人不是知悉内幕信息而买卖公司股票或泄露内幕信息而导致内幕交易发生的内幕信息知情人。

4.本人参与本次激励的资金来源为自有/自筹资金,合法合规,未违反法律、行政法规及中国证监会的相关规定。

5.本人除参加公司的股权激励计划外,没有同时参加两个或两个以上的上市公司的股权激励计划。

6.本人不是公司现任董事,且与公司现任董事不存在任何关联关系。

7.若公司因信息披露文件中有虚假记载、误导性陈述或者重大遗漏,导致不符合授予权益或行使权益安排的,本人应当自相关信息披露文件被确认存在虚假记载、误导性陈述或者重大遗漏后,将由本次激励所获得的全部利益返还公司。

本人承诺:上述承诺事项真实、准确和完整,保证不存在任何虚假记载、误导性陈述,并对所提供信息的真实性、准确性和完整性承担个别和连带的法律责任。若违反本承诺,本人自愿将由本次激励所获得的全部利益返还公司。此外,若违反本承诺给公司造成其他损失,本人承担一切赔偿责任。

承诺人(签字):
年 月 日

激励对象承诺函的内容主要是激励对象个人承诺自己符合激励对象的条件,并且可以被授予股权激励。《法律意见书》则是由律师出具的,证明股权激励计划符合《上市公司股权激励管理办法》的刚性规定,一般包含如下内容:

(1) 是否具备实施本次股权激励计划的主体资格？
(2) 本次股权激励计划的主要内容是否完整？
(3) 本次股权激励计划应履行的法律程序是否已经履行？
(4) 本次股权激励计划激励对象的确定是否符合规定？
(5) 本次股权激励计划是否做了如实、完整、准确的信息披露？
(6) 本次激励计划的资金来源是否符合要求？
(7) 本次激励计划是否存在有损公司及全体股东利益的情形？
(8) 关联董事是否回避表决？
(9) 结论意见。

7.5.5 董事会授予议案及《授予协议书》的模板

股东大会作为股权激励的决策机构，主要对董事会审议并提请的三个议案进行审批。结合前文，包括：《关于北京××××有限公司股票期权与限制性股票激励计划(草案)及其摘要的议案》《关于北京××××有限公司股权激励计划实施考核管理办法的议案》《关于提请股东大会授权董事会办理公司股票期权与限制性股票激励计划相关事宜的议案》。

至此，公司股权激励计划正式生效，随后董事会依据股东大会的授权进行授予。

关于向公司激励对象首次授予权益的议案

各位董事：

根据《上市公司股权激励管理办法》《北京××××股份有限公司股票期权激励计划》(以下简称"本次激励计划")的相关规定以及公司××××年度第××次临时股东大会的授权，公司董事会认为本次激励计划规定股票期权的授予条件已经成就，确定公司股票期权激励计划的授予日为××××年××月××日，并同意向符合条件的×××名激励对象授予×××万股股票期权，行权价格为×××元/股。

请各位董事审议。

北京××××公司董事会

2016年11月1日

北京××××有限公司股票期权授予协议书

协议书编号：【　　　】

签约双方：

甲方：北京××××有限公司

注册地址：

法定代表人：

乙方：

身份证号码：

住所：

第一条　股票期权概念界定

……

第二条　资格确认与股票期权授予

乙方是甲方或其控股子公司员工，现担任＿＿＿＿一职，属于甲方《激励计划》所确认的激励人员范围。

经甲方薪酬与考核委员会按照甲方《激励计划》的有关规定进行评定，经甲方董事会、股东大会确认后，若乙方具备获授股票期权的资格并符合《激励计划》规定的其他条件的，甲方将于甲方董事会确定的授权日授予乙方股票期权＿＿＿＿【＿＿＿＿】股，【大写：＿＿＿＿】，行权价格为【31.53】元。每份期权可按每股人民币【31.53】元的价格，在有效期内以行权条件认购甲方的普通股票1股。

第三条　行权安排

（一）乙方获授的股票期权有效期自本协议第二条规定的授权日起至乙方获授的股票期权全部行权或注销之日止，不超过60个月。在股票期权授权日后的24个月之内为等待期，乙方不可以行权。自股票期权授权日起满24个月后，乙方获授的股票期权开始进入可行权期。在可行权期内采取分批行权的办法：第一个行权期，自授权日起24个月后的首个交易日起至授权日起36个月内的最后一个交易日当日止，乙方可以进行第一次行权，可行权上限为其获授股票期权总额的30%；第二个行权期，自授权日起36个月后的首个交易日起至授权日起48个月内的最后一个交易日当日止，乙方可以进行第二次行权，可行权上限为其获授股票期权总额的30%；第三个行权期，自授权日起48个月后的首个交易日起至授权日起60个月内的最后一个交易日当日止，乙方可以进行第三次行权，可行权上限为其获授股票期权总额的40%。

乙方每年实际可行权份额将根据公司当年是否满足股票期权的授予条件、行权条件、乙方绩效考核结果等情况作相应调整，激励对象的考核管理办法按照经甲方股东大会、董事会通过的《考核管理办法》以及依照《考核管理办法》制定的《北京××××有限公司股权激励计划绩效考核实施细则》(以下简称《考核实施细则》)执行。当期行权条件未成就的，股票期权不得行权或递延至下期行权，并由公司注销相关期权。计划有效期结束后，已获授但尚未行权的股票期权不得行权，未行权的该部分期权由公司注销。

(二) 乙方获授的股票期权自授权日起满24个月后可以开始行权。可行权日必须为交易日，但不得在下列期间内行权：①公司定期报告公告前30日内，因特殊原因推迟定期报告公告日期的，自原预约公告日前30日起算，至公告前1日；②公司业绩预告、业绩快报公告前10日内；③自可能对公司股票及其衍生品种交易价格产生较大影响的重大事件发生之日或者进入决策程序之日，至依法披露后2个交易日内；④中国证监会及证券交易所规定的其他期间。

(三) 当甲方发生资本公积转增股本、配股、股份拆细或缩股、派发股票红利、派发现金红利等情况时，乙方所持有的股票期权数量及/或行权价格应作相应的调整，调整办法按《激励计划》的相关规定进行。甲方应在有关调整经董事会审议通过后通知乙方。发生除前述情形以外的事项需要调整权益数量和行权价格的，提交股东大会审议通过后，甲方有权进行调整。

(四) 乙方须以现金方式行权。若在行权期内未缴足行权款，则未缴足款部分的行权无效。

(五) 股票期权持有人行权时凭股票期权相关文书、个人有效身份证原件和深圳证券交易所股东卡，代理人持授权委托书、本人身份证原件、委托人深圳证券交易所股东卡和委托人身份证或其他合法的法律手续向甲方递交申请，经核准后由甲方统一办理。

(六) 乙方有效行权后，甲方向乙方发出行权确认通知。

(七) 乙方对于本次股票期权激励计划行权的有关疑问可向甲方查询。

(八) 上述工作由甲方的薪酬与考核委员会委托甲方的人力资源部门及

董事会秘书办公室负责具体操作。

第四条　股票期权行权前后的股东权利

……

第五条　甲乙双方的权利与义务

(一)甲方的权利与义务

……

(二)乙方的权利与义务

……

第六条　行权权利选择

就所持有的股票期权，在本协议规定的行权期内，乙方可以选择行权，也可以选择放弃行权。

第七条　甲乙双方发生异动的处理

(一)甲方出现下列情形之一时，《激励计划》及本协议即行终止，乙方已获授但尚未行权的股票期权由甲方注销：

1. 最近一个会计年度财务会计报告被注册会计师出具否定意见或者无法表示意见的审计报告；

2. 最近一个会计年度财务报告内部控制被注册会计师出具否定意见或无法表示意见的审计报告；

3. 上市后最近36个月内出现过未按法律法规、公司章程、公开承诺进行利润分配的情形；

4. 法律、行政法规、部门规章规定不得实行股权激励的情形；

5. 中国证监会认定的其他情形。

(二)乙方出现下列情形之一时，《激励计划》及本协议即行终止，乙方已获授但尚未行权的股票期权由甲方注销：

1. 最近12个月内被证券交易所认定为不适当人选的；

2. 最近12个月内被中国证监会及其派出机构认定为不适当人选的；

3. 最近12个月内因重大违法违规行为被中国证监会及其派出机构行政处罚或者采取市场禁入措施；

4. 具有《公司法》规定的不得担任公司董事、高级管理人员情形的；

5. 具有法律法规规定不得参与上市公司股权激励的情形的；

6. 中国证监会认定的其他情形。

(三) 若因任何原因导致甲方的实际控制人或者控制权发生变化，或甲方发生合并、分立等事项，所有授出的股票期权不作变更，仍按《激励计划》继续实施，但乙方不能加速行权。

(四) 乙方个人情况发生以下变化时，甲乙双方同意按以下约定履行本协议：

……

第八条　行权价格及数量调整

若在行权前公司发生资本公积转增股本、派送股票红利、股票拆细、配股或缩股、分红派息等事项，乙方的行权数量及行权价格根据《激励计划》有关规定相应调整。

第九条　双方承诺

(一) 甲方承诺

1. 甲方对于授予乙方的股票期权将恪守承诺：除非乙方发生本协议或者股票期权相关规章制度、《激励计划》、法律法规和规范性文件规定的情形，甲方不得中途取消或减少乙方持有的股票期权数量，不得中止或终止本协议。

2. 甲方承诺向乙方提供本次股权激励计划的实施情况、实施和管理办法，并解释说明，提供必要的帮助。

(二) 乙方承诺

1. 乙方已充分了解甲方有关股票期权的规章制度，包括但不仅限于《激励计划》《考核管理办法》《考核实施细则》及其他相关规定。

2. 乙方承诺不存在下列情况：

(1) 最近12个月内被证券交易所认定为不适当人选。

(2) 最近12个月内被中国证监会及其派出机构认定为不适当人选。

(3) 最近12个月内因重大违法违规行为被中国证监会及其派出机构行政处罚或者采取市场禁入措施。

(4) 具有《公司法》规定的不得担任公司董事、高级管理人员情形的。

(5) 法律法规规定不得参与上市公司股权激励的。

(6) 中国证监会认定的其他情形。

3. 乙方将遵守甲方的各种规章制度，切实履行与甲方签订的劳动合同或聘用合同。

4. 乙方将遵守国家法律法规以及深圳证券交易所颁布的业务规则等，依法持有股票期权，依法行权；在本协议及其他相关法律文件中所提供的资料真实、有效，并对其承担全部法律责任。

5. 乙方积极配合甲方向深圳证券交易所、中国证券登记结算有限责任公司深圳分公司等有关机构办理股票期权的登记、行权等相关手续，若因个人原因(如未能在规定时限内提供有关资料或提供的身份证号码、证券账户号码、证券营业部席位代号等信息有误)导致乙方股票期权未能有效登记或行权的，乙方愿意承担相应的经济损失及有关责任。

6. 乙方承诺如在《激励计划》实施过程中，出现《激励计划》所规定的不能成为激励对象情形的，自不能成为激励对象年度起将放弃参与本激励计划的权利，并不向甲方主张任何补偿，乙方尚未行权的股票期权由甲方收回并注销。

7. 乙方依法承担因股票期权产生的纳税义务。

8. 若甲方因信息披露文件中有虚假记载、误导性陈述或者重大遗漏，导致不符合授予权益或行使权益安排的，乙方应当自相关信息披露文件被确认存在虚假记载、误导性陈述或者重大遗漏后，将由股权激励计划及本协议所获得的全部利益返还公司。

第十条　免责条款

......

第十一条　协议与聘用关系

......

第十二条　争议的解决

双方发生争议，本协议已涉及的内容按本协议的约定解决；本协议未涉及的部分，按照甲方关于本次《激励计划》中的有关规定解决；均未涉及的部分，按照国家法律和公平合理原则解决。

甲、乙双方对本协议执行过程中发生的争议应协商解决，协商不成，应提交甲方所在地人民法院诉讼解决。

第十三条　协议的终止

乙方违反本协议有关约定、违反甲方关于股票期权的相关规章制度或者国家法律政策，甲方有权根据具体情况通知乙方终止本协议而不需承担任何责任，自甲方的通知送达乙方之日止，本协议自动终止。

乙方在其获授的股票期权有效期内，均可通知甲方终止本协议，但不得附加任何条件。自乙方的通知送达甲方之日起，本协议自动终止。

第十四条 其他

(一) 本协议书经甲乙双方协商后，可以书面方式修改，其他任何方式均不构成对本协议书的修改。

(二) 本协议生效后，甲方就《激励计划》《考核管理办法》和《考核实施细则》所作修订适用于本协议，乙方应遵照执行，但甲方新的规章制度不得对乙方享有的股票期权数量、行权条件、行权时间、行权办法等做出显失公平或重大损害乙方利益的变动。

(三) 本协议书一式两份，甲、乙双方各执一份，具同等法律效力。

(四) 本协议书自甲乙双方签字盖章，并经甲方董事会审议通过权益授出相关议案之日起生效。

甲方：(盖章)
法定代表人或授权代表：(签字) _____
　　　　　　　　　　　　　　　年　月　日

乙方：(签字) _____
　　　　　　　　　　　　　　　年　月　日

上述《股票期权授予协议书》较为详细、全面。对于非上市公司而言，类似的授予协议书可以简单一些，主要把"九定模型"的相关内容写清楚即可。

附录　股权激励法规规章：红线不可碰

> 不以规矩，不成方圆。
>
> ——孟子

附录A 《上市公司股权激励管理办法》(证监会令〔2016〕126号)

第一章 总则

第一条 为进一步促进上市公司建立健全激励与约束机制,依据《中华人民共和国公司法》(以下简称《公司法》)、《中华人民共和国证券法》(以下简称《证券法》)及其他法律、行政法规的规定,制定本办法。

第二条 本办法所称股权激励是指上市公司以本公司股票为标的,对其董事、高级管理人员及其他员工进行的长期性激励。上市公司以限制性股票、股票期权实行股权激励的,适用本办法;以法律、行政法规允许的其他方式实行股权激励的,参照本办法有关规定执行。

第三条 上市公司实行股权激励,应当符合法律、行政法规、本办法和公司章程的规定,有利于上市公司的持续发展,不得损害上市公司利益。上市公司的董事、监事和高级管理人员在实行股权激励中应当诚实守信、勤勉尽责,维护公司和全体股东的利益。

第四条 上市公司实行股权激励,应当严格按照本办法和其他相关规定的要求履行信息披露义务。

第五条 为上市公司股权激励计划出具意见的证券中介机构和人员,应当诚实守信、勤勉尽责,保证所出具的文件真实、准确、完整。

第六条 任何人不得利用股权激励进行内幕交易、操纵证券市场等违法活动。

第二章 一般规定

第七条 上市公司具有下列情形之一的,不得实行股权激励:

(一)最近一个会计年度财务会计报告被注册会计师出具否定意见或者无法表示意见的审计报告;

(二)最近一个会计年度财务报告内部控制被注册会计师出具否定意见或无法表示意见的审计报告;

(三)上市后最近36个月内出现过未按法律法规、公司章程、公开承诺进行利润分配的情形；

（四）法律法规规定不得实行股权激励的；

（五）中国证监会认定的其他情形。

第八条 激励对象可以包括上市公司的董事、高级管理人员、核心技术人员或者核心业务人员，以及公司认为应当激励的对公司经营业绩和未来发展有直接影响的其他员工，但不应当包括独立董事和监事。在境内工作的外籍员工任职上市公司董事、高级管理人员、核心技术人员或者核心业务人员的，可以成为激励对象。

单独或合计持有上市公司5%以上股份的股东或实际控制人及其配偶、父母、子女，不得成为激励对象。**下列人员也不得成为激励对象：**

（一）最近12个月内被证券交易所认定为不适当人选；

（二）最近12个月内被中国证监会及其派出机构认定为不适当人选；

（三）最近12个月内因重大违法违规行为被中国证监会及其派出机构行政处罚或者采取市场禁入措施；

（四）具有《公司法》规定的不得担任公司董事、高级管理人员情形的；

（五）法律法规规定不得参与上市公司股权激励的；

（六）中国证监会认定的其他情形。

第九条 上市公司依照本办法制定股权激励计划的，应当在股权激励计划中载明下列事项：

（一）股权激励的目的；

（二）激励对象的确定依据和范围；

（三）拟授出的权益数量，拟授出权益涉及的标的股票种类、来源、数量及占上市公司股本总额的百分比；分次授出的，每次拟授出的权益数量、涉及的标的股票数量及占股权激励计划涉及的标的股票总额的百分比、占上市公司股本总额的百分比；设置预留权益的，拟预留权益的数量、涉及标的股票数量及占股权激励计划的标的股票总额的百分比；

（四）激励对象为董事、高级管理人员的，其各自可获授的权益数量、占股权激励计划拟授出权益总量的百分比；其他激励对象(各自或者按适当分类)的姓名、职务、可获授的权益数量及占股权激励计划拟授出权益总量的百分比；

（五）股权激励计划的有效期，限制性股票的授予日、限售期和解除限售安排，股票期权的授权日、可行权日、行权有效期和行权安排；

（六）限制性股票的授予价格或者授予价格的确定方法，股票期权的行权价格或者行权价格的确定方法；

（七）激励对象获授权益、行使权益的条件；

（八）上市公司授出权益、激励对象行使权益的程序；

（九）调整权益数量、标的股票数量、授予价格或行权价格的方法和程序；

（十）股权激励会计处理方法、限制性股票或股票期权公允价值的确定方法、涉及估值模型重要参数取值合理性、实施股权激励应当计提费用及对上市公司经营业绩的影响；

（十一）股权激励计划的变更、终止；

（十二）上市公司发生控制权变更、合并、分立以及激励对象发生职务变更、离职、死亡等事项时股权激励计划的执行；

（十三）上市公司与激励对象之间相关纠纷或争端解决机制；

（十四）上市公司与激励对象的其他权利义务。

第十条　上市公司应当设立激励对象获授权益、行使权益的条件。拟分次授出权益的，应当就每次激励对象获授权益分别设立条件；分期行权的，应当就每次激励对象行使权益分别设立条件。

激励对象为董事、高级管理人员的，上市公司应当设立绩效考核指标作为激励对象行使权益的条件。

第十一条　绩效考核指标应当包括公司业绩指标和激励对象个人绩效指标。相关指标应当客观公开、清晰透明，符合公司的实际情况，有利于促进公司竞争力的提升。

上市公司可以公司历史业绩或同行业可比公司相关指标作为公司业绩指标对照依据，公司选取的业绩指标可以包括净资产收益率、每股收益、每股分红等能够反映股东回报和公司价值创造的综合性指标，以及净利润增长率、主营业务收入增长率等能够反映公司盈利能力和市场价值的成长性指标。以同行业可比公司相关指标作为对照依据的，选取的对照公司不少于3家。

激励对象个人绩效指标由上市公司自行确定。

上市公司应当在公告股权激励计划草案的同时披露所设定指标的科学性和合理性。

第十二条 拟实行股权激励的上市公司，**可以下列方式作为标的股票来源：**

(一) 向激励对象发行股份；

(二) 回购本公司股份；

(三) 法律、行政法规允许的其他方式。

第十三条 股权激励计划的有效期从首次授予权益日起不得超过10年。

第十四条 上市公司可以同时实行多期股权激励计划。同时实行多期股权激励计划的，各期激励计划设立的公司业绩指标应当保持可比性，后期激励计划的公司业绩指标低于前期激励计划的，上市公司应当充分说明其原因与合理性。

上市公司全部在有效期内的股权激励计划所涉及的标的股票总数累计不得超过公司股本总额的10%。非经股东大会特别决议批准，任何一名激励对象通过全部在有效期内的股权激励计划获授的本公司股票，累计不得超过公司股本总额的1%。

本条第二款所称股本总额是指股东大会批准最近一次股权激励计划时公司已发行的股本总额。

第十五条 上市公司在推出股权激励计划时，可以设置预留权益，预留比例不得超过本次股权激励计划拟授予权益数量的20%。

上市公司应当在股权激励计划经股东大会审议通过后12个月内明确预留权益的授予对象；超过12个月未明确激励对象的，预留权益失效。

第十六条 相关法律、行政法规、部门规章对上市公司董事、高级管理人员买卖本公司股票的期间有限制的，上市公司不得在相关限制期间内向激励对象授出限制性股票，激励对象也不得行使权益。

第十七条 上市公司启动及实施增发新股、并购重组、资产注入、发行可转债、发行公司债券等重大事项期间，可以实行股权激励计划。

第十八条 上市公司发生本办法第七条规定的情形之一的，应当终止实施股权激励计划，不得向激励对象继续授予新的权益，激励对象根据股权激励计划已获授但尚未行使的权益应当终止行使。

在股权激励计划实施过程中，出现本办法第八条规定的不得成为激励对象情形的，上市公司不得继续授予其权益，其已获授但尚未行使的权益应当终止行使。

第十九条 激励对象在获授限制性股票或者对获授的股票期权行使权益前后买卖股票的行为，应当遵守《证券法》《公司法》等相关规定。

上市公司应当在本办法第二十条规定的协议中，就前述义务向激励对象作出特别提示。

第二十条 上市公司应当与激励对象签订协议，确认股权激励计划的内容，并依照本办法约定双方的其他权利义务。

上市公司应当承诺，股权激励计划相关信息披露文件不存在虚假记载、误导性陈述或者重大遗漏。

所有激励对象应当承诺，上市公司因信息披露文件中有虚假记载、误导性陈述或者重大遗漏，导致不符合授予权益或行使权益安排的，激励对象应当自相关信息披露文件被确认存在虚假记载、误导性陈述或者重大遗漏后，将由股权激励计划所获得的全部利益返还公司。

第二十一条 激励对象参与股权激励计划的资金来源应当合法合规，不得违反法律、行政法规及中国证监会的相关规定。

上市公司不得为激励对象依股权激励计划获取有关权益提供贷款以及其他任何形式的财务资助，包括为其贷款提供担保。

第三章 限制性股票

第二十二条 本办法所称限制性股票是指激励对象按照股权激励计划规定的条件，获得的转让等部分权利受到限制的本公司股票。

限制性股票在解除限售前不得转让、用于担保或偿还债务。

第二十三条 上市公司在授予激励对象限制性股票时，应当确定授予价格或授予价格的确定方法。**授予价格不得低于股票票面金额，且原则上不得低于下列价格较高者：**

(一) 股权激励计划草案公布前1个交易日的公司股票交易均价的50%；

(二) 股权激励计划草案公布前20个交易日、60个交易日或者120个交易日的公司股票交易均价之一的50%。

上市公司采用其他方法确定限制性股票授予价格的，应当在股权激励计划中对定价依据及定价方式作出说明。

第二十四条 限制性股票授予日与首次解除限售日之间的间隔不得少于12个月。

第二十五条　在限制性股票有效期内，上市公司应当规定分期解除限售，**每期时限不得少于12个月，各期解除限售的比例不得超过激励对象获授限制性股票总额的50%。**

当期解除限售的条件未成就的，限制性股票不得解除限售或递延至下期解除限售，应当按照本办法第二十六条规定处理。

第二十六条　出现本办法第十八条、第二十五条规定情形，或者其他终止实施股权激励计划的情形或激励对象未达到解除限售条件的，上市公司应当回购尚未解除限售的限制性股票，并按照《公司法》的规定进行处理。

对出现本办法第十八条第一款情形负有个人责任的，或出现本办法第十八条第二款情形的，回购价格不得高于授予价格；出现其他情形的，回购价格不得高于授予价格加上银行同期存款利息之和。

第二十七条　上市公司应当在本办法第二十六条规定的情形出现后及时召开董事会审议回购股份方案，并依法将回购股份方案提交股东大会批准。回购股份方案包括但不限于以下内容：

(一) 回购股份的原因；

(二) 回购股份的价格及定价依据；

(三) 拟回购股份的种类、数量及占股权激励计划所涉及的标的股票的比例、占总股本的比例；

(四) 拟用于回购的资金总额及资金来源；

(五) 回购后公司股本结构的变动情况及对公司业绩的影响。

律师事务所应当就回购股份方案是否符合法律、行政法规、本办法的规定和股权激励计划的安排出具专业意见。

第四章　股票期权

第二十八条　本办法所称股票期权是指上市公司授予激励对象在未来一定期限内以预先确定的条件购买本公司一定数量股份的权利。

激励对象获授的股票期权不得转让、用于担保或偿还债务。

第二十九条　上市公司在授予激励对象股票期权时，应当确定行权价格或者行权价格的确定方法。**行权价格不得低于股票票面金额，且原则上不得低于下列价格较高者：**

(一) 股权激励计划草案公布前1个交易日的公司股票交易均价；

（二）股权激励计划草案公布前20个交易日、60个交易日或者120个交易日的公司股票交易均价之一。

上市公司采用其他方法确定行权价格的，应当在股权激励计划中对定价依据及定价方式作出说明。

第三十条　股票期权授权日与获授股票期权首次可行权日之间的间隔不得少于12个月。

第三十一条　在股票期权有效期内，上市公司应当规定激励对象分期行权，每期时限不得少于12个月，后一行权期的起算日不得早于前一行权期的届满日。每期可行权的股票期权比例不得超过激励对象获授股票期权总额的50%。

当期行权条件未成就的，股票期权不得行权或递延至下期行权，并应当按照本办法第三十二条第二款规定处理。

第三十二条　股票期权各行权期结束后，激励对象未行权的当期股票期权应当终止行权，上市公司应当及时注销。

出现本办法第十八条、第三十一条规定情形，或者其他终止实施股权激励计划的情形或激励对象不符合行权条件的，上市公司应当注销对应的股票期权。

第五章　实施程序

第三十三条　上市公司董事会下设的薪酬与考核委员会负责拟订股权激励计划草案。

第三十四条　上市公司实行股权激励，董事会应当依法对股权激励计划草案作出决议，拟作为激励对象的董事或与其存在关联关系的董事应当回避表决。

董事会审议本办法第四十六条、第四十七条、第四十八条、第四十九条、第五十条、第五十一条规定中有关股权激励计划实施的事项时，拟作为激励对象的董事或与其存在关联关系的董事应当回避表决。

董事会应当在依照本办法第三十七条、第五十四条的规定履行公示、公告程序后，将股权激励计划提交股东大会审议。

第三十五条　独立董事及监事会应当就股权激励计划草案是否有利于上市公司的持续发展，是否存在明显损害上市公司及全体股东利益的情形发表意见。

独立董事或监事会认为有必要的，可以建议上市公司聘请独立财务顾问，对股权激励计划的可行性、是否有利于上市公司的持续发展、是否损害上市公司利益以及对股东利益的影响发表专业意见。上市公司未按照建议聘请独立财务顾问的，应当就此事项作特别说明。

第三十六条　上市公司未按照本办法第二十三条、第二十九条定价原则，而采用其他方法确定限制性股票授予价格或股票期权行权价格的，应当聘请独立财务顾问，对股权激励计划的可行性、是否有利于上市公司的持续发展、相关定价依据和定价方法的合理性、是否损害上市公司利益以及对股东利益的影响发表专业意见。

第三十七条　上市公司应当在召开股东大会前，通过公司网站或者其他途径，在公司内部公示激励对象的姓名和职务，公示期不少于10天。

监事会应当对股权激励名单进行审核，充分听取公示意见。上市公司应当在股东大会审议股权激励计划前5日披露监事会对激励名单审核及公示情况的说明。

第三十八条　上市公司应当对内幕信息知情人在股权激励计划草案公告前6个月内买卖本公司股票及其衍生品种的情况进行自查，说明是否存在内幕交易行为。

知悉内幕信息而买卖本公司股票的，不得成为激励对象，法律、行政法规及相关司法解释规定不属于内幕交易的情形除外。

泄露内幕信息而导致内幕交易发生的，不得成为激励对象。

第三十九条　上市公司应当聘请律师事务所对股权激励计划出具法律意见书，至少对以下事项发表专业意见：

(一) 上市公司是否符合本办法规定的实行股权激励的条件；

(二) 股权激励计划的内容是否符合本办法的规定；

(三) 股权激励计划的拟订、审议、公示等程序是否符合本办法的规定；

(四) 股权激励对象的确定是否符合本办法及相关法律法规的规定；

(五) 上市公司是否已按照中国证监会的相关要求履行信息披露义务；

(六) 上市公司是否为激励对象提供财务资助；

(七) 股权激励计划是否存在明显损害上市公司及全体股东利益和违反有关法律、行政法规的情形；

(八) 拟作为激励对象的董事或与其存在关联关系的董事是否根据本办法的规定进行了回避；

(九) 其他应当说明的事项。

第四十条　上市公司召开股东大会审议股权激励计划时，独立董事应当就股权激励计划向所有的股东征集委托投票权。

第四十一条　股东大会应当对本办法第九条规定的股权激励计划内容进行表决，并经出席会议的股东所持表决权的2/3以上通过。除上市公司董事、监事、高级管理人员、单独或合计持有上市公司5%以上股份的股东以外，其他股东的投票情况应当单独统计并予以披露。

上市公司股东大会审议股权激励计划时，拟为激励对象的股东或者与激励对象存在关联关系的股东，应当回避表决。

第四十二条　上市公司董事会应当根据股东大会决议，负责实施限制性股票的授予、解除限售和回购以及股票期权的授权、行权和注销。

上市公司监事会应当对限制性股票授予日及期权授予日激励对象名单进行核实并发表意见。

第四十三条　上市公司授予权益与回购限制性股票、激励对象行使权益前，上市公司应当向证券交易所提出申请，经证券交易所确认后，由证券登记结算机构办理登记结算事宜。

第四十四条　股权激励计划经股东大会审议通过后，上市公司应当在60日内授予权益并完成公告、登记；有获授权益条件的，应当在条件成就后60日内授出权益并完成公告、登记。上市公司未能在60日内完成上述工作的，应当及时披露未完成的原因，并宣告终止实施股权激励，自公告之日起3个月内不得再次审议股权激励计划。根据本办法规定上市公司不得授出权益的期间不计算在60日内。

第四十五条　上市公司应当按照证券登记结算机构的业务规则，在证券登记结算机构开设证券账户，用于股权激励的实施。

激励对象为境内工作的外籍员工的，可以向证券登记结算机构申请开立证券账户，用于持有或卖出因股权激励获得的权益，但不得使用该证券账户从事其他证券交易活动。

尚未行权的股票期权，以及不得转让的标的股票，应当予以锁定。

第四十六条　上市公司在向激励对象授出权益前，董事会应当就股权激励计划设定的激励对象获授权益的条件是否成就进行审议，独立董事及监事会应当同时发表明确意见。律师事务所应当对激励对象获授权益的条件是否成就出具法律意见。

上市公司向激励对象授出权益与股权激励计划的安排存在差异时，独立董事、监事会(当激励对象发生变化时)、律师事务所、独立财务顾问(如有)应当同时发表明确意见。

第四十七条 激励对象在行使权益前，董事会应当就股权激励计划设定的激励对象行使权益的条件是否成就进行审议，独立董事及监事会应当同时发表明确意见。律师事务所应当对激励对象行使权益的条件是否成就出具法律意见。

第四十八条 因标的股票除权、除息或者其他原因需要调整权益价格或者数量的，上市公司董事会应当按照股权激励计划规定的原则、方式和程序进行调整。

律师事务所应当就上述调整是否符合本办法、公司章程的规定和股权激励计划的安排出具专业意见。

第四十九条 分次授出权益的，在每次授出权益前，上市公司应当召开董事会，按照股权激励计划的内容及首次授出权益时确定的原则，决定授出的权益价格、行使权益安排等内容。

当次授予权益的条件未成就时，上市公司不得向激励对象授予权益，未授予的权益也不得递延下期授予。

第五十条 上市公司在股东大会审议通过股权激励方案之前可对其进行变更。变更需经董事会审议通过。

上市公司对已通过股东大会审议的股权激励方案进行变更的，应当及时公告并提交股东大会审议，且不得包括下列情形：

(一) 导致加速行权或提前解除限售的情形；

(二) 降低行权价格或授予价格的情形。

独立董事、监事会应当就变更后的方案是否有利于上市公司的持续发展，是否存在明显损害上市公司及全体股东利益的情形发表独立意见。律师事务所应当就变更后的方案是否符合本办法及相关法律法规的规定、是否存在明显损害上市公司及全体股东利益的情形发表专业意见。

第五十一条 上市公司在股东大会审议股权激励计划之前拟终止实施

股权激励的，需经董事会审议通过。

上市公司在股东大会审议通过股权激励计划之后终止实施股权激励的，应当由股东大会审议决定。

律师事务所应当就上市公司终止实施激励是否符合本办法及相关法律法规的规定、是否存在明显损害上市公司及全体股东利益的情形发表专业意见。

第五十二条 上市公司股东大会或董事会审议通过终止实施股权激励计划决议，或者股东大会审议未通过股权激励计划的，自决议公告之日起3个月内，上市公司不得再次审议股权激励计划。

第六章 信息披露

第五十三条 上市公司实行股权激励，应当真实、准确、完整、及时、公平地披露或者提供信息，不得有虚假记载、误导性陈述或者重大遗漏。

第五十四条 上市公司应当在董事会审议通过股权激励计划草案后，及时公告董事会决议、股权激励计划草案、独立董事意见及监事会意见。

上市公司实行股权激励计划依照规定需要取得有关部门批准的，应当在取得有关批复文件后的2个交易日内进行公告。

第五十五条 股东大会审议股权激励计划前，上市公司拟对股权激励方案进行变更的，变更议案经董事会审议通过后，上市公司应当及时披露董事会决议公告，同时披露变更原因、变更内容及独立董事、监事会、律师事务所意见。

第五十六条 上市公司在发出召开股东大会审议股权激励计划的通知时，应当同时公告法律意见书；聘请独立财务顾问的，还应当同时公告独立财务顾问报告。

第五十七条 股东大会审议通过股权激励计划及相关议案后，上市公司应当及时披露股东大会决议公告、经股东大会审议通过的股权激励计划以及内幕信息知情人买卖本公司股票情况的自查报告。股东大会决议公告中应当包括中小投资者单独计票结果。

第五十八条 上市公司分次授出权益的，分次授出权益的议案经董事会审议通过后，上市公司应当及时披露董事会决议公告，对拟授出的权益价格、行使权益安排、是否符合股权激励计划的安排等内容进行说明。

第五十九条 因标的股票除权、除息或者其他原因调整权益价格或者数量的，调整议案经董事会审议通过后，上市公司应当及时披露董事会决议公告，同时公告律师事务所意见。

第六十条 上市公司董事会应当在授予权益及股票期权行权登记完成后、限制性股票解除限售前，及时披露相关实施情况的公告。

第六十一条 上市公司向激励对象授出权益时，应当按照本办法第四十四条规定履行信息披露义务，并再次披露股权激励会计处理方法、公允价值确定方法、涉及估值模型重要参数取值的合理性、实施股权激励应当计提的费用及对上市公司业绩的影响。

第六十二条 上市公司董事会按照本办法第四十六条、第四十七条规定对激励对象获授权益、行使权益的条件是否成就进行审议的，上市公司应当及时披露董事会决议公告，同时公告独立董事、监事会、律师事务所意见以及独立财务顾问意见(如有)。

第六十三条 上市公司董事会按照本办法第二十七条规定审议限制性股票回购方案的，应当及时公告回购股份方案及律师事务所意见。回购股份方案经股东大会批准后，上市公司应当及时公告股东大会决议。

第六十四条 上市公司终止实施股权激励的，终止实施议案经股东大会或董事会审议通过后，上市公司应当及时披露股东大会决议公告或董事会决议公告，并对终止实施股权激励的原因、股权激励已筹划及实施进展、终止实施股权激励对上市公司的可能影响等作出说明，并披露律师事务所意见。

第六十五条 上市公司应当在定期报告中披露报告期内股权激励的实施情况，包括：

(一) 报告期内激励对象的范围；

(二) 报告期内授出、行使和失效的权益总额；

(三) 至报告期末累计已授出但尚未行使的权益总额；

(四) 报告期内权益价格、权益数量历次调整的情况以及经调整后的最新权益价格与权益数量；

(五) 董事、高级管理人员各自的姓名、职务以及在报告期内历次获授、行使权益的情况和失效的权益数量；

(六) 因激励对象行使权益所引起的股本变动情况；

(七)股权激励的会计处理方法及股权激励费用对公司业绩的影响；

(八)报告期内激励对象获授权益、行使权益的条件是否成就的说明；

(九)报告期内终止实施股权激励的情况及原因。

第七章 监督管理

第六十六条 上市公司股权激励不符合法律、行政法规和本办法规定，或者上市公司未按照本办法、股权激励计划的规定实施股权激励的，上市公司应当终止实施股权激励，中国证监会及其派出机构责令改正，并书面通报证券交易所和证券登记结算机构。

第六十七条 上市公司未按照本办法及其他相关规定披露股权激励相关信息或者所披露的信息有虚假记载、误导性陈述或者重大遗漏的，中国证监会及其派出机构对公司及相关责任人员采取责令改正、监管谈话、出具警示函等监管措施；情节严重的，依照《证券法》予以处罚；涉嫌犯罪的，依法移交司法机关追究刑事责任。

第六十八条 上市公司因信息披露文件有虚假记载、误导性陈述或者重大遗漏，导致不符合授予权益或行使权益安排的，未行使权益应当统一回购注销，已经行使权益的，所有激励对象应当返还已获授权益。对上述事宜不负有责任的激励对象因返还已获授权益而遭受损失的，可按照股权激励计划相关安排，向上市公司或负有责任的对象进行追偿。

董事会应当按照前款规定和股权激励计划相关安排收回激励对象所得收益。

第六十九条 上市公司实施股权激励过程中，上市公司独立董事及监事未按照本办法及相关规定履行勤勉尽责义务的，中国证监会及其派出机构采取责令改正、监管谈话、出具警示函、认定为不适当人选等措施；情节严重的，依照《证券法》予以处罚；涉嫌犯罪的，依法移交司法机关追究刑事责任。

第七十条 利用股权激励进行内幕交易或者操纵证券市场的，中国证监会及其派出机构依照《证券法》予以处罚；情节严重的，对相关责任人员实施市场禁入等措施；涉嫌犯罪的，依法移交司法机关追究刑事责任。

第七十一条 为上市公司股权激励计划出具专业意见的证券服务机构和人员未履行勤勉尽责义务，所发表的专业意见存在虚假记载、误导性陈述或者重大遗漏的，中国证监会及其派出机构对相关机构及签字人员采取责令改正、监管谈话、出具警示函等措施；情节严重的，依照《证券法》予以处罚；涉嫌犯罪的，依法移交司法机关追究刑事责任。

第八章　附则

第七十二条　本办法下列用语具有如下含义：

标的股票：根据股权激励计划，激励对象有权获授或者购买的上市公司股票。

权益：激励对象根据股权激励计划获得的上市公司股票、股票期权。

授出权益(授予权益、授权)：上市公司根据股权激励计划的安排，授予激励对象限制性股票、股票期权的行为。

行使权益(行权)：激励对象根据股权激励计划的规定，解除限制性股票的限售、行使股票期权购买上市公司股份的行为。

分次授出权益(分次授权)：上市公司根据股权激励计划的安排，向已确定的激励对象分次授予限制性股票、股票期权的行为。

分期行使权益(分期行权)：根据股权激励计划的安排，激励对象已获授的限制性股票分期解除限售、已获授的股票期权分期行权的行为。

预留权益：股权激励计划推出时未明确激励对象、股权激励计划实施过程中确定激励对象的权益。

授予日或者授权日：上市公司向激励对象授予限制性股票、股票期权的日期。授予日、授权日必须为交易日。

限售期：股权激励计划设定的激励对象行使权益的条件尚未成就，限制性股票不得转让、用于担保或偿还债务的期间，自激励对象获授限制性股票完成登记之日起算。

可行权日：激励对象可以开始行权的日期。可行权日必须为交易日。

授予价格：上市公司向激励对象授予限制性股票时所确定的、激励对象获得上市公司股份的价格。

行权价格：上市公司向激励对象授予股票期权时所确定的、激励对象购买上市公司股份的价格。

标的股票交易均价：标的股票交易总额/标的股票交易总量。

本办法所称的"以上""以下"含本数，"超过""低于""少于"

不含本数。

第七十三条　国有控股上市公司实施股权激励，国家有关部门对其有特别规定的，应当同时遵守其规定。

第七十四条　本办法适用于股票在上海、深圳证券交易所上市的公司。

第七十五条　本办法自2016年8月13日起施行。原《上市公司股权激励管理办法(试行)》(证监公司字〔2005〕151号)及相关配套制度同时废止。

附录B　《证监会关于上市公司实施员工持股计划试点的指导意见》(证监会公告〔2014〕33号)

为了贯彻《中共中央关于全面深化改革若干重大问题的决定》中关于"允许混合所有制经济实行企业员工持股，形成资本所有者和劳动者利益共同体"的精神，落实《国务院关于进一步促进资本市场健康发展的若干意见》(国发〔2014〕17号)中关于"允许上市公司按规定通过多种形式开展员工持股计划"的要求，经国务院同意，中国证监会依照《公司法》《证券法》相关规定，在上市公司中开展员工持股计划实施试点。上市公司实施员工持股计划试点，有利于建立和完善劳动者与所有者的利益共享机制，改善公司治理水平，提高职工的凝聚力和公司竞争力，使社会资金通过资本市场实现优化配置。为稳妥有序开展员工持股计划试点，现提出以下指导意见。

一、员工持股计划基本原则

(一) 依法合规原则

上市公司实施员工持股计划，应当严格按照法律、行政法规的规定履行程序，真实、准确、完整、及时地实施信息披露。任何人不得利用员工持股计划进行内幕交易、操纵证券市场等证券欺诈行为。

(二) 自愿参与原则

上市公司实施员工持股计划应当遵循公司自主决定，员工自愿参加，上市公司不得以摊派、强行分配等方式强制员工参加本公司的员工持股计划。

(三) 风险自担原则

员工持股计划参与人盈亏自负，风险自担，与其他投资者权益平等。

二、员工持股计划的主要内容

(四) 员工持股计划是指上市公司根据员工意愿，通过合法方式使员工获得本公司股票并长期持有，股份权益按约定分配给员工的制度安排。员工持股计划的参加对象为公司员工，包括管理层人员。

(五) 员工持股计划的资金和股票来源

1. 员工持股计划可以通过以下方式解决所需资金：

(1)员工的合法薪酬；(2)法律、行政法规允许的其他方式。

2. 员工持股计划可以通过以下方式解决股票来源：

(1)上市公司回购本公司股票；(2)二级市场购买；(3)认购非公开发行股票；(4)股东自愿赠与；(5)法律、行政法规允许的其他方式。

(六) 员工持股计划的持股期限和持股计划的规模

1. 每期员工持股计划的持股期限不得低于12个月，以非公开发行方式实施员工持股计划的，持股期限不得低于36个月，自上市公司公告标的股票过户至本期持股计划名下时起算；上市公司应当在员工持股计划届满前6个月公告到期计划持有的股票数量。

2. 上市公司全部有效的员工持股计划所持有的股票总数累计不得超过公司股本总额的10%，单个员工所获股份权益对应的股票总数累计不得超过公司股本总额的1%。员工持股计划持有的股票总数不包括员工在公司首次公开发行股票上市前获得的股份、通过二级市场自行购买的股份及通过股权激励获得的股份。

(七) 员工持股计划的管理

1. 参加员工持股计划的员工应当通过员工持股计划持有人会议选出代表或设立相应机构，监督员工持股计划的日常管理，代表员工持股计划持有人行使股东权利或者授权资产管理机构行使股东权利。

2. 上市公司可以自行管理本公司的员工持股计划，也可以将本公司员工持股计划委托给下列具有资产管理资质的机构管理：(1)信托公司；(2)保险资产管理公司；(3)证券公司；(4)基金管理公司；(5)其他符合条件的资产管理机构。

3. 上市公司自行管理本公司员工持股计划的，应当明确持股计划的管理方，制定相应的管理规则，切实维护员工持股计划持有人的合法权益，避免产生上市公司其他股东与员工持股计划持有人之间潜在的利益冲突。

4. 员工享有标的股票的权益；在符合员工持股计划约定的情况下，该权益可由员工自身享有，也可以转让、继承。员工通过持股计划获得的股份权益的占有、使用、收益和处分的权利，可以依据员工持股计划的约定行使；参加员工持股计划的员工离职、退休、死亡以及发生不再适合参加持股计划事由等情况时，其所持股份权益依照员工持股计划约定方式处置。

5. 上市公司委托资产管理机构管理本公司员工持股计划的，应当与资产管理机构签订资产管理协议。资产管理协议应当明确当事人的权利义务，切实维护员工持股计划持有人的合法权益，确保员工持股计划的财产安全。资产管理机构应当根据协议约定管理员工持股计划，同时应当遵守资产管理业务相关规则。

6. 员工持股计划管理机构应当为员工持股计划持有人的最大利益行事，不得与员工持股计划持有人存在利益冲突，不得泄露员工持股计划持有人的个人信息。

7. 员工持股计划管理机构应当以员工持股计划的名义开立证券交易账户。员工持股计划持有的股票、资金为委托财产，员工持股计划管理机构不得将委托财产归入其固有财产。员工持股计划管理机构因依法解散、被依法撤销或者被依法宣告破产等原因进行清算的，委托财产不属于其清算财产。

三、员工持股计划的实施程序及信息披露

（八）上市公司实施员工持股计划前，应当通过职工代表大会等组织充分征求员工意见。

（九）上市公司董事会提出员工持股计划草案并提交股东大会表决，员工持股计划草案至少应包含如下内容：

1. 员工持股计划的参加对象及确定标准、资金、股票来源；2. 员工持股计划的存续期限、管理模式、持有人会议的召集及表决程序；3. 公司融资时员工持股计划的参与方式；4. 员工持股计划的变更、终止，员工发生不适合参加持股计划情况时所持股份权益的处置办法；5. 员工持股计划持有人代表或机构的选任程序；6. 员工持股计划管理机构的选任、管理协议的主要条款、管理费用的计提及支付方式；7. 员工持股计划期满后员工所持有股份的处置办法；8.其他重要事项。

非金融类国有控股上市公司实施员工持股计划应当符合相关国有资产监督管理机构关于混合所有制企业员工持股的有关要求。

金融类国有控股上市公司实施员工持股计划应当符合财政部关于金融类国有控股上市公司员工持股的规定。

(十) 独立董事和监事会应当就员工持股计划是否有利于上市公司的持续发展，是否损害上市公司及全体股东利益，公司是否以摊派、强行分配等方式强制员工参加本公司持股计划发表意见。上市公司应当在董事会审议通过员工持股计划草案后的2个交易日内，公告董事会决议、员工持股计划草案摘要、独立董事及监事会意见及与资产管理机构签订的资产管理协议。

(十一) 上市公司应当聘请律师事务所对员工持股计划出具法律意见书，并在召开关于审议员工持股计划的股东大会前公告法律意见书。员工持股计划拟选任的资产管理机构为公司股东或股东关联方的，相关主体应当在股东大会表决时回避；员工持股计划涉及相关董事、股东的，相关董事、股东应当回避表决；公司股东大会对员工持股计划作出决议的，应当经出席会议的股东所持表决权的半数以上通过。

(十二) 股东大会审议通过员工持股计划后2个交易日内，上市公司应当披露员工持股计划的主要条款。

(十三) 采取二级市场购买方式实施员工持股计划的，员工持股计划管理机构应当在股东大会审议通过员工持股计划后6个月内，根据员工持股计划的安排，完成标的股票的购买。上市公司应当每月公告一次购买股票的时间、数量、价格、方式等具体情况。

上市公司实施员工持股计划的，在完成标的股票的购买或将标的股票过户至员工持股计划名下的2个交易日内，以临时公告形式披露获得标的股票的时间、数量等情况。

(十四) 员工因参加员工持股计划，其股份权益发生变动，依据法律应当履行相应义务的，应当依据法律履行；员工持股计划持有公司股票达到公司已发行股份总数的5%时，应当依据法律规定履行相应义务。

(十五) 上市公司至少应当在定期报告中披露报告期内下列员工持股计划实施情况：

1.报告期内持股员工的范围、人数；2.实施员工持股计划的资金来源；3.报告期内员工持股计划持有的股票总额及占上市公司股本总额的比例；4.因员工持股计划持有人处分权利引起的计划股份权益变动情况；5.资产管理机构的变更情况；6.其他应当予以披露的事项。

四、员工持股计划的监管

(十六) 除非公开发行方式外，中国证监会对员工持股计划的实施不设行政许可，由上市公司根据自身实际情况决定实施。

(十七) 上市公司公布、实施员工持股计划时，必须严格遵守市场交易规则，遵守中国证监会关于信息敏感期不得买卖股票的规定，严厉禁止利用任何内幕信息进行交易。

(十八) 中国证监会对上市公司实施员工持股计划进行监管，对利用员工持股计划进行虚假陈述、操纵证券市场、内幕交易等违法行为的，中国证监会将依法予以处罚。

(十九) 法律禁止特定行业公司员工持有、买卖股票的，不得以员工持股计划的名义持有、买卖股票。

(二十) 证券交易所在其业务规则中明确员工持股计划的信息披露要求；证券登记结算机构在其业务规则中明确员工持股计划登记结算业务的办理要求。

附录C 《关于国有控股混合所有制企业开展员工持股试点的意见》(国资发改革〔2016〕133号)

为全面贯彻党的十八大和十八届三中、四中、五中全会精神，落实"四个全面"战略布局和创新、协调、绿色、开放、共享的发展理念，根据《中共中央 国务院关于深化国有企业改革的指导意见》(中发〔2015〕22号)有关要求，经国务院同意，现就国有控股混合所有制企业开展员工持股试点提出以下意见。

一、试点原则

(一) **坚持依法合规，公开透明。**依法保护各类股东权益，严格遵守国家有关法律法规和国有企业改制、国有产权管理等有关规定，确保规则公开、程序公开、结果公开，杜绝暗箱操作，严禁利益输送，防止国有资产流失。不得侵害企业内部非持股员工合法权益。

(二) **坚持增量引入，利益绑定**。主要采取增资扩股、出资新设方式开展员工持股，并保证国有资本处于控股地位。建立健全激励约束长效机制，符合条件的员工自愿入股，入股员工与企业共享改革发展成果，共担市场竞争风险。

(三) **坚持以岗定股，动态调整**。员工持股要体现爱岗敬业的导向，与岗位和业绩紧密挂钩，支持关键技术岗位、管理岗位和业务岗位人员持股。建立健全股权内部流转和退出机制，避免持股固化僵化。

(四) **坚持严控范围，强化监督**。严格试点条件，限制试点数量，防止"一哄而起"。严格审批程序，持续跟踪指导，加强评价监督，确保试点工作目标明确、操作规范、过程可控。

二、试点企业条件

(一) 主业处于充分竞争行业和领域的商业类企业。

(二) 股权结构合理，非公有资本股东所持股份应达到一定比例，公司董事会中有非公有资本股东推荐的董事。

(三) 公司治理结构健全，建立市场化的劳动人事分配制度和业绩考核评价体系，形成管理人员能上能下、员工能进能出、收入能增能减的市场化机制。

(四) 营业收入和利润90%以上来源于所在企业集团外部市场。

优先支持人才资本和技术要素贡献占比较高的转制科研院所、高新技术企业、科技服务型企业(以下统称科技型企业)开展员工持股试点。**中央企业二级(含)以上企业以及各省、自治区、直辖市及计划单列市和新疆生产建设兵团所属一级企业原则上暂不开展员工持股试点**。违反国有企业职工持股有关规定且未按要求完成整改的企业，不开展员工持股试点。

三、企业员工入股

(一) 员工范围。参与持股人员应为在关键岗位工作并对公司经营业绩和持续发展有直接或较大影响的科研人员、经营管理人员和业务骨干，且与本公司签订了劳动合同。

党中央、国务院和地方党委、政府及其部门、机构任命的国有企业领导人员不得持股。外部董事、监事(含职工代表监事)不参与员工持股。如直系亲属多人在同一企业时，只能一人持股。

(二) 员工出资。员工入股应主要以货币出资，并按约定及时足额缴纳。按照国家有关法律法规，员工以科技成果出资入股的，应提供所有权属证明并依法评估作价，及时办理财产权转移手续。上市公司回购本公司股票实施员工持股，须执行有关规定。

试点企业、国有股东不得向员工无偿赠与股份，不得向持股员工提供垫资、担保、借贷等财务资助。持股员工不得接受与试点企业有生产经营业务往来的其他企业的借款或融资帮助。

(三) 入股价格。在员工入股前，应按照有关规定对试点企业进行财务审计和资产评估。**员工入股价格不得低于经核准或备案的每股净资产评估值。国有控股上市公司员工入股价格按证券监管有关规定确定。**

(四) 持股比例。员工持股比例应结合企业规模、行业特点、企业发展阶段等因素确定。**员工持股总量原则上不高于公司总股本的30%，单一员工持股比例原则上不高于公司总股本的1%。**企业可采取适当方式预留部分股权，用于新引进人才。国有控股上市公司员工持股比例按证券监管有关规定确定。

(五) **股权结构。实施员工持股后，应保证国有股东控股地位，且其持股比例不得低于公司总股本的34%。**

(六) 持股方式。持股员工可以个人名义直接持股，也可通过公司制企业、合伙制企业、资产管理计划等持股平台持有股权。通过资产管理计划方式持股的，不得使用杠杆融资。持股平台不得从事除持股以外的任何经营活动。

四、企业员工股权管理

(一) 股权管理主体。员工所持股权一般应通过持股人会议等形式选出代表或设立相应机构进行管理。该股权代表或机构应制定管理规则，代表持股员工行使股东权利，维护持股员工合法权益。

(二) 股权管理方式。公司各方股东应就员工股权的日常管理、动态调整和退出等问题协商一致，并通过公司章程或股东协议等予以明确。

(三) 股权流转。**实施员工持股，应设定不少于36个月的锁定期。**在公司公开发行股份前已持股的员工，不得在公司首次公开发行时转让股份，并应承诺自上市之日起不少于36个月的锁定期。锁定期满后，公司董事、高级管理人员每年可转让股份不得高于所持股份总数的25%。

持股员工因辞职、调离、退休、死亡或被解雇等原因离开本公司的，应在12个月内将所持股份进行内部转让。转让给持股平台、符合条件的员工或非公有资本股东的，转让价格由双方协商确定；**转让给国有股东的，转让价格不得高于上一年度经审计的每股净资产值。**国有控股上市公司员工转让股份按证券监管有关规定办理。

(四) 股权分红。员工持股企业应处理好股东短期收益与公司中长期发展的关系，合理确定利润分配方案和分红率。企业及国有股东不得向持股员工承诺年度分红回报或设置托底回购条款。持股员工与国有股东和其他股东享有同等权益，不得优先于国有股东和其他股东取得分红收益。

(五) 破产重整和清算。员工持股企业破产重整和清算时，持股员工、国有股东和其他股东应以出资额为限，按照出资比例共同承担责任。

五、试点工作实施

(一) 试点企业数量。选择少量企业开展试点。各省、自治区、直辖市及计划单列市和新疆生产建设兵团可分别选择5~10户企业，国务院国资委可从中央企业所属子企业中选择10户企业，开展首批试点。

(二) 试点企业确定。**开展员工持股试点的地方国有企业，由省级人民政府国有资产监督管理机构协调有关部门，在审核申报材料的基础上确定。开展试点的中央企业所属子企业，由国有股东单位在审核有关申报材料的基础上，报履行出资人职责的机构确定。**

(三) 员工持股方案制定。企业开展员工持股试点，应深入分析实施员工持股的必要性和可行性，以适当方式向员工充分提示持股风险，严格按照有关规定制定员工持股方案，并对实施员工持股的风险进行评估，制定应对预案。员工持股方案应对持股员工条件、持股比例、入股价格、出资方式、持股方式、股权分红、股权管理、股权流转及员工岗位变动调整股权等操作细节作出具体规定。

(四) 员工持股方案审批及备案。试点企业应通过职工代表大会等形式充分听取本企业职工对员工持股方案的意见，并由董事会提交股东(大)会进行审议。**地方试点企业的员工持股方案经股东(大)会审议通过后，报履行出资人职责的机构备案，同时抄报省级人民政府国有资产监督管理机构**；中央试点企业的员工持股方案经股东(大)会审议通过后，报履行出资人职责的机构备案。

（五）试点企业信息公开。试点企业应将持股员工范围、持股比例、入股价格、股权流转、中介机构以及审计评估等重要信息在本企业内部充分披露，切实保障员工的知情权和监督权。国有控股上市公司执行证券监管有关信息披露规定。

（六）规范关联交易。国有企业不得以任何形式向本企业集团内的员工持股企业输送利益。国有企业购买本企业集团内员工持股企业的产品和服务，或者向员工持股企业提供设备、场地、技术、劳务、服务等，应采用市场化方式，做到价格公允、交易公平。有关关联交易应由一级企业以适当方式定期公开，并列入企业负责人经济责任审计和财务审计内容。

六、组织领导

实施员工持股试点，事关国有企业改革发展大局，事关广大员工切身利益，各地区、各有关部门要高度重视，加强领导，精心组织，落实责任，确保试点工作规范有序开展。国务院国资委负责中央企业试点工作，同时负责指导地方国有资产监督管理机构做好试点工作，重要问题应及时向国务院国有企业改革领导小组报告。首批试点原则上在2016年启动实施，各有关履行出资人职责的机构要严格审核试点企业申报材料，成熟一户开展一户，2018年年底进行阶段性总结，视情况适时扩大试点。试点企业要按照要求规范操作，严格履行有关决策和审批备案程序，扎实细致开展员工持股试点工作，积极探索员工持股有效模式，切实转换企业经营机制，激发企业活力。各有关履行出资人职责的机构要对试点企业进行定期跟踪检查，及时掌握情况，发现问题，纠正不规范行为。试点过程中出现制度不健全、程序不规范、管理不到位等问题，致使国有资产流失、损害有关股东合法权益或严重侵害企业职工合法权益的，要依法依纪追究相关责任人的责任。

金融、文化等国有企业实施员工持股，中央另有规定的依其规定执行。国有科技型企业的股权和分红激励，按国务院有关规定执行。已按有关规定实施员工持股的企业，继续规范实施。国有参股企业的员工持股不适用本意见。

附录D 《财政部 国家税务总局关于完善股权激励和技术入股有关所得税政策的通知》(财税〔2016〕101号)

各省、自治区、直辖市、计划单列市财政厅(局)、国家税务局、地方税务局，新疆生产建设兵团财务局：

为支持国家大众创业、万众创新战略的实施，促进我国经济结构转型升级，经国务院批准，现就完善股权激励和技术入股有关所得税政策通知如下：

一、对符合条件的非上市公司股票期权、股权期权、限制性股票和股权奖励实行递延纳税政策

(一) 非上市公司授予本公司员工的股票期权、股权期权、限制性股票和股权奖励，符合规定条件的，经向主管税务机关备案，可实行递延纳税政策，即员工在取得股权激励时可暂不纳税，递延至转让该股权时纳税；股权转让时，按照股权转让收入减除股权取得成本以及合理税费后的差额，适用"财产转让所得"项目，按照20%的税率计算缴纳个人所得税(注，原国税发〔1998〕9号文规定取得时按照工资、薪金所得纳税)。

股权转让时，股票(权)期权取得成本按行权价确定，限制性股票取得成本按实际出资额确定，股权奖励取得成本为零。

(二) 享受递延纳税政策的非上市公司股权激励(包括股票期权、股权期权、限制性股票和股权奖励，下同)须同时满足以下条件：

1. 属于境内居民企业的股权激励计划。

2. 股权激励计划经公司董事会、股东(大)会审议通过。未设股东(大)会的国有单位，经上级主管部门审核批准。股权激励计划应列明激励目的、对象、标的、有效期、各类价格的确定方法、激励对象获取权益的条件、程序等。

3. 激励标的应为境内居民企业的本公司股权。股权奖励的标的可以是技术成果投资入股到其他境内居民企业所取得的股权。激励标的股票(权)包括通过增发、大股东直接让渡以及法律法规允许的其他合理方式授予激励对象的股票(权)。

4. 激励对象应为公司董事会或股东(大)会决定的技术骨干和高级管理人员，**激励对象人数累计不得超过本公司最近6个月在职职工平均人数的30%。**

5. **股票(权)期权自授予日起应持有满3年，且自行权日起持有满1年；限制性股票自授予日起应持有满3年，且解禁后持有满1年；股权奖励自获得奖励之日起应持有满3年。上述时间条件须在股权激励计划中列明。**

6. **股票(权)期权自授予日至行权日的时间不得超过10年。**

7. 实施股权奖励的公司及其奖励股权标的公司所属行业均不属于《股权奖励税收优惠政策限制性行业目录》范围(见附件)。公司所属行业按公司上一纳税年度主营业务收入占比最高的行业确定。

(三) 本通知所称股票(权)期权是指公司给予激励对象在一定期限内以事先约定的价格购买本公司股票(权)的权利；所称限制性股票是指公司按照预先确定的条件授予激励对象一定数量的本公司股权，激励对象只有工作年限或业绩目标符合股权激励计划规定条件的才可以处置该股权；所称股权奖励是指企业无偿授予激励对象一定份额的股权或一定数量的股份。

(四) 股权激励计划所列内容不同时满足第一条第(二)款规定的全部条件，或递延纳税期间公司情况发生变化，不再符合第一条第(二)款第4至6项条件的，不得享受递延纳税优惠，应按规定计算缴纳个人所得税。

二、对上市公司股票期权、限制性股票和股权奖励适当延长纳税期限

(一) 上市公司授予个人的股票期权、限制性股票和股权奖励，经向主管税务机关备案，**个人可自股票期权行权、限制性股票解禁或取得股权奖励之日起，在不超过12个月的期限内缴纳个人所得税。**《财政部国家税务总局关于上市公司高管人员股票期权所得缴纳个人所得税有关问题的通知》(财税〔2009〕40号)自本通知施行之日起废止(原规定6个月期限内)。

(二) 上市公司股票期权、限制性股票应纳税款的计算，继续按照《财政部国家税务总局关于个人股票期权所得征收个人所得税问题的通知》(财税〔2005〕35号)、《财政部国家税务总局关于股票增值权所得和限制性股票所得征收个人所得税有关问题的通知》(财税〔2009〕5号)、《国家税务总局关于股权激励有关个人所得税问题的通知》(国税函〔2009〕461号)等相关规定执行。股权奖励应纳税款的计算比照上述规定执行。

三、对技术成果投资入股实施选择性税收优惠政策

(一) 企业或个人以技术成果投资入股到境内居民企业，被投资企业支付的对价全部为股票(权)的，企业或个人可选择继续按现行有关税收政策执行，也可选择适用递延纳税优惠政策。

选择技术成果投资入股递延纳税政策的，经向主管税务机关备案，投资入股当期可暂不纳税，允许递延至转让股权时，按股权转让收入减去技术成果原值和合理税费后的差额计算缴纳所得税。

(二) 企业或个人选择适用上述任一项政策，均允许被投资企业按技术成果投资入股时的评估值入账并在企业所得税前摊销扣除。

(三) 技术成果是指专利技术(含国防专利)、计算机软件著作权、集成电路布图设计专有权、植物新品种权、生物医药新品种，以及科技部、财政部、国家税务总局确定的其他技术成果。

(四) 技术成果投资入股，是指纳税人将技术成果所有权让渡给被投资企业、取得该企业股票(权)的行为。

四、相关政策

(一) 个人从任职受雇企业以低于公平市场价格取得股票(权)的，**凡不符合递延纳税条件，应在获得股票(权)时，对实际出资额低于公平市场价格的差额，按照"工资、薪金所得"项目**，参照《财政部国家税务总局关于个人股票期权所得征收个人所得税问题的通知》(财税〔2005〕35号)有关规定计算缴纳个人所得税。

(二) 个人因股权激励、技术成果投资入股取得股权后，非上市公司在境内上市的，处置递延纳税的股权时，按照现行限售股有关征税规定执行。

(三) 个人转让股权时，视同享受递延纳税优惠政策的股权优先转让。递延纳税的股权成本按照加权平均法计算，不与其他方式取得的股权成本合并计算。

(四) 持有递延纳税的股权期间，因该股权产生的转增股本收入，以及以该递延纳税的股权再进行非货币性资产投资的，应在当期缴纳税款。

(五) 全国中小企业股份转让系统挂牌公司按照本通知第一条规定执行。

适用本通知第二条规定的上市公司是指其股票在上海证券交易所、深圳证券交易所上市交易的股份有限公司。

五、配套管理措施

(一) 对股权激励或技术成果投资入股选择适用递延纳税政策的，企业应在规定期限内到主管税务机关办理备案手续。未办理备案手续的,不得享受本通知规定的递延纳税优惠政策。

(二)企业实施股权激励或个人以技术成果投资入股,以实施股权激励或取得技术成果的企业为个人所得税扣缴义务人。递延纳税期间,扣缴义务人应在每个纳税年度终了后向主管税务机关报告递延纳税有关情况。

(三)工商部门应将企业股权变更信息及时与税务部门共享,暂不具备联网实时共享信息条件的,工商部门应在股权变更登记3个工作日内将信息与税务部门共享。

六、本通知自2016年9月1日起施行。

中关村国家自主创新示范区2016年1月1日至8月31日之间发生的尚未纳税的股权奖励事项,符合本通知规定的相关条件的,可按本通知有关政策执行。

附件:

股权奖励税收优惠政策限制性行业目录

门类代码	类别名称
A(农、林、牧、渔业)	(1) 03畜牧业(科学研究、籽种繁育性质项目除外) (2) 04渔业(科学研究、籽种繁育性质项目除外)
B(采矿业)	(3) 采矿业(除第11类开采辅助活动)
C(制造业)	(4) 16烟草制品业 (5) 17纺织业(除第178类非家用纺织制成品制造) (6) 19皮革、毛皮、羽毛及其制品和制鞋业 (7) 20木材加工和木、竹、藤、棕、草制品业 (8) 22造纸和纸制品业(除第223类纸制品制造) (9) 31黑色金属冶炼和压延加工业(除第314类钢压延加工)
F(批发和零售业)	(10) 批发和零售业
G(交通运输、仓储和邮政业)	(11) 交通运输、仓储和邮政业
H(住宿和餐饮业)	(12) 住宿和餐饮业
J(金融业)	(13) 66货币金融服务 (14) 68保险业
K(房地产业)	(15) 房地产业
L(租赁和商务服务业)	(16) 租赁和商务服务业
O(居民服务、修理和其他服务业)	(17) 79居民服务业
Q(卫生和社会工作)	(18) 84社会工作

(续表)

门类代码	类别名称
R(文化、体育和娱乐业)	(19) 88体育 (20) 89娱乐业
S(公共管理、社会保障和社会组织)	(21) 公共管理、社会保障和社会组织(除第9421类专业性团体和9422类行业性团体)
T(国际组织)	(22) 国际组织

附录E 《国家税务总局关于股权激励和技术入股所得税征管问题的公告》(国税公告〔2016〕62号)

为贯彻落实《财政部 国家税务总局关于完善股权激励和技术入股有关所得税政策的通知》(财税〔2016〕101号,以下简称《通知》),现就股权激励和技术入股有关所得税征管问题公告如下:

一、关于个人所得税征管问题

(一) 非上市公司实施符合条件的股权激励,本公司最近6个月在职职工平均人数,按照股票(权)期权行权、限制性股票解禁、股权奖励获得之上月起前6个月"工资薪金所得"项目全员全额扣缴明细申报的平均人数确定。

(二) 递延纳税期间,非上市公司情况发生变化,不再同时符合《通知》第一条第(二)款第4至6项条件的,应于情况发生变化之次月15日内,按《通知》第四条第(一)款规定计算缴纳个人所得税。

(三) 员工以在一个公历月份中取得的股票(权)形式工资薪金所得为一次。员工取得符合条件、实行递延纳税政策的股权激励,与不符合递延纳税条件的股权激励分别计算。

员工在一个纳税年度中多次取得不符合递延纳税条件的股票(权)形式工资薪金所得的,参照《国家税务总局关于个人股票期权所得缴纳个人所得税有关问题的补充通知》(国税函〔2006〕902号)第七条规定执行。

(四) 《通知》所称公平市场价格按以下方法确定:

1. 上市公司股票的公平市场价格,按照取得股票当日的收盘价确定。

取得股票当日为非交易日的，按照上一个交易日收盘价确定。

2. 非上市公司股票(权)的公平市场价格，依次按照净资产法、类比法和其他合理方法确定。净资产法按照取得股票(权)的上年末净资产确定。

(五)企业备案具体按以下规定执行：

1. 非上市公司实施符合条件的股权激励，个人选择递延纳税的，非上市公司应于股票(权)期权行权、限制性股票解禁、股权奖励获得之次月15日内，向主管税务机关报送《非上市公司股权激励个人所得税递延纳税备案表》、股权激励计划、董事会或股东大会决议、激励对象任职或从事技术工作情况说明等。实施股权奖励的企业同时报送本企业及其奖励股权标的企业上一纳税年度主营业务收入构成情况说明。

2. 上市公司实施股权激励，个人选择在不超过12个月期限内缴税的，上市公司应自股票期权行权、限制性股票解禁、股权奖励获得之次月15日内，向主管税务机关报送《上市公司股权激励个人所得税延期纳税备案表》。上市公司初次办理股权激励备案时，还应一并向主管税务机关报送股权激励计划、董事会或股东大会决议。

3. 个人以技术成果投资入股境内公司并选择递延纳税的，被投资公司应于取得技术成果并支付股权之次月15日内，向主管税务机关报送《技术成果投资入股个人所得税递延纳税备案表》、技术成果相关证书或证明材料、技术成果投资入股协议、技术成果评估报告等资料。

(六)个人因非上市公司实施股权激励或以技术成果投资入股取得的股票(权)，实行递延纳税期间，扣缴义务人应于每个纳税年度终了后30日内，向主管税务机关报送《个人所得税递延纳税情况年度报告表》。

(七)递延纳税股票(权)转让、办理纳税申报时，扣缴义务人、个人应向主管税务机关一并报送能够证明股票(权)转让价格、递延纳税股票(权)原值、合理税费的有关资料，具体包括转让协议、评估报告和相关票据等。资料不全或无法充分证明有关情况，造成计税依据偏低，又无正当理由的，主管税务机关可依据税收征管法有关规定进行核定。

二、关于企业所得税征管问题

(一)选择适用《通知》中递延纳税政策的，应当为实行查账征收的居民企业以技术成果所有权投资。

(二)企业适用递延纳税政策的，应在投资完成后首次预缴申报时，将相关内容填入《技术成果投资入股企业所得税递延纳税备案表》。

(三) 企业接受技术成果投资入股，技术成果评估值明显不合理的，主管税务机关有权进行调整。

三、实施时间

本公告自2016年9月1日起实施。中关村国家自主创新示范区2016年1月1日至8月31日之间发生的尚未纳税的股权奖励事项，按《通知》有关政策执行的，可按本公告有关规定办理相关税收事宜。《国家税务总局关于3项个人所得税事项取消审批实施后续管理的公告》(国家税务总局公告〔2016〕年第5号)第二条第(一)项同时废止。

特此公告。

国家税务总局
2016年9月28日

附录F 企业会计准则第11号——股份支付

第一章 总则

第一条 为了规范股份支付的确认、计量和相关信息的披露，根据《企业会计准则——基本准则》，制定本准则。

第二条 股份支付，是指企业为获取职工和其他方提供服务而授予权益工具或者承担以权益工具为基础确定的负债的交易。

股份支付分为以权益结算的股份支付和以现金结算的股份支付。

以权益结算的股份支付，是指企业为获取服务以股份或其他权益工具作为对价进行结算的交易。

以现金结算的股份支付，是指企业为获取服务承担以股份或其他权益工具为基础计算确定的交付现金或其他资产义务的交易。

本准则所指的权益工具是企业自身权益工具。

第三条 下列各项适用其他相关会计准则：

(一) 企业合并中发行权益工具取得其他企业净资产的交易，适用《企业会计准则第20号——企业合并》。

(二) 以权益工具作为对价取得其他金融工具等交易，适用《企业会计准则第22号——金融工具确认和计量》。

第二章　以权益结算的股份支付

第四条　以权益结算的股份支付换取职工提供服务的，应当以授予职工权益工具的公允价值计量。

权益工具的公允价值，应当按照《企业会计准则第22号——金融工具确认和计量》确定。

第五条　授予后立即可行权的换取职工服务的以权益结算的股份支付，应当在授予日按照权益工具的公允价值计入相关成本或费用，相应增加资本公积。

授予日，是指股份支付协议获得批准的日期。

第六条　完成等待期内的服务或达到规定业绩条件才可行权的换取职工服务的以权益结算的股份支付，在等待期内的每个资产负债表日，应当以对可行权权益工具数量的最佳估计为基础，按照权益工具授予日的公允价值，将当期取得的服务计入相关成本或费用和资本公积。

在资产负债表日，后续信息表明可行权权益工具的数量与以前估计不同的，应当进行调整，并在可行权日调整至实际可行权的权益工具数量。

等待期，是指可行权条件得到满足的期间。

对于可行权条件为规定服务期间的股份支付，等待期为授予日至可行权日的期间；对于可行权条件为规定业绩的股份支付，应当在授予日根据最可能的业绩结果预计等待期的长度。

可行权日，是指可行权条件得到满足、职工和其他方具有从企业取得权益工具或现金的权利的日期。

第七条　企业在可行权日之后不再对已确认的相关成本或费用和所有者权益总额进行调整。

第八条　以权益结算的股份支付换取其他方服务的，应当分别按下列情况处理：

(一) 其他方服务的公允价值能够可靠计量的，应当按照其他方服务在取得日的公允价值，计入相关成本或费用，相应增加所有者权益。

(二) 其他方服务的公允价值不能可靠计量但权益工具公允价值能够可靠计量的，应当按照权益工具在服务取得日的公允价值，计入相关成本或费用，相应增加所有者权益。

第九条 在行权日，企业根据实际行权的权益工具数量，计算确定应转入实收资本或股本的金额，将其转入实收资本或股本。

行权日，是指职工和其他方行使权利、获取现金或权益工具的日期。

第三章 以现金结算的股份支付

第十条 以现金结算的股份支付，应当按照企业承担的以股份或其他权益工具为基础计算确定的负债的公允价值计量。

第十一条 授予后立即可行权的以现金结算的股份支付，应当在授予日以企业承担负债的公允价值计入相关成本或费用，相应增加负债。

第十二条 完成等待期内的服务或达到规定业绩条件以后才可行权的以现金结算的股份支付，在等待期内的每个资产负债表日，应当以对可行权情况的最佳估计为基础，按照企业承担负债的公允价值金额，将当期取得的服务计入成本或费用和相应的负债。

在资产负债表日，后续信息表明企业当期承担债务的公允价值与以前估计不同的，应当进行调整，并在可行权日调整至实际可行权水平。

第十三条 企业应当在相关负债结算前的每个资产负债表日以及结算日，对负债的公允价值重新计量，其变动计入当期损益。

第四章 披露

第十四条 企业应当在附注中披露与股份支付有关的下列信息：

(一) 当期授予、行权和失效的各项权益工具总额。

(二) 期末发行在外的股份期权或其他权益工具行权价格的范围和合同剩余期限。

(三) 当期行权的股份期权或其他权益工具以其行权日价格计算的加权平均价格。

(四) 权益工具公允价值的确定方法。

企业对性质相似的股份支付信息可以合并披露。

第十五条 企业应当在附注中披露股份支付交易对当期财务状况和经

营成果的影响，至少包括下列信息：

(一) 当期因以权益结算的股份支付而确认的费用总额。

(二) 当期因以现金结算的股份支付而确认的费用总额。

(三) 当期以股份支付换取的职工服务总额及其他方服务总额。

附录G 《股权转让所得个人所得税管理办法(试行)》(国税〔2014〕67号)

第一章 总则

第一条 为加强股权转让所得个人所得税征收管理，规范税务机关、纳税人和扣缴义务人征纳行为，维护纳税人合法权益，根据《中华人民共和国个人所得税法》及其实施条例、《中华人民共和国税收征收管理法》及其实施细则，制定本办法。

第二条 本办法所称股权是指自然人股东(以下简称个人)投资于在中国境内成立的企业或组织(以下统称被投资企业，不包括个人独资企业和合伙企业)的股权或股份。

第三条 本办法所称股权转让是指个人将股权转让给其他个人或法人的行为，包括以下情形：

(一) 出售股权；

(二) 公司回购股权；

(三) 发行人首次公开发行新股时，被投资企业股东将其持有的股份以公开发行方式一并向投资者发售；

(四) 股权被司法或行政机关强制过户；

(五) 以股权对外投资或进行其他非货币性交易；

(六) 以股权抵偿债务；

(七) 其他股权转移行为。

第四条 个人转让股权，以股权转让收入减除股权原值和合理费用后的余额为应纳税所得额，按"财产转让所得"缴纳个人所得税。

合理费用是指股权转让时按照规定支付的有关税费。

第五条 个人股权转让所得个人所得税，以股权转让方为纳税人，以受让方为扣缴义务人。

第六条 扣缴义务人应于股权转让相关协议签订后5个工作日内，将股权转让的有关情况报告主管税务机关。

被投资企业应当详细记录股东持有本企业股权的相关成本，如实向税务机关提供与股权转让有关的信息，协助税务机关依法执行公务。

第二章 股权转让收入的确认

第七条 股权转让收入是指转让方因股权转让而获得的现金、实物、有价证券和其他形式的经济利益。

第八条 转让方取得与股权转让相关的各种款项，包括违约金、补偿金以及其他名目的款项、资产、权益等，均应当并入股权转让收入。

第九条 纳税人按照合同约定，在满足约定条件后取得的后续收入，应当作为股权转让收入。

第十条 股权转让收入应当按照公平交易原则确定。

第十一条 符合下列情形之一的，主管税务机关可以核定股权转让收入：

(一) 申报的股权转让收入明显偏低且无正当理由的；

(二) 未按照规定期限办理纳税申报，经税务机关责令限期申报，逾期仍不申报的；

(三) 转让方无法提供或拒不提供股权转让收入的有关资料；

(四) 其他应核定股权转让收入的情形。

第十二条 符合下列情形之一，视为股权转让收入明显偏低：

(一) 申报的股权转让收入低于股权对应的净资产份额的。其中，被投资企业拥有土地使用权、房屋、房地产企业未销售房产、知识产权、探矿权、采矿权、股权等资产的，申报的股权转让收入低于股权对应的净资产公允价值份额的；

(二) 申报的股权转让收入低于初始投资成本或低于取得该股权所支付的价款及相关税费的；

(三) 申报的股权转让收入低于相同或类似条件下同一企业同一股东或其他股东股权转让收入的；

(四)申报的股权转让收入低于相同或类似条件下同类行业的企业股权转让收入的;

(五)不具合理性的无偿让渡股权或股份;

(六)主管税务机关认定的其他情形。

第十三条 符合下列条件之一的股权转让收入明显偏低,视为有正当理由:

(一)能出具有效文件,证明被投资企业因国家政策调整,生产经营受到重大影响,导致低价转让股权;

(二)继承或将股权转让给其能提供具有法律效力身份关系证明的配偶、父母、子女、祖父母、外祖父母、孙子女、外孙子女、兄弟姐妹以及对转让人承担直接抚养或者赡养义务的抚养人或者赡养人;

(三)相关法律、政府文件或企业章程规定,并有相关资料充分证明转让价格合理且真实的本企业员工持有的不能对外转让股权的内部转让;

(四)股权转让双方能够提供有效证据证明其合理性的其他合理情形。

第十四条 主管税务机关应依次按照下列方法核定股权转让收入:

(一)净资产核定法

股权转让收入按照每股净资产或股权对应的净资产份额核定。

被投资企业的土地使用权、房屋、房地产企业未销售房产、知识产权、探矿权、采矿权、股权等资产占企业总资产比例超过20%的,主管税务机关可参照纳税人提供的具有法定资质的中介机构出具的资产评估报告核定股权转让收入。

6个月内再次发生股权转让且被投资企业净资产未发生重大变化的,主管税务机关可参照上一次股权转让时被投资企业的资产评估报告核定此次股权转让收入。

(二)类比法

1. 参照相同或类似条件下同一企业同一股东或其他股东股权转让收入核定;

2. 参照相同或类似条件下同类行业企业股权转让收入核定。

(三)其他合理方法

主管税务机关采用以上方法核定股权转让收入存在困难的,可以采取其他合理方法核定。

第三章 股权原值的确认

第十五条 个人转让股权的原值依照以下方法确认：

(一) 以现金出资方式取得的股权，按照实际支付的价款与取得股权直接相关的合理税费之和确认股权原值；

(二) 以非货币性资产出资方式取得的股权，按照税务机关认可或核定的投资入股时非货币性资产价格与取得股权直接相关的合理税费之和确认股权原值；

(三) 通过无偿让渡方式取得股权，具备本办法第十三条第二项所列情形的，按取得股权发生的合理税费与原持有人的股权原值之和确认股权原值；

(四) 被投资企业以资本公积、盈余公积、未分配利润转增股本，个人股东已依法缴纳个人所得税的，以转增额和相关税费之和确认其新转增股本的股权原值；

(五) 除以上情形外，由主管税务机关按照避免重复征收个人所得税的原则合理确认股权原值。

第十六条 股权转让人已被主管税务机关核定股权转让收入并依法征收个人所得税的，该股权受让人的股权原值以取得股权时发生的合理税费与股权转让人被主管税务机关核定的股权转让收入之和确认。

第十七条 个人转让股权未提供完整、准确的股权原值凭证，不能正确计算股权原值的，由主管税务机关核定其股权原值。

第十八条 对个人多次取得同一被投资企业股权的，转让部分股权时，采用"加权平均法"确定其股权原值。

第四章 纳税申报

第十九条 个人股权转让所得个人所得税以被投资企业所在地地税机关为主管税务机关。

第二十条 具有下列情形之一的，扣缴义务人、纳税人应当依法在次月15日内向主管税务机关申报纳税：

(一) 受让方已支付或部分支付股权转让价款的；

(二) 股权转让协议已签订生效的；

(三) 受让方已经实际履行股东职责或者享受股东权益的；

(四) 国家有关部门判决、登记或公告生效的;

(五) 本办法第三条第四至第七项行为已完成的;

(六) 税务机关认定的其他有证据表明股权已发生转移的情形。

第二十一条 纳税人、扣缴义务人向主管税务机关办理股权转让纳税(扣缴)申报时，还应当报送以下资料:

(一) 股权转让合同(协议);

(二) 股权转让双方身份证明;

(三) 按规定需要进行资产评估的，需提供具有法定资质的中介机构出具的净资产或土地房产等资产价值评估报告;

(四) 计税依据明显偏低但有正当理由的证明材料;

(五) 主管税务机关要求报送的其他材料。

第二十二条 被投资企业应当在董事会或股东会结束后5个工作日内，向主管税务机关报送与股权变动事项相关的董事会或股东会决议、会议纪要等资料。

被投资企业发生个人股东变动或者个人股东所持股权变动的，应当在次月15日内向主管税务机关报送含有股东变动信息的《个人所得税基础信息表(A表)》及股东变更情况说明。

主管税务机关应当及时向被投资企业核实其股权变动情况，并确认相关转让所得，及时督促扣缴义务人和纳税人履行法定义务。

第二十三条 转让的股权以人民币以外的货币结算的，按照结算当日人民币汇率中间价，折算成人民币计算应纳税所得额。

第五章 征收管理

第二十四条 税务机关应加强与工商部门合作，落实和完善股权信息交换制度，积极开展股权转让信息共享工作。

第二十五条 税务机关应当建立股权转让个人所得税电子台账，将个人股东的相关信息录入征管信息系统，强化对每次股权转让间股权转让收入和股权原值的逻辑审核，对股权转让实施链条式动态管理。

第二十六条 税务机关应当落实好国税部门、地税部门之间的信息交换与共享制度，不断提升股权登记信息应用能力。

第二十七条 税务机关应当加强对股权转让所得个人所得税的日常管理和税务检查，积极推进股权转让各税种协同管理。

第二十八条 纳税人、扣缴义务人及被投资企业未按照规定期限办理纳税(扣缴)申报和报送相关资料的,依照《中华人民共和国税收征收管理法》及其实施细则有关规定处理。

第二十九条 各地可通过政府购买服务的方式,引入中介机构参与股权转让过程中相关资产的评估工作。

第六章 附则

第三十条 个人在上海证券交易所、深圳证券交易所转让从上市公司公开发行和转让市场取得的上市公司股票,转让限售股,以及其他有特别规定的股权转让,不适用本办法。

第三十一条 各省、自治区、直辖市和计划单列市地方税务局可以根据本办法,结合本地实际,制定具体实施办法。

第三十二条 本办法自2015年1月1日起施行。《国家税务总局关于加强股权转让所得征收个人所得税管理的通知》(国税函〔2009〕285号)、《国家税务总局关于股权转让个人所得税计税依据核定问题的公告》(国家税务总局公告2010年第27号)同时废止。

附录H 《国家税务总局关于股权激励有关个人所得税问题的通知》(国税函〔2009〕461号)

各省、自治区、直辖市和计划单列市地方税务局,西藏、宁夏、青海省(自治区)国家税务局:

为适应上市公司(含境内、境外上市公司,下同)薪酬制度改革和实施股权激励计划,根据《中华人民共和国个人所得税法》(以下简称个人所得税法)、《中华人民共和国个人所得税法实施条例》(以下简称实施条例)有关精神,财政部、国家税务总局先后下发了《关于个人股票期权所得征收个人所得税问题的通知》(财税〔2005〕35号)和《关于股票增值权所得和限制性股票所得征收个人所得税有关问题的通知》(财税〔2009〕5号)等文件。现就执行上述文件有关事项通知如下:

一、关于股权激励所得项目和计税方法的确定

根据个人所得税法及其实施条例和财税〔2009〕5号文件等规定，个人因任职、受雇从上市公司取得的股票增值权所得和限制性股票所得，由上市公司或其境内机构按照"工资、薪金所得"项目和股票期权所得个人所得税计税方法，依法扣缴其个人所得税。

二、关于股票增值权应纳税所得额的确定

股票增值权被授权人获取的收益，是由上市公司根据授权日与行权日股票差价乘以被授权股数，直接向被授权人支付的现金。上市公司应于向股票增值权被授权人兑现时依法扣缴其个人所得税。被授权人股票增值权应纳税所得额计算公式为

股票增值权某次行权应纳税所得额=(行权日股票价格-授权日股票价格)×行权股票份数

三、关于限制性股票应纳税所得额的确定

按照个人所得税法及其实施条例等有关规定，原则上应在限制性股票所有权归属于被激励对象时确认其限制性股票所得的应纳税所得额。即：上市公司实施限制性股票计划时，应以被激励对象限制性股票在中国证券登记结算公司(境外为证券登记托管机构)进行股票登记日期的股票市价(指当日收盘价，下同)和本批次解禁股票当日市价(指当日收盘价，下同)的平均价格乘以本批次解禁股票份数，减去被激励对象本批次解禁股份数所对应的为获取限制性股票实际支付资金数额，其差额为应纳税所得额。被激励对象限制性股票应纳税所得额计算公式为

应纳税所得额=(股票登记日股票市价+本批次解禁股票当日市价)÷2×本批次解禁股票份数-被激励对象实际支付的资金总额×(本批次解禁股票份数÷被激励对象获取的限制性股票总份数)

四、关于股权激励所得应纳税额的计算

(一) 个人在纳税年度内第一次取得股票期权、股票增值权所得和限制性股票所得的，上市公司应按照财税〔2005〕35号文件第四条第一项所列公式计算扣缴其个人所得税。

(二) 个人在纳税年度内两次以上(含两次)取得股票期权、股票增值权和限制性股票等所得，包括两次以上(含两次)取得同一种股权激励形式所得或者同时兼有不同股权激励形式所得的，上市公司应将其纳税年度内各次股

权激励所得合并，按照《国家税务总局关于个人股票期权所得缴纳个人所得税有关问题的补充通知》(国税函〔2006〕902号)第七条、第八条所列公式计算扣缴个人所得税。

五、关于纳税义务发生时间

(一) 股票增值权个人所得税纳税义务发生时间为上市公司向被授权人兑现股票增值权所得的日期；

(二) 限制性股票个人所得税纳税义务发生时间为每一批次限制性股票解禁的日期。

六、关于报送资料的规定

(一) 实施股票期权、股票增值权计划的境内上市公司，应按照财税〔2005〕35号文件第五条第(三)项规定报送有关资料。

(二) 实施限制性股票计划的境内上市公司，应在中国证券登记结算公司(境外为证券登记托管机构)进行股票登记、并经上市公司公示后15日内，将本公司限制性股票计划或实施方案、协议书、授权通知书、股票登记日期及当日收盘价、禁售期限和股权激励人员名单等资料报送主管税务机关备案。

境外上市公司的境内机构，应向其主管税务机关报送境外上市公司实施股权激励计划的中(外)文资料备案。

(三) 扣缴义务人和自行申报纳税的个人在代扣代缴税款或申报纳税时，应在税法规定的纳税申报期限内，将个人接受或转让的股权以及认购的股票情况(包括种类、数量、施权价格、行权价格、市场价格、转让价格等)、股权激励人员名单、应纳税所得额、应纳税额等资料报送主管税务机关。

七、其他有关问题的规定

(一) 财税〔2005〕35号、国税函〔2006〕902号和财税〔2009〕5号以及本通知有关股权激励个人所得税政策，适用于上市公司(含所属分支机构)和上市公司控股企业的员工，其中上市公司占控股企业股份比例最低为30%(间接控股限于上市公司对二级子公司的持股)。

间接持股比例，按各层持股比例相乘计算，上市公司对一级子公司持股比例超过50%的，按100%计算。

(二) 具有下列情形之一的股权激励所得，不适用本通知规定的优惠计税方法，直接计入个人当期所得征收个人所得税：

1. 除本条第(一)项规定之外的集团公司、非上市公司员工取得的股权激励所得;

2. 公司上市之前设立股权激励计划,待公司上市后取得的股权激励所得;

3. 上市公司未按照本通知第六条规定向其主管税务机关报备有关资料的。

(三) 被激励对象为缴纳个人所得税款而出售股票,其出售价格与原计税价格不一致的,按原计税价格计算其应纳税所得额和税额。

八、本通知自发文之日起执行。本文下发之前已发生但尚未处理的事项,按本通知执行。

国家税务总局
二〇〇九年八月二十四日

附录I 《财政部 国家税务总局关于股票增值权所得和限制性股票所得征收个人所得税有关问题的通知》(财税〔2009〕5号)

各省、自治区、直辖市、计划单列市财政厅(局)、地方税务局,宁夏、西藏、青海省(自治区)国家税务局,新疆生产建设兵团财务局:

根据《中华人民共和国个人所得税法》《中华人民共和国税收征收管理法》等有关规定,现就股票增值权所得和限制性股票所得征收个人所得税有关问题通知如下:

一、对于个人从上市公司(含境内、外上市公司,下同)取得的股票增值权所得和限制性股票所得,比照《财政部 国家税务总局关于个人股票期权所得征收个人所得税问题的通知》(财税〔2005〕35号)、《国家税务总局关于个人股票期权所得缴纳个人所得税有关问题的补充通知》(国税函〔2006〕902号)的有关规定,计算征收个人所得税。

二、本通知所称股票增值权,是指上市公司授予公司员工在未来一定时期和约定条件下,获得规定数量的股票价格上升所带来收益的权利。被授权人在约定条件下行权,上市公司按照行权日与授权日二级市场股票差价乘以授权股票数量，发放给被授权人现金。

三、本通知所称限制性股票，是指上市公司按照股权激励计划约定的条件，授予公司员工一定数量本公司的股票。

四、实施股票增值权计划或限制性股票计划的境内上市公司，应在向中国证监会报备的同时，将企业股票增值权计划、限制性股票计划或实施方案等有关资料报送主管税务机关备案。

五、实施股票增值权计划或限制性股票计划的境内上市公司，应在做好个人所得税扣缴工作的同时，按照《国家税务总局关于印发<个人所得税全员全额扣缴申报管理暂行办法>的通知》(国税发〔2005〕205号)的有关规定，向主管税务机关报送其员工行权等涉税信息。

财政部　国家税务总局
二〇〇九年一月七日

附录J　《关于个人股票期权所得缴纳个人所得税有关问题的补充通知》(国税函〔2006〕902号)

各省、自治区、直辖市和计划单列市地方税务局：

关于员工取得股票期权所得有关个人所得税处理问题，《财政部国家税务总局关于个人股票期权所得征收个人所得税问题的通知》(财税〔2005〕35号)已经做出规定。现就有关执行问题补充通知如下：

一、员工接受雇主(含上市公司和非上市公司)授予的股票期权，凡该股票期权指定的股票为上市公司(含境内、外上市公司)股票的，均应按照财税〔2005〕35号文件进行税务处理。

二、财税〔2005〕35号文件第二条第(二)项所述"股票期权的转让净收入"，一般是指股票期权转让收入。如果员工以折价购入方式取得股票期权的，可以股票期权转让收入扣除折价购入股票期权时实际支付的价款后的余额，作为股票期权的转让净收入。

三、财税〔2005〕35号文件第二条第(二)项公式中所述"员工取得该股票期权支付的每股施权价",一般是指员工行使股票期权购买股票实际支付的每股价格。**如果员工以折价购入方式取得股票期权的,上述施权价可包括员工折价购入股票期权时实际支付的价格。**

四、凡取得股票期权的员工在行权日不实际买卖股票,而按行权日股票期权所指定股票的市场价与施权价之间的差额,直接从授权企业取得价差收益的,该项价差收益应作为员工取得的股票期权形式的工资薪金所得,按照财税〔2005〕35号文件的有关规定计算缴纳个人所得税。

五、在确定员工取得股票期权所得的来源地时,按照财税〔2005〕35号文件第三条规定需划分境、内外工作期间月份数。该境、内外工作期间月份总数是指员工按企业股票期权计划规定,在可行权以前须履行工作义务的月份总数。

六、部分股票期权在授权时即约定可以转让,且在境内或境外存在公开市场及挂牌价格(以下称可公开交易的股票期权)。员工接受该可公开交易的股票期权时,应作为财税〔2005〕35号文件第二条第(一)项所述的另有规定情形,按以下规定进行税务处理:

(一)员工取得可公开交易的股票期权,属于员工已实际取得有确定价值的财产,应按授权日股票期权的市场价格,作为员工授权日所在月份的工资薪金所得,并按财税〔2005〕35号文件第四条第(一)项规定计算缴纳个人所得税。如果员工以折价购入方式取得股票期权的,可以授权日股票期权的市场价格扣除折价购入股票期权时实际支付的价款后的余额,作为授权日所在月份的工资薪金所得。

(二)员工取得上述可公开交易的股票期权后,转让该股票期权所取得的所得,属于财产转让所得,按财税〔2005〕35号文件第四条第(二)项规定进行税务处理。

(三)员工取得本条第(一)项所述可公开交易的股票期权后,实际行使该股票期权购买股票时,不再计算缴纳个人所得税。

七、员工以在一个公历月份中取得的股票期权形式工资薪金所得为一次。员工在一个纳税年度中多次取得股票期权形式工资薪金所得的,其在该纳税年度内首次取得股票期权形式的工资薪金所得应按财税〔2005〕35号文件第四条第(一)项规定的公式计算应纳税款

应纳税额=(股票期权形式的工资薪金应纳税所得额/规定月份数×适用税率-速算扣除数)×规定月份数)

本年度内以后每次取得股票期权形式的工资薪金所得，应按以下公式计算应纳税款

应纳税款=(本纳税年度内取得的股票期权形式工资薪金所得累计应纳税所得额÷规定月份数×适用税率-速算扣除数)×规定月份数-本纳税年度内股票期权形式的工资薪金所得累计已纳税款

上款公式中的本纳税年度内取得的股票期权形式工资薪金所得累计应纳税所得额，包括本次及本次以前各次取得的股票期权形式工资薪金所得应纳税所得额；上款公式中的**规定月份数，是指员工取得来源于中国境内的股票期权形式工资薪金所得的境内工作期间月份数，长于12个月的，按12个月计算**；上款公式中的适用税率和速算扣除数，以本纳税年度内取得的股票期权形式工资薪金所得累计应纳税所得额除以规定月份数后的商数，对照《国家税务总局关于印发<征收个人所得税若干问题的规定>的通知》(国税发〔1994〕089号)所附税率表确定；上款公式中的本纳税年度内股票期权形式的工资薪金所得累计已纳税款，不含本次股票期权形式的工资薪金所得应纳税款。

八、员工多次取得或者一次取得多项来源于中国境内的股票期权形式工资薪金所得，而且各次或各项股票期权形式工资薪金所得的境内工作期间月份数不相同的，以境内工作期间月份数的加权平均数为财税〔2005〕35号文件第四条第(一)项规定公式和本通知第七条规定公式中的规定月份数，但最长不超过12个月，计算公式如下

规定月份数=∑各次或各项股票期权形式工资薪金应纳税所得额与该次或该项所得境内工作期间月份数的乘积/∑各次或各项股票期权形式工资薪金应纳税所得额

抄送：各省、自治区、直辖市和计划单列市国家税务局。

国家税务总局

二〇〇六年九月三十日

附录K 《财政部、国家税务总局关于个人股票期权所得征收个人所得税问题的通知》(财税〔2005〕35号)

各省、自治区、直辖市、计划单列市财政厅(局)、地方税务局：

为适应企业(包括内资企业、外商投资企业和外国企业在中国境内设立的机构场所)薪酬制度改革，加强个人所得税征管，现对企业员工(包括在中国境内有住所和无住所的个人)参与企业股票期权计划而取得的所得征收个人所得税问题通知如下：

一、关于员工股票期权所得征税问题

实施股票期权计划企业授予该企业员工的股票期权所得，应按《中华人民共和国个人所得税法》及其实施条例有关规定征收个人所得税。

企业员工股票期权(以下简称股票期权)是指上市公司按照规定的程序授予本公司及其控股企业员工的一项权利，该权利允许被授权员工在未来时间内以某一特定价格购买本公司一定数量的股票。

上述"某一特定价格"被称为"授予价"或"施权价"，即根据股票期权计划可以购买股票的价格，一般为股票期权授予日的市场价格或该价格的折扣价格，也可以是按照事先设定的计算方法约定的价格；"授予日"，也称"授权日"，是指公司授予员工上述权利的日期；"行权"，也称"执行"，是指员工根据股票期权计划选择购买股票的过程；员工行使上述权利的当日为"行权日"，也称"购买日"。

二、关于股票期权所得性质的确认及其具体征税规定

(一) 员工接受实施股票期权计划企业授予的股票期权时，除另有规定外，一般不作为应税所得征税。

(二) 员工行权时，其从企业取得股票的实际购买价(施权价)低于购买日公平市场价(指该股票当日的收盘价，下同)的差额，是因员工在企业的表现和业绩情况而取得的与任职、受雇有关的所得，应按"工资、薪金所得"适用的规定计算缴纳个人所得税。

对因特殊情况，员工在行权日之前将股票期权转让的，以股票期权的转让净收入，作为工资薪金所得征收个人所得税。

员工行权日所在期间的工资薪金所得,应按下列公式计算工资薪金应纳税所得额:

股票期权形式的工资薪金应纳税所得额=(行权股票的每股市场价-员工取得该股票期权支付的每股施权价)×股票数量

(三)员工将行权后的股票再转让时获得的高于购买日公平市场价的差额,是因个人在证券二级市场上转让股票等有价证券而获得的所得,应按照"财产转让所得"适用的征免规定计算缴纳个人所得税。

(四)员工因拥有股权而参与企业税后利润分配取得的所得,应按照"利息、股息、红利所得"适用的规定计算缴纳个人所得税。

三、关于工资薪金所得境内外来源划分

按照《国家税务局关于在中国境内无住所个人以有价证券形式取得工资薪金所得确定纳税义务有关问题的通知》(国税函〔2000〕190号)有关规定,需对员工因参加企业股票期权计划而取得的工资薪金所得确定境内或境外来源的,应按照该员工据以取得上述工资薪金所得的境内、外工作期间月份数比例计算划分。

四、关于应纳税款的计算

(一)认购股票所得(行权所得)的税款计算。员工因参加股票期权计划而从中国境内取得的所得,按本通知规定应按工资薪金所得计算纳税的,对该股票期权形式的工资薪金所得可区别于所在月份的其他工资薪金所得,单独按下列公式计算当月应纳税款:

应纳税额=(股票期权形式的工资薪金应纳税所得额/规定月份数×适用税率-速算扣除数)×规定月份数

上款公式中的规定月份数,是指员工取得来源于中国境内的股票期权形式工资薪金所得的境内工作期间月份数,长于12个月的,按12个月计算;上款公式中的适用税率和速算扣除数,以股票期权形式的工资薪金应纳税所得额除以规定月份数后的商数,对照《国家税务总局关于印发<征收个人所得税若干问题>的通知》(国税发〔1994〕89号)所附税率表确定。

(二)转让股票(销售)取得所得的税款计算。对于员工转让股票等有价证券取得的所得,应按现行税法和政策规定征免个人所得税。即:**个人将行权后的境内上市公司股票再行转让而取得的所得,暂不征收个人所得税;个人转让境外上市公司的股票而取得的所得,应按税法的规定计算应纳税**

所得额和应纳税额，依法缴纳税款。

（三）参与税后利润分配取得所得的税款计算。员工因拥有股权参与税后利润分配而取得的股息、红利所得，除依照有关规定可以免税或减税的外，应全额按规定税率计算纳税。

五、关于征收管理

（一）扣缴义务人。实施股票期权计划的境内企业为个人所得税的扣缴义务人，应按税法规定履行代扣代缴个人所得税的义务。

（二）自行申报纳税。员工从两处或两处以上取得股票期权形式的工资薪金所得和没有扣缴义务人的，该个人应在个人所得税法规定的纳税申报期限内自行申报缴纳税款。

（三）报送有关资料。实施股票期权计划的境内企业，应在股票期权计划实施之前，将企业的股票期权计划或实施方案、股票期权协议书、授权通知书等资料报送主管税务机关；应在员工行权之前，将股票期权行权通知书和行权调整通知书等资料报送主管税务机关。

扣缴义务人和自行申报纳税的个人在申报纳税或代扣代缴税款时，应在税法规定的纳税申报期限内，将个人接受或转让的股票期权以及认购的股票情况(包括种类、数量、施权价格、行权价格、市场价格、转让价格等)报送主管税务机关。

（四）处罚。实施股票期权计划的企业和因股票期权计划而取得应税所得的自行申报员工，未按规定报送上述有关报表和资料，未履行申报纳税义务或者扣缴税款义务的，按《中华人民共和国税收征收管理法》及其实施细则的有关规定进行处理。

六、关于执行时间

本通知自2005年7月1日起执行。《国家税务总局关于个人认购股票等有价证券而从雇主取得折扣或补贴收入有关征收个人所得税问题的通知》(国税发〔1998〕9号)的规定与本通知不一致的，按本通知规定执行。

后记

快乐期待与诚挚致谢

没有想到,这本书这么快就完成初稿。我记得是2017年2月9日大年初二从越南回来后动笔的,交初稿的时间是2017年4月22日。写作速度如此之快,有以下三个原因:一是约稿时答应清华大学出版社的领导、编辑将于6月份交稿。按我的习惯,工作计划只能提前不得延误,故每个周末都趴在桌子上"爬格子";二是许多内容来自平时积累的素材、案例以及思考,拿来即用;三是自3月10日开始我因身染疾病而病休,病休期间,除了打针、吃药、散步、睡觉之外,就是写作。

写作需要具备"苦行僧"的精神,没日没夜、废寝忘食,别人难以理解为什么要这么苦、这么累,我的回答是,写作让我乐在其中!

想写这本书,主要基于如下几个原因。

1. 心中的挚爱。工作超过20年,我痴迷过两件事:第一,年轻时受中央电视台之邀,参与了中国第一部观众意志剧剧本的创作并获奖,此后我更加乐于将自己在工作中亲身经历的故事编写成剧本,并请同事或演员来拍摄情景剧。这些情景剧是极佳的培训素材,后来被一家培训公司相中,为了物有所用而将版权低价卖给人家了。此事痴迷了10年。第二,我读过4所大学、学过4个专业,2001年在职研究生毕业时,选了一个与人力资源和法律密切相关的论文题目——"论股权激励内驱力"。论文完稿之际,我对股权激励着迷,加上后来的机缘,一直不断有机会设计、实施股权激励方案,并乐于帮忙朋友的公司和中关村人才协会志愿者及会员讲解或设计、实施股权激励方案。

2. 股权激励能帮很多企业安全度过劳动用工机制聚变前夜。随着移动互联网、新经济形态的诞生，股权激励的造富神话不断在坊间流传，知识劳动者逐渐觉醒，他们开始主动追寻自身价值的最大化。至此，中国企业的劳动用工机制逐渐发生质的转变，从雇佣制到合伙制，从典型雇佣到非典型雇佣，合伙人、"斜杠"现象大量产生。特别是"双创"政策的推行，进一步推动了劳动用工机制的变化。当科层制、垂直管理逐步被打破，当知识劳动者拥有更多的选择权利时，企业如何适应这种变化几乎是所有企业主和决策层亟需考虑的重大问题。股权激励机制正是在此种情况下修正委托代理制，并将企业上下结为利益共同体、命运共同体，大幅降低交易成本、管理成本的利器，正所谓"上下同欲者胜，同舟共济者赢"！

3. 为企业主和专业人士提供一套基于实际需求、全面、源自实践第一线的操作手册。目前，股权激励"很火"，不仅股权激励的培训、咨询业务越来越受欢迎，而且有越来越多的企业热衷于实施股权激励，但要成功实施股权激励计划并非易事。它是一把双刃剑，一方面，可能给公司的发展注入强劲的动力，吸引人才，留住人才，激发人才的积极性；另一方面，如果实施不当，也可能刺痛很多员工的心，给企业带来莫大的伤害。目前，社会上同质化、理念化的东西很多，真正适用的源自一线的材料却很少。针对这种状况，作为一个有些社会责任心的平凡人士，将自己十几年积累的经验奉献给大家，也是一件很有意义的事！

4. 如果说还有一个原因，那就是清华大学出版社曹康老师、李万红老师、施猛老师的信任和热情邀请，他们给了我莫大的支持和鼓励。

在本书付梓之际，对清华大学出版社的各位领导、施猛及王欢编辑表示感谢，同时感谢贺清君先生的引荐和帮助，感谢林新奇教授、赵庆瑞先生和安泽燕女士为本书作序，大家都是我人生中的贵人。最后感谢16年来用友软件工程公司(现更名为"瑞友科技")、北斗星通公司、中关村人才协会以及其他咨询培训专业机构先后为我提供了无数次讲解、应用、实践股权激励的宝贵机会。

在写作本书的过程中，为了力求保持原汁原味，书中所有案例、方案和感受完全来自实际，并未做任何修正和改造。实践不同于理论，需要考虑企业当时的实际情况以及领导、股东的个人理念，希望大家在阅读时能深入思考和品味每一个案例、方案背后的企业实际情况。同时，书中难免有不周、不详、不妥之处，请读者多多赐教！

最后希望与各位读者继续交流讨论，作者微信号：hzm100041；邮箱：hzm100041@sohu.com。